可持续发展、ESG
和企业社会责任

——以水电企业为例

张晓晨 ·著

Sustainability, ESG and Corporate
Social Responsibility

Take Hydropower Companies
as an Example

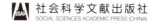

社会科学文献出版社
SOCIAL SCIENCES ACADEMIC PRESS (CHINA)

目　录

第一章

绪 论

第一节 研究背景、问题的提出及研究意义

一 研究背景

20 世纪 70 年代，联合国呼吁各国政府在经济社会发展中要关注人类可持续发展议题。随后，中国政府积极响应联合国倡议，在国民经济发展和企业生产经营方面实施可持续发展战略。党的十八大以来，我国经济发展由高速增长阶段转向高质量发展阶段，我国政府提出了坚持创新、协调、绿色、开放、共享的新发展理念。党的十九大报告提出要坚定实施可持续发展战略。党的二十大报告提出"尊重自然、顺应自然、保护自然，是全面建设社会主义现代化国家的内在要求"、"中国式现代化是人与自然和谐共生的现代化"和"以人民为中心的发展思想"。当前，我国形成了新发展理念和以人民为中心的可持续发展观。目前，我国水电企业的主力军依然是中央企业和地方国有企业，这些大型水电企业积极响应国家可持续发展战略，不断开展技术、市场和机制创新，提出了"环保电站"、"绿色电站"、"友好电站"和"利益共享"等水电企业可持续发展理念。我国水电企业把可持续发展作为企业的战略核心，履行企业社会责任是水电企业实现可持续发展的必然选择。

20 世纪 90 年代，我国开始进行大规模的国有企业改革，过去由国有企业和集体企业承担的医疗、教育、住房、就业、生活服务等各项职工福

利逐渐转为私营或者推向社会，则开始由政府部门来承担相应的社会责任，具有中国特色的"企业办社会"的时代成为历史。企业不得不开始思考是否需要对社会继续履行相应的责任、如何区分企业社会责任与政府社会责任之间的界限等新问题。加入世界贸易组织后，我国外贸企业面临着劳动者权益保护等 SA8000 社会责任标准的外部要求，企业社会责任成为外贸企业必须了解和执行的一项国际标准。通过媒体报道和政府倡导，企业社会责任逐渐成为社会各界关注的热点问题，国内学者也开始研究企业社会责任概念、内容和评价指标等议题。随着国际标准化组织 ISO26000：2010《社会责任指南》、国内 GB/T 36000—2015《社会责任指南》的发布，发布企业社会责任报告、定期接受社会各界监督，已经成为国内外企业的共识和规范。2018 年 6 月，证监会发布了修订后的《上市公司治理准则》，确立了环境、社会和公司治理（ESG）信息披露的基本框架。通过不断深化改革和完善公司治理结构，我国水电企业履行社会责任的能力逐步提升。水电企业通过创新工程技术和环保技术参与脱贫攻坚和乡村振兴等，赢得了中央和地方政府以及受影响群众的认可。

在水电站的规划设计和建设过程中，水电企业面临着生物多样性保护设施投资、水电工程移民安置资金规模不断扩大、部分移民群众生计恢复、现行移民安置政策和行业规程规范突破等现实难题。在履行企业社会责任方面，中国水电企业还存在一些问题。一是水电企业存在管理者对企业社会责任认识不到位，企业社会责任评价指标不明确，企业社会责任、可持续发展、ESG 信息披露的内容和形式单一等问题。二是部分中小型水电站存在的影响生物多样性、河流生态等环境和社会问题。在水电企业社会责任评价指标体系方面，水电企业目前采用国内外多种企业社会责任评价指标来编制企业社会责任报告、可持续发展报告和 ESG 报告，不同水电企业的社会责任报告、可持续发展报告和 ESG 报告的内容差异较大，评价指标体系没有统一标准。因此，有必要构建一套适合水电行业特点的企业社会责任指标体系，以真实反映水电企业社会责任表现，引导水电企业全面和科学地履行社会责任。

二　问题的提出

1987 年，世界环境与发展委员会（WCED）在《我们共同的未来》报告中，明确提出并界定了可持续发展战略，标志着人类历史上一种新发展观的诞生。可持续发展战略"能够既满足现代人的需求，而又不以损害后代人满足其自身需求的能力为代价"（世界环境与发展委员会，1997）。作为国民经济发展不可或缺的可再生资源，我国各大江河湖海的水能资源属于国家所有，由国务院代表国家行使所有权。水电企业获得水能资源的开发权，必须符合国务院和地方政府有关水资源开发利用的政策规定，水电企业生产经营和战略目标要积极响应双碳战略与可持续发展战略。

20 世纪 30 年代，伯利（Berle）与多德（Dodd）关于企业是否应该履行社会责任的争论曾引起多名西方学者参与论战。此后，有关企业社会责任的概念、核心议题、企业社会回应、企业社会表现、利益相关者理论和企业公民行为等企业社会责任研究成果层出不穷，利益相关者理论与企业社会责任理论的相互融合使得企业社会责任理论逐步形成比较完整的理论框架。那么，利益相关者理论与企业社会责任理论之间存在什么样的关系？水电企业与其利益相关者构成了一个可持续发展的企业生态系统，那么水电企业的利益相关者到底包括哪些群体，他们有哪些权益和利益诉求，这些利益诉求会对水电站规划建设和水电企业生产经营产生哪些影响？水电企业应当如何进行社会回应？水电企业社会表现方式和社会责任表现指标是什么？为了实现可持续发展，水电企业需要处理好法律法规与经营管理、企业与地方政府、短期利润与长期发展、员工权益保障与企业经营成本、环境保护与水电站建设运营、企业与当地社区、企业与非政府组织等一系列关系，这些关系会对水电企业产生哪些影响？水电企业如何不断提升企业社会责任绩效？如何建设一个环境友好、社区友好、体面劳动的企业生态系统？如何实现水电企业可持续发展？

21 世纪以来，从国务院国资委发布的《关于中央企业履行社会责任的指导意见》到地方政府发布的关于推进企业社会责任的相关政策文件，以及我国不同行业组织发布的基于国际标准的企业社会责任标准，可以看到，企业社会责任理论在我国得到空前发展。水电行业作为国民经济的支柱产业，有其行业特征和众多的利益相关者。水电企业社会责任指标体系的构建依据是国内标准还是国外标准，亦或是自行构建评价体系？可持续发展视阈下水电企业如何筛选评价指标，增加哪些适合水电企业特征的评价指标？与其他企业相比，水电企业具有生态环境保护、生物多样性保护、水库移民搬迁安置、非政府组织关注、与社区长期共处等特点，水电企业社会责任指标如何体现水电行业特征？如何全面准确体现水电企业履行社会责任的实际效果？这些构成了本书要回答的问题。

三　研究意义

（一）理论意义

自其诞生之日起，企业社会责任理论就成为一种动摇传统企业价值理论与自由主义的重要思潮。在质疑和反驳声中，企业社会责任理论逐渐得到学者、企业、政府和非政府组织的认可。20 世纪 80 年代起，国内学者开始关注企业社会责任。进入 21 世纪，国内关于企业社会责任的理论研究持续升温，涵盖了经济学、社会学、管理学、伦理学等多个学科领域。从现有的研究成果来看，不同学者从企业属性、市场失灵、理性人假设、企业伦理、可持续发展等多个视角研究了企业社会责任的概念、核心主题、企业社会责任绩效等问题，但是关于企业可持续发展和社会责任之间关系的学术成果较少，需要结合水电企业的经营形态和特征，深入剖析水电企业可持续发展与企业社会责任相互作用的逻辑，探析水电企业履行社会责任与实现企业可持续发展之间的相关关系。

企业社会责任指标体系由一系列具有相关性的社会责任指标所组成。目前国内外学者的研究成果较少涉及水电企业责任评价指标，已有学术成果大部分按照国内外现行评价标准来研究水电企业社会责任指标体系，不能准确反映水电企业的行业特征，指标体系的实用性不强。同时，水电企业社会责任的核心主题和主要议题的研究较少，有关核心主题之间关系和权重的研究极少。因此，本书尝试构建一套实用性较强的水电企业社会责任指标体系，希望能够帮助和引导水电企业不断增强企业社会责任管理效果，提升水电企业社会责任绩效，进一步助推水电企业可持续发展。

（二）现实意义

作为一种占用较多资源和具有一定影响力的社会组织，水电企业应当与员工共成长，与环境共适应，与社会共进步，与社区共发展，从而形成一个比较稳定的水电企业生态系统。水电企业只有通过不断平衡企业效益与社会利益、企业能力与社会责任绩效，将可持续发展和社会责任理念融入企业经营理念，才能在国内外电力市场中不断提升市场竞争力，实现企业可持续发展。2019 年 3 月，国家发展改革委等六部门提出，要坚持水电开发促进地方经济社会发展、改善民生、帮助移民脱贫致富的方针，要不断强化生态环境保护，进一步完善水电工程建设征地补偿和移民安置政策，健全水电企业收益分配制度，增强库区发展动力，维护库区和移民安置区社会和谐稳定。对水电企业来讲，这一政策规定既是挑战也是机遇。水电企业社会责任指标体系如何体现新的水电开发方针，如何全面反映水电企业社会责任，成为当前急需解决的现实问题。同时，一套科学的企业社会责任评价指标能够助推水电企业改善社会责任管理体系、提高社会绩效，帮助水电企业改善与利益相关者的关系，进而在市场竞争中取胜。

当前，地方政府和社会公众对水电企业社会责任内容、社会责任作用和社会责任表现的认知存在较大差异。央企和国企在生态环境保护和利益相关者权益保障方面履行了法规政策所规定的企业社会责任，然而，在水电站规划设计和建设过程中，利益相关者对于提高水电工程征地和拆迁补偿标准的诉求、提高移民安置标准的诉求、改善地方水利和交通等基础设施、保护生物多样性、加强对水库移民的后期扶持、共享水电站建设成果的期望值较高。由于受到现行水电工程移民安置政策和规程规范的制约，建设征地补偿和移民安置效果往往不尽如人意，地方政府和受影响群众对部分水电企业社会责任表现的评价并不高。从调查数据来看，发布企业社会责任报告的水电企业主要是上市公司，中小型水电企业对社会责任的认识不到位，极少编制和发布企业社会责任报告、可持续发展报告和 ESG 报告，中小型水电企业在保障受影响群众权益和保护生态环境方面的社会责任表现相对较差。

第二节　文献综述

一　企业可持续发展研究

企业可持续发展一直是国际组织、各国政府、学术界和企业界关注的重要议题，比较具有代表性的学术观点如下。

（一）环境保护背景下可持续发展研究

首先，有关可持续发展问题，学者最初围绕农业生产与环境污染关系等议题展开研究。马克思和恩格斯（1958）认为，资本主义农业从土地中榨取利润胜过人类和土地的福祉，当土地被榨干所有活力之后，广大农民不得不离开世代生存的土地，进入工业污染的城市，去面对一系列社会病，如人口过剩、失业贫困、资源枯竭、环境污染（Lee，1980）。他们认为，有必要建立一种崭新的人类与环境的关系，提出"自然的人化"概念。由于技术革命和自动化，人类将会完全征服自然（汉尼根，2009）。涂尔干（Émile Durkheim）在其社会转型理论中提出，生态危机的根源是人口的不断增加和资源的稀缺性之间的矛盾（Catton，2002）。

其次，随着西方工业化进程不断加快，工业生产对环境产生了严重影响，学者开始关注工业污染问题。墨菲认为，官僚集团和利益集团控制着资本主义市场经济，以追求自身利益最大化为目的，会造成技术灾难、环境污染事件、工业废弃物等问题（Murphy，1994）。20 世纪 70 年代，环境主义和环境保护运动提高了学术界对生态危机、能源稀缺性的关注度。蕾切尔·卡森（2017）研究了农业种植过程中杀虫剂对土壤和生态的危害。塞缪尔·克劳斯纳（Klausner，1971）在《论环境中的人》中首次提出"环境社会学"。卡顿和邓拉普运用民意、社会运动和社会组织理论来研究环境活动的社会特征、环境团体的策略（Catton and Dunlap，1978）。坎贝尔认为（Campbell，1996）在城市规划过程中，可持续发展能够有效平衡经济增长与公平之间的财产冲突、经济增长与环境保护之间的资源冲突、环境保护与公平之间的发展冲突。王信领、王孔秀和王希荣（1999）提出，可持续发展包含着人与自然、当代与后代和谐发展的伦理思想。潘玉君等（2005）提出，可持续发展体现了规范人类活动的基本原则，即正义、公正、权利平等、合作、责任、节约和慎行等原则。杰弗里·萨克斯认为，人类不顾一切地激化人与自然之间的多重矛盾，只能通过消除贫困、社会包容、环境安全、可持续发展才能化解这些矛盾（Sachs，2014）。诺德豪斯（2022）提出，经济增长和全球化给世界带来了环境污染、气候变化、新冠疫情等挑战和后果，只有建设一个可持续发展的社会才能处理好绿色发展与经济、社会、政治和文化之间的关系。从农业生产到工业生产、从环境污染到气候变化、从经济增长到人与自然和谐相处，可持续发展成为各国学者广泛关注的研究议题。

（二）水电企业可持续发展研究

2000 年左右，国内学者开始研究企业可持续发展理论。殷建平（1999）和李占祥（2000）从企业创新和扩大企业规模的视角对企业可持续发展进行概念界定。邓曦东等（2008）认为，利益相关者理论为企业可持续发展提供了一个新的思路，通过实施社会效益最大化战略和利益相关者战略，能够实现企业可持续发展。

在水电企业可持续发展研究方面，张树民等（2002）提出，电力企业的发展壮大必须兼顾经济、环境和社会效益，走可持续发展道路。曾琼芳（2015）从可持续发展理论入手，探索电力企业环境成本与可持续发展增长率的关系。邓燕（2016）提出，通过构建电力－环境－经济复合系统促进电力企业可持续发展。曾森等（2019）构建了电力企业可持续发展综合评价体系，提出通过优化管理机制、增强创新能力、把握市场趋势等方式提升企业可持续发展能力。刘晓侠（2020）运用因子分析法开展研究，发现电力企业的盈利能力和发展能力与企业可持续发展之间呈现显著正相关关系。朱运亮（2022）提出了可持续发展的水库移民生计空间。

现有研究成果主要关注水电企业竞争力与可持续发展之间的关系，强调经济、环境和社会效益的重要性，以及可持续发展构成水电企业的经营目标。但是，有关水电企业可持续发展与企业社会责任之间关系的研究比较少。

二 企业社会责任研究

(一) 企业社会责任思想的起源

在生产生活中互通有无和开展各种商业活动的过程中，人类社会逐渐形成了商业伦理思想，这些思想主要表现为对商人及商业活动的社会角色定位、慈善等社会责任意识。在重农主义社会中，社会排斥商业行为，商人的社会地位较低。这一时期的商业伦理要求商人关爱社会，支持当地医院、学校、孤儿院、救济院。谢赫 (Sheikh, 1996) 认为，随着重商主义在西方的兴起，商人的社会地位逐步提高，社会希望商人能够为社会做更多的事情，统治阶级要求各类行会组织资助和照顾其患病的会员，建立失业救济基金，要求其捐助社区的各种公益事业等，宗教团体开始教育和要求教徒在经商活动中支持社会福利事业，履行公共道德。

文艺复兴后，在西方社会，商人的社会地位得到进一步提高，商人的社会责任也得到强化。托马斯·孟 (1997) 认为当时的英国社会存在国家利益、商人利益和国王利益三种利益。18 世纪 60 年代，西方工业革命开始，蒸汽机代替了手工劳动，出现了大型企业，企业的员工数量不断增加，企业文化逐渐形成。19 世纪初，随着大型企业数量增加，国家的经济权力越来越集中，大型企业凭借所占有的生产资源，逐渐获得了相应的社会权力。随着大型企业的所有权和经营权逐渐分离，企业管理者取代所有权人获得了企业资产的处置权，并且成为引导企业发展的关键力量，管理者资本主义在西方诞生，职业经理人开始挑战企业利润最大化原则，从而诞生了企业社会责任思想。

20 世纪初期，由于与企业之间存在着高度依存关系，美国社会给予企业及其管理者很多发展机会，相应地，社会也对企业寄予厚望，企业社会责任思想得以兴起。克拉克 (Clark, 1916) 认为，一个国家需要不断发展有责任感的经济原则，使之成为商业伦理的一部分。戴维斯 (Davis, 1967) 提出了 "权力 - 责任模型"，认为社会责任和社会权力是对等物。从起源来看，企业社会责任思想的出现不是由于商人大发慈悲，而是政府和社会对企业施加压力所产生的结果，也是企业所有权和经营权分离所产生的结果。

（二）企业社会责任思想的争论

1. 20 世纪 30 年代至 50 年代，伯利与多德关于企业委托代理责任的论战

伯利（Berle，1931）认为，基于企业的地位和企业章程，作为企业股东的受托人，企业管理者的责任是对企业全体股东的利益负责。多德（Dodd，1932）对伯利的观点表达了不同意见，他不认为企业经营的唯一目的是为股东赚取利润，现代企业存在着比较宽泛的受托人。作为一个经济组织，企业需要创造利润和服务社会。企业管理者不再是股东的代言人，而是机构的受托人。同年，伯利对多德的文章作了回应，他同意多德提出的企业履行社会责任的观点。但是，他坚持认为管理者是投资者的受托人，如果管理者利用手中的资源过多地关注社会行为，将会使得投资者无法有效限制管理者的权力（Berle，1932）。后来，多德（Dodd，1942）也接受了伯利的观点，他认为，管理者受托责任涉及法律困难，企业不需要承担法律规定之外的其他社会责任。1954 年，伯利总结了他和多德的这场争论，他主张企业的责任是对全体股东利益负责，多德主张这种责任是对整个社会利益负责（Berle，1954）。这一时期，伯利和多德关于企业受托责任的争论，最终以彼此接受对方观点结束，他们都赞同现代企业是一个承担社会责任的组织，管理者承担着比较宽泛的受托责任。但是，二者均认为企业只需要承担法律规定的社会责任。鲍恩（Bowen，1953）提出"当时的大公司集中了强大的力量，他们的行为对社会产生了切实的影响，因此，有必要改变他们的决策，以包括对这些影响的考虑"。在他看来，商人的管理决策和经营活动会影响企业员工、客户和其他利益相关者的利益，进而影响整个社会的生活质量。

2. 20 世纪 60 年代，伯利与曼尼关于企业理论的论战

曼尼（Manne，1962）反对伯利的观点，他坚持自由市场经济观点，认为管理者无须承担社会责任。如果管理者坚持开展社会活动，违背股东利益，那么企业就会面临生存问题。同时，他认为企业履行社会责任将会造成行业垄断、增加政府管制，企业捐助行为将会增加经营成本，进而影

响企业生存。同年，伯利认为，20 世纪 60 年代凯恩斯主义所主张的政府干预政策使得古典自由市场理论失去了完全竞争的市场条件。随着现代企业和社会的发展，他改变了对管理者承担社会责任的顾虑，进而赞同了多德的观点。这一时期，社会开始关注全球的人口快速增长、环境污染和资源枯竭等问题，同时有关环境、贫困、人权和劳工权利方面的社会运动不断兴起。这些促使企业管理者重新审视他们在社会中的作用，面对履行社会责任的压力。

3. 20 世纪 70 年代至 20 世纪末，关于企业社会责任思想的争论

弗里德曼（Friedman，1970）认为，在自由市场经济中，企业唯一的社会责任是要整合各类生产资源，不断增加企业利润。因此，他反对企业履行社会责任。在他看来，企业社会责任理论是对自由市场经济学说的颠覆。但是，他也承认"企业社会责任"一词在专业领域和公共关系中广泛存在。最常见的是以下主题：消费者保护、工作场所安全、公平薪酬、对当地社区的支持等。曼尼（Manne，1972）认为，有关企业社会责任的大部分观点没有认清企业仅仅是一个经济组织，不是政府的一部分，企业的建立是来自全体股东的自利动机。20 世纪 70 年代初期，美国经济发展委员会（CED）在其出版的《企业社会政策的新理由》和《商业公司的社会责任》中提出，企业关心社会问题是正当的，社会也开始对商业部门履行社会责任产生新的期望。

20 世纪 80 年代，埃文和弗里曼（Evan and Freeman，1983）以及弗雷德里克（Frederick，1986）提出，公司必须在一个充满各种利益相关者的空间中工作，其中不仅包括消费者，而且还包括员工、供应商、资本家、工会、民间组织、当地社区以及可以影响组织目标实现的每个人。企业应尽量回应这些利益相关者的诉求。德鲁克（Drucker，1984）提出，企业最为重要的责任是为股东赚取足够利润。20 世纪 90 年代，经济社会的可持续性和环境保护问题受到更多关注，越来越多的企业在项目建设中需要编制环境影响评价报告，社会大众也持续关注生态环境问题。波特和林德（Porter and Linde，1995）提出，如果企业能够在其生产中使用先进的环保技术，从长远来看，企业将会更具有竞争力。谢赫（Sheikh，1996）提出，

企业的行为准则应当是利润最优化，而不是利润最大化。

有关企业社会责任思想的讨论动摇了自由市场经济的"利润最大化"观点，从而引起西方学者的激烈争论。其中，支持企业社会责任思想的代表学者有鲍恩、萨缪尔森等。鲍恩（Bowen，1955）提出，如果商人自愿在维护社会利益的前提下从事生产经营，就能够避免自由经济和政府过度管制所带来的经营风险。萨缪尔森（Samuelson）主张，大公司应该积极承担社会责任（Bruck，1973）。曼尼和瓦利奇（Manne and Wallich，1972）提出，企业为了短期利润最大化所采取的市场行为将会影响企业的长期发展。企业管理者要重视企业社会责任，从而实现企业可持续发展。反对企业社会责任思想的代表学者有莱维特、哈耶克和德姆塞茨等。莱维特（Levitt，1958）认为，如果企业参与社会问题，就会获得广泛的权力，形成非常有害的极权体制。哈耶克（Hayek，1969）认为，企业社会责任违背了自由市场经济原则，如果企业过多地参与社会活动，将会导致政府干预企业经营。德姆塞茨（Demsetz）认为，社会责任被学者误解了，企业只有一个目的就是赚取利润（Bruck，1973）。

（三）从企业社会责任到企业公民

21 世纪初，反对企业履行社会责任的学者越来越少，大部分学者逐渐赞成企业在追求利润过程中需要应对利益相关者的诉求，履行相应的法律、环境保护和社会责任，以实现企业可持续发展。马滕等（Matten et al.，2003）认为，进入 21 世纪，企业越来越重视社会责任，大公司意识到，如果不承担社会责任，将会使其处于市场竞争的劣势地位。这就是为什么在 21 世纪他们主张建立更完善的企业社会责任法律体系。同时，在广义的企业社会责任概念的基础上，学术界和企业界出现了企业公民（公司公民）的概念，取代了企业社会责任、企业社会回应和利益相关者等概念。爱泼斯坦（Epstein，1989）认为，衡量企业好公民的重要标准是企业的社区参与行为和支持公共或非营利组织行为。卡罗尔（Carroll，2015）认为，到 20 世纪 90 年代末，企业社会责任依然缺乏全球公认的定义，伴随着社会和制度进步，企业需要演变成为优秀的企业公民。因此，企业好公民行为是指企业超越法律和商业关系为提高利益相关者的福利而作出贡献的行为。

1996 年，美国企业界首次设立"企业公民总统奖"。1999 年，美国白宫和商务部设立"企业杰出奖"，这两个奖项旨在表彰那些承担企业社会责任的企业好公民。评判企业好公民的准则包括：家庭友好型工作场所、员工安全和保障、员工健康和退休金、无歧视的公平雇用、保护生态环境、遵守美国和当地的法律、尊重言论自由的企业文化、良好的企业公民行为和社区福利（沈洪涛、沈艺锋，2007）。

卡罗尔（Carroll，1998）认为，企业公民行为是指维护好企业与社区的关系，以及企业对利益相关者关切的社会回应。史密斯（Smith，2001）主张将企业社会责任纳入企业经营管理战略，强调社会责任的重要性和长期性。洛格斯登和伍德（Logsdon and Wood，2002）认为，作为公民，企业既拥有权利，也应当履行义务，其中企业义务是指其经营活动要服务社会利益。伯克和洛格斯登（Burke and Logsolon，1996）提出企业应当将社会责任问题植入企业战略管理理论。霍普金斯（Hopkins，1997）认为，企业通过履行社会责任，可以获得市场竞争优势。王建利（2013）提出，来自市场、法律、道德和慈善的力量促使企业履行社会责任。李耕坤（2022）提出，法律、道德、人权和公共性共同构成企业社会责任的四个关键议题。菲利普·科特勒和南希·李（2006）认为，企业社会责任将会给企业带来潜在的利益，包括降低运营成本、提高企业的社区声誉、在目标市场中建立品牌偏好、建立有影响的伙伴关系、提高员工福利和满意度、强化目标品牌定位等。

（四）企业社会责任理论框架

加里加和梅勒（Garriga and Melé，2004）认为，大多数企业社会责任理论都集中在实现长期利润的目标、以负责任的方式使用商业力量、整合社会需求、通过做道德正确的事情为社会作出贡献。因此，企业社会责任理论可以分为工具理论、政治理论、整合理论和伦理理论。企业社会责任理论框架汇总见表 1 - 1。

表1-1 企业社会责任理论框架汇总

理论类型	方式	主要内容	相关文献
工具理论：专注于通过社会活动实现经济目标	股东价值最大化	企业长期价值最大化	弗里德曼（Friedman，1970）、詹森（Jensen，2000）
	竞争优势	竞争环境下的社会投资	波特和克莱默（Porter and Kramer，2002）
		基于公司自然资源观和公司动态能力的战略	哈特（Hart，1995）、利兹特（Lizt，1996）
		经济金字塔底层的策略	普拉哈拉德和哈蒙德（Prahalad and Hammond，2002）、哈特和克里斯滕森（Hart and Christensen，2002）、普拉哈拉德（Prahalad，2002）
	公益营销	企业以被社会认可的利他行为作为营销工具	瓦拉达拉扬和梅农（Varadarajan and Menon，1988）、默里和蒙塔纳利（Murray and Montanari，1986）
政治理论：专注于在政治舞台上负责任地使用商业权力	企业宪政	企业社会责任源于企业所拥有的社会权力大小	戴维斯（Davis，1960）
	整合的社会契约理论	假设企业与社会之间存在社会契约	唐纳森和邓菲（Donaldson and Dunfee，1994，1999）
	企业公民	企业公民被理解为在社区具有一定的社区参与	伍德和洛格斯登（Wood and Lodgson，2002）、安德里夫和麦克伦托什（Andriof and Mclntosh，2001）、马腾和克兰（Matten and Crane，2005）
整合理论：注重社会需求的整合	问题管理	企业可能对它所产生重大影响的社会和政治问题的社会回应	塞西（Sethi，1975）、阿克曼（Ackerman，1973）、琼斯（Jones，1980）、沃格尔（Vogel，1986）、沃蒂克和马洪（Wartick and Mahon，1994）
	公共责任	企业以法律和现行的公共政策作为社会表现的参考	普雷斯顿和波斯特（Preston and Post，1975，1981）
	利益相关者管理	平衡企业各利益相关者的利益	米切尔等（Mitchell et al.，1997）、阿格尔等（Agle and et al.，1999）、罗利（Rowley，1997）
	企业社会表现	寻找社会合法性和程序，以对社会问题作出适当的社会回应	卡罗尔（Carroll，1979）、沃蒂克和科伦（Wartick and Cochran，1985）、伍德（Wood，1991b）、斯旺森（Swanson，1995）

续表

理论类型	方式	主要内容	相关文献
伦理理论：注重做正确的事以达到一个好的社会	利益相关者规范理论	考虑对企业利益相关者的信托义务。它的应用需要参考一些道德理论，如康德主义、功利主义、正义理论等	弗里曼（Freeman，1984，1994）、埃文和弗里曼（Evan and Freeman，1988）、唐纳森和普雷斯顿（Donaldson and Preston，1995）、弗里曼和菲利浦斯（Freeman and Phillips，2002）、菲利浦斯（Phillips，2003）
	普世权利	基于人权、劳工权利和保护环境的框架	《全球苏利文原则》（1999）、联合国《全球契约》（1999）
	可持续发展	旨在考虑和实现今世后代的人类发展	世界环境与发展大会《布伦特兰报告》（1987）、格拉德温和肯内利（Gladwin and Kennelly，1995）
	共同利益	以社会共同利益为导向	奥尔福德和诺顿（Alford and Naughton，2002）、梅勒（Mele，2002）、卡库（Kaku，1997）

资料来源：Garriga and Melé（2004）。

（五）水电企业社会责任最新研究

我国大型水电企业属于国有控股企业，水电企业既承担了水能资源的开发，又要积极响应国家号召主动服务于经济发展和社会进步，承担生态环境保护的责任。

崔兴华（2011）认为，由于没有一个科学的水电开发企业社会责任评价框架，水电开发企业在社会责任的内容、评价标准、对比分析方面面临较大障碍，需要加强这方面的研究。付兴友（2011）认为，作为责任主体，水电开发企业要严格贯彻落实相关法律政策，承担起爱心帮扶、捐建医院等与库区居民相关的社会责任。汪正猛（2014）提出，部分小水电企业承担了社会公益责任。刘盛炜（2015）认为，水电企业社会责任成本由员工责任、环境责任、社区公益和安全责任的成本构成。李丽（2015）提出，"我国可以借鉴 ISO26000 的先进思想，通过意识提升和制度建设，促进我国企业'走出去'的顺利发展"。

周海炜等（2015）提出，海外投资的水电企业利益相关主体包括水库移民、当地居民、宗教组织、NGO 组织、环境和生物保护协会等。陈影和方忠良（2016）提出，水电企业社会责任包括对社区承担保护环境的责任，对政府承担依法纳税的责任，对社会承担公益责任。吴上和施国庆（2018）提出，应健全水电工程效益分享协同管理机制，鼓励水电企业履行社会责任，优先助力贫困的水库移民脱贫，灵活渐进地实现水库移民分享工程效益实践机制的稳步定型和有序推广。舒欢和许俊丽（2018）建议，我国水电企业在走出去的过程中，需要完善法律制度，加强与当地社区的公共关系建设，提升企业和员工环保意识，不断提升中国水电企业的良好形象。张平等（2021）提出，水电企业履行社会责任的具体措施包括组建劳务运输合作社，构建多方共赢的劳动就业服务"平台"；援建产业合作社，开展产业扶贫。尹雪莲（2020）提出，水电行业在社会责任会计信息披露方面有待进一步完善。

从既有研究可以看出，国内学者主要从利益相关者理论、生态保护、移民安置、社会责任成本、信息披露等方面开展水电企业社会责任研究，比较关注水电企业社会责任的主要内容及社会表现方式；国外学者从生物多样性保护、水生态保护等视角研究水电企业履行社会责任的措施。由于水电站建设涉及庞杂的利益相关者，这些利益相关者往往成为左右水能资源开发权、水电站立项和审批的关键力量。目前，学者较少从利益相关者角度出发研究水电企业社会回应、社会表现和社会责任绩效等问题，本书尝试按照利益相关者诉求、企业社会回应方案、企业社会表现指标的逻辑框架，构建水电企业社会责任的一级、二级和测试指标。

三　企业社会责任指标体系研究

1. 企业社会责任指标体系

李馨子（2008）构建了由人力资源绩效、社会绩效、环境绩效和产品质量组成的企业社会责任绩效综合评价指标体系。冯臻（2014）基于利益相关者理论，运用层次分析法，构建了一套包含员工、消费者、客户、社会、环境保护、慈善等内容的企业社会责任行动评价体系。这一分类建立在利益相关者诉求识别的基础上，对企业社会责任指标体系的构建具有一定的前瞻性。张彦开和冯时（2014）提出，水电企业社会责任应以生态保护和移民安置为核心议题，建立相应的社会责任管理体系，应当定期发布社会责任报告，提高水电企业社会责任管理水平。

2. 水电企业社会责任指标体系

欧阳斌（2015）依据资源型企业社会责任的特征，构建了企业社会责任披露质量评价指标体系，以便提高资源型企业的社会价值。陈星等（2017）从资源、经济、社会需求、生态影响因素及新增因素等五个维度，建立了农村水电可持续发展评价指标体系。聂亦慧和赵泽（2019）基于利益相关者理论、三重底线理论和可持续发展理论，构建了资源型企业社会责任指标体系，其中包括经济责任、社会责任、环境责任和可持续发展责任。这一分类方法强调可持续发展责任，不过，在责任分类方面，遇到了环境和可持续发展的三级指标不易区分的难题。周冕（2020）结合新能源企业特点，运用利益相关者理论和层次分析法，构建了新能源企业社会责任审计指标体系，其中包括个体类、公共类和自然资源环境类。吴云帆（2020）运用委托代理理论和利益相关者理论构建了国有企业社会责任绩效审计评价指标体系。其中，包括 3 个一级指标（包括：一般社会责任、经济责任、环境责任），9 个二级指标，42 个三级指标。李悦（2020）基于环境、社会和治理分析框架构建了我国上市发电企业社会责任指标体系。同时提出了评价指标选择的原则，即实用性、可行性、持续性、可比性。基准层指标包括：治理指标（包括财务绩效、劳资关系、经营实力、物料）、环境指标（包括能源、排放、供应商的环境评估）、社会指标（包括雇佣、职业健康与安全、培训与教育、多元化与平等机会）。

3. 水电企业社会责任指标体系研究评述

目前，国内学者开始从行业的角度尝试构建不同行业社会责任指标体系，对于水电企业社会责任指标体系的研究集中在一二级指标的内容分析，企业社会责任主要包括经济、社会、环境和治理责任，不能反映水电行业的特点，没有体现水电企业利益相关者的诉求，因此，水电行业并没有采用上述研究成果。

当前，我国水电开发区域逐步向青藏高原集中，澜沧江上游、金沙江上游、雅鲁藏布江流域下游成为我国水电开发的主战场，水电企业在水电站规划设计、建设施工、生产运营阶段将面临生物多样性保护、水库移民搬迁安置、库区和移民安置区乡村振兴、宗教设施迁移和复建、国际反坝组织抵制、国际河流生态流量等一系列问题，上述流域的水电开发难度将会越来越大，水电企业利益相关者的诉求也会越来越多样化，因此，构建一套符合水电行业特点的企业社会责任指标体系成为水电企业实现可持续发展的重要步骤。

四　环境、社会和治理研究

环境、社会和治理又被称为 ESG（Environmental，Social and Governance），是一种关注企业环境、社会关系和治理绩效的评价标准。ESG 评价标准从环境、社会和公司治理三个维度评估企业生产经营的可持续性和企业投资价值，是当今国际金融市场上投资行为的伦理准则，为广大投资者提供了一套可行的衡量企业投资价值的判断准则。

（一）ESG 发展历程

2004 年，联合国发布《在乎者即赢家：连接金融市场与变动中的世界》（Who Cares Wins：Connecting Financial Markets to a Changing World）报告，正式提出 ESG 概念，其核心要义是统筹兼顾经济、社会和环境的和谐可持续发展。同年 6 月，联合国环境规划署金融倡议组织（UNEP FI）发表《ESG 对权益定价的实质影响》，强调 ESG 整合对长期稳健投资回报的实质影响。

2006 年，联合国前秘书长科菲·安南牵头成立联合国责任投资原则组织（UN PRI），旨在帮助投资者理解环境、社会和公司治理等要素对投资价值的影响，并支持各签署机构将这些要素融入投资战略、决策及积极所有权中。

2006 年，联合国全球契约组织（UNGC）和联合国环境规划署可持续金融倡议组织（UNEP FI）共同发布《负责任投资原则》（Principles for Responsible Investment，PRI），此后，ESG 作为重要的投资决策系统考量因素引发了商界的广泛关注和大力推动。

2008 年，高盛集团推出了可持续权益资产组合，而瑞银集团、贝莱德集团、汇丰银行、安联集团随后也开展了 ESG 投资实践。

2009 年，联合国贸易和发展会议、联合国责任投资原则组织、联合国环境规划署等联合发起了联合国可持续证券交易所倡议组织（简称 UN-SSE），协助签署证券交易所编制发布的 ESG 报告。

2014 年 10 月，欧盟颁布了《非财务报告指令》（Non-financial Reporting Directive），首次系统地将 ESG 三要素列入法规条例的法律文件。指令规定大型企业（员工人数超过 500 人）对外非财务信息披露内容要覆盖 ESG 议题。

2015 年，联合国可持续证券交易所倡议组织（UNSSE）推出证券交易所自愿工具，用于指导发行人报告 ESG 相关问题。

2019 年，世界银行建立主权国家 ESG 数据门户网站。

2019 年 7 月，世界银行发布《全球可持续发展实施计划》及对应的《投资细则》，重点关注环境和社会方面的可持续投资，该细则也使 ESG 投资成为可持续投资的基础。

（二）我国推动 ESG 发展的政策文件

中国 ESG 的理念、标准、监管及市场的发展，深受全球 ESG 的发展影响。依据我国颁布的有关 ESG 政策文件来划分，我国 ESG 发展经历了以下几个阶段。

1. 萌芽阶段（2002～2007 年）

2002 年 1 月 7 日，中国证券监督管理委员会和国家经济贸易委员会联合发布了《上市公司治理准则》（证监发〔2002〕1 号），该文件阐明了我国上市公司治理的基本原则，投资者权利保护的实现方式，以及上市公司董事、监事、经理等高级管理人员所应当遵循的基本的行为准则和职业道德等内容。

2003 年 9 月 2 日，国家环保总局发布了《关于企业环境信息公开的公告》（环发〔2003〕156 号），该文件要求，在当地主要媒体上定期公布超标准排放污染物或者超过污染物排放总量规定限额的企业名单，必须如实、准确公开企业环境保护方针、污染物排放总量、企业环境污染治理、环保守法和环境管理等环境信息内容。

2007 年 1 月 30 日，中国证券监督管理委员会发布了《上市公司信息披露管理办法》（中国证券监督管理委员会令第 40 号），信息披露义务人应当真实、准确、完整、及时地披露信息，不得有虚假记载、误导性陈述或者重大遗漏。信息披露义务人应当同时向所有投资者公开披露信息。

2007 年 4 月 11 日，国家环保总局发布了《环境信息公开办法（试行）》（国家环境保护总局令 第 35 号），规定企业应当按照自愿公开与强制性公开相结合的原则，及时、准确地公开企业环境信息。鼓励企业自愿通过媒体、互联网或企业年度环境报告的方式公开相关环境信息。

2. 起步阶段（2008～2017 年）

2007 年 12 月 29 日，国务院国有资产监督管理委员会发布了《关于中央企业履行社会责任的指导意见》（国资发研究〔2008〕1 号），提出履行社会责任要求中央企业必须坚持以人为本、科学发展，在追求经济效益的同时，对利益相关者和环境负责，实现企业发展与社会、环境的协调统一。

2008 年 2 月 22 日，国家环保总局发布了《关于加强上市公司环境保护监督管理工作的指导意见》（环发〔2008〕24 号），环保总局与中国证监会建立和完善上市公司环境监管的协调与信息通报机制，促进上市公司特别是重污染行业的上市公司真实、准确、完整、及时地披露相关环境信息，增强企业的社会责任感。

2010 年 9 月 14 日，环境保护部发布了《上市公司环境信息披露指南（征求意见稿）》，敦促上市公司积极履行保护环境的社会责任，进一步提高企业环境信息公开的透明度和可操作性。

2014 年 12 月 19 日，环境保护部发布了《企业事业单位环境信息公开办法》（国家环境保护部令第 31 号），提出企业事业单位应当按照强制公开和自愿公开相结合的原则，及时、如实地公开其环境信息。

2016 年起，跨部门合作逐渐加强，相关部门联合制定出台了不少文件，均明确要求上市公司及重点排污单位披露环境信息。

2016 年 8 月 31 日，中国人民银行等部门联合印发《关于构建绿色金融体系的指导意见》，大力发展绿色信贷；推动证券市场支持绿色投资。完善环境权益交易市场，支持地方发展绿色金融，推动开展绿色金融国际合作。

2017 年 6 月 12 日，环保部、证监会签署了《关于共同开展上市公司环境信息披露工作的合作协议》。该协议旨在共同推动建立和完善上市公司强制性环境信息披露制度，督促上市公司履行环境保护社会责任。

3. 推进阶段（2018 年至今）

2018 年 9 月 30 日，中国证券监督管理委员会发布了《上市公司治理准则》（中国证券监督管理委员会公告〔2018〕29 号），该文件第八章专门规定了利益相关者、环境保护与社会责任的内容。文件指出，上市公司应当尊重利益相关者的合法权利，积极践行绿色发展理念，将生态环保要求融入发展战略和公司治理过程，主动参与生态文明建设，在污染防治、资源节约、生态保护等方面发挥示范引领作用。在社区福利、救灾助困、公益事业等方面，积极履行社会责任。主动对接、积极支持贫困地区发展产业、培养人才、促进就业。

2021 年 6 月 28 日，中国证券监督管理委员会发布了《公开发行证券的公司信息披露内容与格式准则第 2 号——年度报告的内容与格式（2021 年修订）》（中国证券监督管理委员会公告〔2021〕15 号），新增环境和社会责任章节。将定期报告正文与环境保护、社会责任有关条文统一整合至新增后的"第五节　环境和社会责任"当中，并在定期报告中新增报告期内公司因环境问题受到行政处罚情况的披露内容，鼓励公司自愿披露在报告期内为减少其碳排放所采取的措施及效果和巩固拓展脱贫攻坚成果、乡村振兴等工作情况。

2022 年 3 月 16 日，国务院国有资产监督管理委员会成立科技创新局、社会责任局，研究提出推动国有企业履行社会责任的政策建议，指导所监管企业履行社会责任，督促指导所监管企业能源节约和生态环境保护工作、乡村振兴和援疆援藏援青工作，指导推动所监管企业碳达峰、碳中和等工作。

2022 年 5 月 27 日，国务院国有资产监督管理委员会发布了《提高央企控股上市公司质量工作方案》，提出贯彻落实新发展理念，探索建立健全 ESG 体系。中央企业集团公司要统筹推动上市公司完整、准确、全面贯彻新发展理念，进一步完善环境、社会责任和公司治理（ESG）工作机制，提升 ESG 绩效，在资本市场中发挥带头示范作用；立足国有企业实际，积极参与构建具有中国特色的 ESG 信息披露规则、ESG 绩效评级和 ESG 投资指引，为中国 ESG 发展贡献力量。推动央企控股上市公司 ESG 专业治理能力、风险管理能力不断提高；推动更多央企控股上市公司披露 ESG 专项报告，力争到 2023 年相关专项报告披露"全覆盖"。

2022 年 7 月 25 日，深圳证券交易所发布了《国证 ESG 评价方法》，该评价体系分为四个层级，在环境、社会责任、公司治理 3 个维度下，设置 15 个主题、32 个领域、200 余个指标，全面反映公司可持续发展方面的实践和绩效。

2023 年 7 月 25 日，国务院国资委办公厅发布了《关于转发〈央企控股上市公司 ESG 专项报告编制研究〉的通知》，《通知》关于专项报告编制的内容包括《中央企业控股上市公司 ESG 专项报告编制研究课题相关情况报告》《央企控股上市公司 ESG 专项报告参考指标体系》《央企控股上市公司 ESG 专项报告参考模板》，从环境、社会、治理三大维度，构建了包含 14 个一级指标、45 个二级指标、132 个三级指标的指标体系，为企业理解指标内涵，开展收集与计算工作提供了科学的方法路径。

近些年，全球相关国际组织、发达国家的政府部门、全球主要交易所纷纷出台了 ESG 披露准则和标准法案，上市公司强制披露 ESG 相关信息已成为资本市场的大势所趋。中国推动 ESG 发展的政策文件汇总见表 1 - 2。

表 1 - 2   中国推动 ESG 发展的政策文件汇总

日期	政策文件名称	发布单位	核心内容
2002 年 1 月 7 日	《上市公司治理准则》（证监发〔2002〕1 号）	中国证券监督管理委员会、国家经济贸易委员会	提出了我国上市公司治理的基本原则
2003 年 9 月 2 日	《关于企业环境信息公开的公告》（环发〔2003〕156 号）	国家环保总局	必须如实、准确公开企业环境信息内容

续表

日期	政策文件名称	发布单位	核心内容
2007 年 1 月 30 日	《上市公司信息披露管理办法》（中国证券监督管理委员会令第 40 号）	中国证券监督管理委员会	信息披露义务人应当真实、准确、完整、及时地披露信息，不得有虚假记载、误导性陈述或者重大遗漏
2007 年 4 月 11 日	《环境信息公开办法（试行）》（国家环境保护总局令 第 35 号）	国家环保总局	强制环保部门和污染企业向全社会公开重要环境信息，为公众参与污染减排工作提供平台
2007 年 12 月 29 日	《关于中央企业履行社会责任的指导意见》（国资发研究〔2008〕1 号）	国务院国有资产监督管理委员会	推动中央企业认真履行好社会责任，实现企业与社会、环境的全面协调可持续发展
2008 年 2 月 22 日	《关于加强上市公司环境保护监督管理工作的指导意见》（环发〔2008〕24 号）	国家环保总局	环保总局与中国证监会建立和完善上市公司环境监管的协调与信息通报机制，促进上市公司特别是重污染行业的上市公司真实、准确、完整、及时地披露相关环境信息，增强企业的社会责任感
2010 年 9 月 14 日	《上市公司环境信息披露指南（征求意见稿）》	环境保护部	敦促上市公司积极履行保护环境的社会责任，进一步提高企业环境信息公开的透明度和可操作性
2014 年 12 月 19 日	《企业事业单位环境信息公开办法》（国家环境保护部令第 31 号）	环境保护部	企业事业单位应当按照强制公开和自愿公开相结合的原则，及时、如实地公开其环境信息
2016 年 8 月 31 日	《关于构建绿色金融体系的指导意见》	中国人民银行、财政部、国家发展改革委、环境保护部、银监会、证监会、保监会	动员和激励更多社会资本投入到绿色产业，同时更有效地抑制污染性投资。构建绿色金融体系，不仅有助于加快我国经济向绿色化转型，也有利于促进环保、新能源、节能等领域的技术进步
2017 年 6 月 12 日	《关于共同开展上市公司环境信息披露工作的合作协议》	环保部、证监会	共同推动建立和完善上市公司强制性环境信息披露制度，督促上市公司履行环境保护社会责任
2018 年 9 月 30 日	《上市公司治理准则》（中国证券监督管理委员会公告〔2018〕29 号）	中国证券监督管理委员会	积极借鉴国际经验，推动机构投资者参与公司治理，确立环境、社会责任和公司治理（ESG）信息披露的基本框架

日期	政策文件名称	发布单位	核心内容
2021 年 6 月 28 日	《公开发行证券的公司信息披露内容与格式准则第 2 号——年度报告的内容与格式（2021 年修订)》（中国证券监督管理委员会公告〔2021〕15 号）	中国证券监督管理委员会	鼓励公司在定期报告中披露为减少其碳排放所采取的措施和效果，以及参与乡村振兴等工作情况
2022 年 3 月 16 日	国务院国有资产监督管理委员会成立科技创新局、社会责任局	国务院国有资产监督管理委员会	提出推动国有企业履行社会责任的政策建议，指导所监管企业履行社会责任，督促指导所监管企业能源节约和生态环境保护工作、乡村振兴和援疆援藏援青工作，指导推动所监管企业碳达峰、碳中和等工作
2022 年 5 月 27 日	《提高央企控股上市公司质量工作方案》	国务院国有资产监督管理委员会	贯彻落实新发展理念，探索建立健全 ESG 体系
2022 年 7 月 25 日	《国证 ESG（环境、社会和公司治理）评价方法》	深圳证券交易所	基于该评价方法编制了深市核心指数（深证成指、创业板指、深证 100）ESG 基准指数和 ESG 领先指数
2023 年 7 月 25 日	《关于转发〈央企控股上市公司 ESG 专项报告编制研究〉的通知》	国务院国资委办公厅	提出中央企业探索建立健全 ESG 体系，力争到 2023 年，中央企业控股上市公司 ESG 专项报告披露全覆盖

第二章

企业社会责任理论分析

第一节　核心概念

一　企业可持续发展

（1）可持续发展

1987 年 2 月，联合国世界环境与发展委员会在其发布的《我们共同的未来》中提出，可持续发展是指"既满足当代人的需求，又不损害后代人的需求的发展模式"。[①] 帕里斯和凯特斯（Parris and Kates，2003）总结指出，各国学者和行业组织给可持续发展下了超过 500 种定义。黄英强和肖亚光（2014）认为，可持续发展是指"既能保证今天经济的持续发展，又不能消费未来的资源环境"。巴科维、米尔和索夫罗尼耶维（Backovi N，Mill V and Sofronijevi A，2015）提出，可持续发展是指"在不断提高人们的生活质量的同时，不能挑战自然环境的承受力"。目前，联合国世界环境与发展委员会给出的可持续发展定义为最权威的定义，普遍被学者们所接受。

（2）企业可持续发展

格雷（Gray，1994）认为可持续发展的概念在商界和政界被广泛低估和误用，环境评价报告和企业可持续性报告被证明是必不可少且切实可行

---

① "Take Action for the Sustainable Development Goals"，https://www.un.org/sustainabledevelopment/sustainable-development-goals，最后访问日期：2023 年 11 月 26 日。

的。然而，如果没有重大的监管举措，公司根本不可能编制相关报告。格雷强调政府部门要加强企业可持续发展报告披露的监管力度。李笑春（1996）提出，可持续发展将会对企业行为产生重大影响。刘力钢（2001）提出，企业可持续发展的核心不是单纯追求扩大企业规模，而是要实现企业对环境的适应和不断进行环境的创新，实现其存续性。

本书提出，企业可持续发展是指在市场竞争环境下，为了提升市场竞争力和创造长期价值，企业不断提升产品和服务质量、创新能力、盈利能力和治理能力，以应对未来的经济、法律、环境和社会的机遇与风险。

（3）水电企业可持续发展

有关水电企业可持续发展概念的学术论文比较少。魏晓天（2004）提出，电力企业要从观念、战略、体制、机制和科技等方面不断提高企业核心竞争力，从而实现企业可持续发展。

本书提出，水电企业可持续发展是指水电企业在法律、法规和政策的框架下，通过健全股东利润、环境保护、社会发展和企业价值全面提升的企业管理运行机制，实施水电企业价值最大化战略，不断提升生产技术创新能力、电力服务能力、市场竞争力、盈利能力和治理能力。从竞争力的视角出发，本书提出，水电企业可持续发展能力是指水电企业在追求基业长存和可持续发展的过程中，既能获得水能资源开发利用权，保持市场竞争优势和持续盈利，又能在相当长的时间内稳健成长，进而促进企业与客户、供应商、社会和环境等利益相关者和谐共生的能力。

二 企业生态系统

像生物一样，在一定区域内，企业与其利益相关者会形成一个共生的企业生态系统。孔茨和韦里克（Koontz and Weihrich，1993）认为，任何一个组织都是在复杂的外界环境中运行，并且会根据不同的环境作出相应的反应。经济、政治、法律、技术、社会和伦理等组成了企业的外部环境，并且对企业产生不同程度的影响。

摩尔（Moore，1993）将生态系统应用于市场竞争，界定了"商业生态系统"（Business Ecosystem）的概念，强调企业之间通过保持彼此的市场议价能力来获得利润。在国内，王方华（1995）认为："企业生态系统是企业、自然和社会因素相互作用的综合体。"博格斯（Bogers，2019）提出了商业生态系统的定义，即"一个相互依存的自利行为者共同创造价值的网络"。

本书提出，企业生态系统是指在一定时空内企业与政治、经济、法律、环境、技术、社会、伦理等形成的相互作用、相互依存的动态平衡系统。水电企业生态系统是指在一定区域内水电企业与员工、消费者、供应商、竞争者、地方政府、媒体单位、非政府组织、自然环境及其他利益相关者形成的相互影响和相互依存的动态平衡系统。

三　企业利益相关者

利益相关者（Stakeholders）也叫"利益相关方"，是指在某事中拥有利益的人，广泛来说，是指参与某事的人。斯坦福研究所（Stanford Research Institute）从支持与否和企业生存的关系给出了企业利益相关者的定义。此后，雷曼（Rhenman，1968）、弗里曼（Freeman，1984）、卡罗尔（Carroll，1993）、克拉克森（Clarkson，1995）从不同视角界定了利益相关者的概念。米切尔（Mitchell et al.，1997）认为，利益相关者概念应当包括权力、合法性和紧迫性等特征。威金伯格（Wijinberg，2000）指出，弗里曼和克拉克森为了解决利益相关者概念的定量问题，根据重要性将利益相关者分为两个层级。

王文柯（2006）是较早关注水电开发企业利益相关者概念的学者，他认为水电开发企业的利益相关者包括投资者和银行等债权人、政府行业主管部门、管理者、公司员工、环保部门、移民和当地居民。李雪凤和陈劲（2011）提出，水电企业利益相关者应当包括：股东和银行等债权人、消费者、雇员、政府部门和当地社区。总体来看，国内学者有关水电企业利益相关者的概念界定和识别还不够全面。

通过分析水电企业在水库移民、水生生物和陆生生物多样性、水源地保护、自然保护区等方面的影响，可以看出，水库移民、环境和非政府组织在水电站的建设和运营过程中具有较强的影响力。结合水电企业自身特点，本书提出，水电企业利益相关者是指那些影响水电企业生产经营或受其影响的个人或群体，包括水库移民、政府、股东、供应商、员工、客户、环境、银行、社区、竞争对手、非政府组织、新闻媒体、水利水电行业组织和工会。

四 企业社会责任

（1）国内外学者

克拉克（Clark，1916）认为，虽然人们对于社会责任的概念已经非常熟悉，但是人们并没有认识到大部分的社会责任属于企业责任。鲍恩（Bowen，1953）认为，商人的社会责任是指商人承担按照社会目标和价值观制定政策、作出决策和采取行动的义务。戴维斯（Davis，1960）提出，企业社会责任是指"商人的决策和行动至少有一部分不是出于企业直接的经济和技术利益"。曼尼等（Manne et al.，1972）提出，企业社会责任概念包括三个要素，即履行社会责任的支出成本和边际收益、社会责任的自愿原则、社会责任属于企业行为。卡罗尔（Carroll，1979）提出，"公司应履行经济、法律、道德和慈善责任，作为履行其对社会义务的一种手段"。福尔摩和瓦茨（Holme and Watts，2000）认为，企业社会责任是指企业持续承诺遵守商业伦理，为经济发展作出贡献，提高企业员工及其家庭、当地社区和整个社会的生活质量。

张上塘（1986）认为，"中外合营企业的存在和发展……很重要的一条就是通过其经营方式、经营目标及经营道德信誉，遵守我国法律，履行环境关系的社会责任义务……为社会提供合适的商品或服务，为社会做出贡献"。王秋丞（1987）提出，"一般不应当要求企业在背离它的经济职能和危害它的经济任务、目标的情况下孤立地去承担分外的社会责任"。刘俊海（1999）认为，企业社会责任是指股东利益和社会利益最大化。刘连煜（2001）、仲大军（2003）、屈晓华（2003）提出，企业社会责任是指企业在企业制度和企业行为中对员工、业务伙伴、客户、社区和国家积极履行义务和责任。谢赫（Sheikh，1996）提出，学术界一直无法准确定义企业社会责任概念，只能给出描述性定义。

综上，国内外学者最初主要从企业利润与社会义务的关系出发，给出了不同的企业社会责任概念，后来经过不断争论和发展演化，开始从履行社会责任内容的角度出发，尝试给出企业社会责任的准确定义。

（2）国内外相关组织

1971 年，美国经济发展委员会（Committee for Economic Development）把企业社会责任定义为三个同心圆。"三个同心圆"概念在企业社会责任演化过程中占有重要地位，强调企业在其发展过程中不仅要关心企业利润和经济增长，还要满足其他利益相关者的诉求，关注社会问题。企业社会责任的三个同心圆，详见图 2-1。

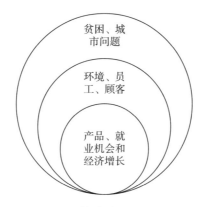

图 2-1　企业社会责任的三个同心圆

资料来源：Committee for Economic Development，1971：15。

2001 年，欧盟委员会提出，企业社会责任是指企业自愿将社会和环境问题纳入其业务运营以及与利益相关者的互动中（European Commission，2001）。2010 年，国际标准化组织（International Organization for Standardization）在其制定的 ISO 26000：2010《社会责任指南》中提出，企业社会责任行为包括：致力于可持续发展、遵守法律并遵守国际行为准则、社会责任实践。

目前，企业社会责任的广义概念关注三个实际问题，即可持续性、公司治理、企业与利益相关者的关系，所有这些问题的影响都是全球性的。国际组织有关企业社会责任的定义强调其"自愿性"和"全球性"，这对我国水电企业开拓海外市场具有较强的现实意义。

在对比分析国内外学者和国内外相关组织有关企业社会责任概念的基

础上，本书提出，水电企业社会责任是指水电企业秉持可持续发展理念，充分维护投资人、员工、水库移民、供应商、合作伙伴、竞争对手、环境、社区等利益相关者的权益，履行经济责任、环境责任、社会责任、伦理责任和自愿责任的义务。

第二节　理论基础

一　企业可持续发展理论

（1）可持续发展理念

自20世纪70年代起，联合国发布了一系列有关环境保护和可持续发展的方案，关注的议题包括生态环境保护、气候变化、极端天气、缺水加剧、生物多样性和人类可持续发展。世界气象组织发布的《2022年气候服务状况》指出，绿色电网是全球能源系统转型的中坚力量，大力发展可再生的水能资源成为世界各国的共识，在水电站建设和企业运营过程中如何实现企业、自然环境、社会的可持续发展成为当前世界各国水电企业面临的重要议题。联合国承认企业在推动可持续发展中的重要作用，鼓励企业主导推进可持续发展和绿色经济。联合国发布的有关可持续发展文件及核心主题详见表2-1。

表2-1　联合国发布的有关可持续发展文件及核心主题

时间	文件	发布单位/出处	核心主题
1972年6月	《联合国人类环境会议宣言》	联合国人类环境会议	保护人类环境，造福全体人民和后代
1987年2月	《我们共同的未来》	联合国世界环境与发展委员会	可持续发展是指"既满足当代人的需求，又不损害后代人的需求的发展模式"
1992年6月	《21世纪议程》	联合国环境与发展会议	人类在环境保护与可持续发展之间应作出的选择和未来的行动方案，可持续发展的18条原则
2015年9月	《变革我们的世界：2030年可持续发展议程》	联合国	全球可持续发展的基本要素、原则和目标，为未来15年世界各国的发展和国际发展合作指明了方向、勾画了蓝图

续表

时间	文件	发布单位/出处	核心主题
2015 年 12 月	《巴黎协定》	第 21 届联合国气候变化大会	2020 年后全球应对气候变化的行动
2022 年 7 月	《2022 年可持续发展目标报告》	联合国环境规划署	气候变化、生物多样性丧失和环境污染等危机，加剧了疫情和地缘冲突对全球可持续发展的冲击，推动绿色与低碳复苏已成为国际共识和一致行动
2022 年 10 月	《2022 年气候服务状况》	联合国世界气象组织	2050 年实现净零排放，需要在未来 8 年内翻倍供应低排放电力，重点发展太阳能、风能、水力发电等清洁发电形式

资料来源：作者根据上述国际组织官网整理而成。

自 20 世纪 90 年代起，我国政府采取务实举措，积极响应联合国的可持续发展行动，签订了联合国可持续发展议程等相关行动方案，提出可持续发展理念和"3060"双碳目标等中国行动方案，坚持推动构建人类命运共同体，以科技创新为驱动，加速绿色转型并助力全球实现可持续发展。我国发布的有关可持续发展文件及核心主题详见表 2-2。

表 2-2　我国发布的有关可持续发展文件及核心主题

时间	文件	发布单位/出处	核心主题
1994 年 3 月	《中国 21 世纪议程——中国 21 世纪人口、环境与发展白皮书》	国务院	中国可持续发展的总体战略框架和主要目标
1995 年 9 月	《中共中央关于制定国民经济和社会发展"九五"计划和 2010 年远景目标的建议》	中国共产党第十四届五中全会	党的文件中首次出现"可持续发展"的概念
1996 年 3 月	《中华人民共和国国民经济和社会发展"九五"计划和 2010 年远景目标纲要》	第八届全国人民代表大会第四次会议	合理开发利用资源，保护生态环境，实现经济社会相互协调和可持续发展
2012 年 6 月	《中华人民共和国可持续发展国家报告》	国务院	中国经济社会环境的可持续发展
2015 年 10 月	《中共中央关于制定国民经济和社会发展第十三个五年规划的建议》	中国共产党第十八届五中全会	创新、协调、绿色、开放、共享的五大发展理念

续表

时间	文件	发布单位/出处	核心主题
2019 年 3 月	《关于做好水电开发利益共享工作的指导意见》（发改能源规〔2019〕439 号）	国家发展改革委等六部委	建立健全移民、地方、企业共享水电开发利益的长效机制，实现移民长期获益、库区持续发展、水电站合理收益有保障的互利共赢格局
2021 年 3 月	《中华人民共和国国民经济和社会发展第十四个五年规划和 2035 年远景目标纲要》	第十三届全国人民代表大会第四次会议	推动绿色发展，促进人与自然和谐共生
2022 年 11 月	2022 "可持续中国产业发展行动"年度报告《超越净零碳》《可持续中国企业发展实践指南（2022）》	亚太经合组织（APEC）中国工商理事会和国家发展改革委国际合作中心	提炼和分享可持续发展中国模式，探索经济绿色复苏与增长的有效路径

资料来源：作者根据中央人民政府及相关部门官网整理而成。

在联合国和中国政府可持续发展战略的背景下，社会大众对于可持续发展的呼声日益强烈，企业界也积极响应国家可持续发展战略。许多大型企业开展了如何应对气候变化、落实双碳目标、保障粮食安全、韧性供应链、绿色金融、ESG、企业人才发展、生物多样性保护、可持续生活等可持续发展的实践与探索，以不断提升企业抵御风险和不确定性的商业韧性，转变企业价值战略，由单一经济效益转向经济、社会、环境等多维综合效益，不断提高企业可持续发展能力。

（2）企业可持续发展价值

每个阶段的现代创意企业都会创造价值，而这种价值必须满足可持续发展的要求。杨等（Yang et al.，2017）提出，任何新的商业模式的创造都必须建立在价值观念的基础上，可持续价值不仅仅为客户提供和实现经济价值。哈特等（Hart et al.，2003）认为，可持续发展价值是指由公司及其价值网络创造并为许多利益相关者所感知的经济、社会和环境影响。企业可持续发展价值的核心要素包括责任型领导者、义利统一的价值观、企业能力与社会需求相统一、共生型组织，详见表 2-3。

表 2 - 3   企业可持续发展价值的核心要素

核心要素	说明
责任型领导者	企业领导者要坚持商业伦理原则，把不断提升企业价值和企业可持续发展作为企业战略方向
义利统一的价值观	通过创新的思维和明确的价值观，实现人文关怀、环境保护和企业发展的三者统一
企业能力与社会需求相统一	在环境保护、体面劳动、公益活动等方面，积极履行符合企业自身能力的社会责任
共生型组织	构建一个各利益相关者互为主体的生存网络，最终实现总体价值最大化

（3）企业可持续发展战略

萨基斯等（Sakis et al. , 2016）认为，企业实施可持续发展战略不会减损业务目标，为企业注入可持续发展目标还可以帮助企业吸引积极主动、技术娴熟的劳动力，从而推动企业财务成功。同时，可持续性还可以吸引投资者、资本和潜在客户。奥拉乌米与陈（Olawumi and Chan，2018）认为，实施有利于可持续发展的解决方案能够降低自然成本并提高可持续经济发展能力。弗罗伊登赖希等（Freudenreich et al. , 2019）认为，可持续发展提供了竞争优势，但也需要对可持续发展的转变进行科学管理，这种转变可以通过服务创新、服务创造和服务交付方法以及新形式的业务合作伙伴关系来实现。从企业利益相关者的角度，可以把企业可持续发展战略分为技术创新型、企业文化创新型、核心竞争力型、环境友好型和社会友好型可持续发展战略。总体上，能源系统的经济和生态可持续性评价在已有研究中受到广泛关注，但是社会可持续性的相关研究较少（Jovanovic and Brukmajster，2007），现有社会可持续性研究都集中在可持续能源供给方面（Assefa，2007）。

（4）三重底线理论

在讨论企业可持续性时，三重底线（The triple bottom line）是最常用的概念之一。它由约翰·埃尔金顿提出，吸引了所有有兴趣提供宏观和微观可持续性分析的人的注意力。他认为企业实现可持续发展应当坚持三重底线原则，即经济底线、环境底线和社会底线（Elkington，1998）。埃尔金顿后来又重申了三重底线的维度："三重底线是一个可持续发展框架，用于检查企业的社会、环境和经济影响。"[①] 三重底线理论旨在衡量企业在一段时间内的财务、环境和社会绩效，对构建水电企业社会责任指标体系具有重要的参考价值。

三重底线理论奠定了企业可持续发展的理论基础，引领了水电企业可持续发展理论的发展，为水电企业社会责任评价指标体系构建提供了基本的分析框架。

（5）水电企业可持续发展理论

朱清（2003）提出，供电企业可持续发展评价指标体系包括经济、安全、生产、技术创新、人力资源、需求侧管理、内部管理。宋谈岳（2021）指出生态效率理论为能源企业实现可持续发展提供了有效的手段，生态效率可以作为衡量可持续发展能力的重要指标。截至目前，学者对于水电企业可持续发展的研究还比较少。

水电企业可持续发展理论需要综合考虑水电企业与经济子系统、社会子系统、生态子系统之间及各子系统之间的关系，对受多种诉求和影响因素制约的事物和现象作出评价，因此，这一方法比较适合用于中国水电企业社会责任评价。

二 企业生态系统理论

（一）企业生态系统理论框架

中国素来有"天人合一"的哲学思想，从《周易》到《淮南子》，从汉代董仲舒到北宋张载，形成了一个源远流长的思想脉络。经济学家魁奈（1997）认为，"自然法则是人类立法的基础和人类行为的最高准则"，但是所有的国家都忽视了这一点，"只有中国是例外"。经过世代相传发展，"天地人和"已经成为中华民族的精神文化传统，也成为企业文化的重要内容。党的十八大以来，我国生态环境保护发生了历史性、转折性、全局

---

① "25 Years Ago I coined the Phrase 'Triple Bottom Line.' Here's Why It's time to Rethink It", https://hbr. org/2018/06/25-years-ago-i-coined-the-phrase-triplebottom-line-heres-why-im-giving-up-on-it，最后访问日期：2023 年 11 月 26 日。

性变化。党的二十大报告提出，中国式现代化是人与自然和谐共生的现代化。

企业生态系统强调企业生产经营中各个利益相关者和谐共生的经营理念。摩尔（Moore，1993）提出，商业生态系统是以组织和个人相互作用为基础的经济联合体。企业生态系统是诞生阶段、扩张阶段、领导力阶段、更新或死亡阶段四个阶段的循环系统，详见表 2 - 4。

表 2 - 4　企业生态系统

阶段	释义
诞生阶段	企业核心创新为商业模式提供了发展基础
扩张阶段	包括与竞争生态系统争夺主导地位
领导力阶段	由一两家公司领导生态系统的持续发展
更新或死亡阶段	外部环境变化迫使企业生态系统快速反应或被淘汰

高尔和库苏马诺（Gawer and Cusumano，2002）认为，当生态系统管理者担任"平台生态系统的领导者"时，为了保持企业与竞争对手生态系统的竞争力，管理者需要负责指导企业生态系统的技术创新。皮特利斯和蒂斯（Pitelis and Teece，2010）认为，在企业生态系统中，提供完整的客户解决方案涉及多家公司的合作。雅各比德等（Jacobides et al.，2018）把企业生态系统理论分为三个流派，分别为商业生态系统流派、创新生态系统流派和平台生态系统流派。欧阳曲兰（2015）基于财务现金流和财务信息构建了企业利益相关者财务生态系统。

目前，国内有关企业生态系统流派的研究成果较多，提出了企业与企业生态系统共命运、企业生态系统结构设计构想、企业生态位理论、企业生态系统与商业生态系统的关系等不同观点。通过构建企业生态系统，可以弥补企业分散的缺点，化解经营风险，集聚和整理各类生产经营资源，降低交易成本，提升企业内部竞争力，实现企业与利益相关者的合作共赢。

（二）水电企业生态系统

水电企业生态系统是由政治、经济、法律、环境、技术、社会和伦理等因素构成的复杂系统。其复杂性主要表现为水电企业内环境、外环境以及内外环境相互作用的复杂性。大型水电企业的组织架构一般由公司本部、分公司（电厂和建管局）、全资子公司、控股子公司组成。其中，电厂和建管局的生态系统最为复杂。电厂和建管局一般地处高山峡谷地带，远离公司本部，与当地自然环境、基础设施和社会环境共同构建了一个多因子的生态系统。水电企业生态系统框架如图2-2所示。

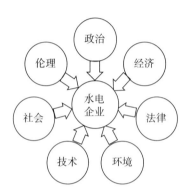

图2-2 水电企业生态系统框架

本书提出，水电企业生态系统由水电企业生态因子组成，生态因子对水电企业生产经营和可持续发展起着推动或制约的作用。水电企业生态因子包括政治生态因子、经济生态因子、法律生态因子、环境生态因子、技术生态因子、社会生态因子和伦理生态因子，各生态因子的构成因子如下。

政治生态因子是指影响水电企业的政治生活、政治文化、公共关系的因素。它包括组织建设因子、政府支持因子、公共关系因子、经营环境因子等。

经济生态因子是指影响水电企业生产经营的因素。它包括资本市场因子、电力市场因子、物资市场因子、劳动力市场因子、国际经济因子等。

法律生态因子是指水电企业所处的法律体系、法律规范和法律制度等因素。它包括法律因子、政策因子等。

环境生态因子是指影响水电站规划设计和建设运营的生物、气候、水源等生态和环境因素。它包括环境影响因子、生物多样性因子、气候变化因子、生态环境保护因子和自然资源因子等。

技术生态因子是指影响水电站规划设计和建设运营的规划设计、科技创新等因素。它包括规程规范因子、科技创新因子、知识产权因子等。

社会生态因子是指影响水电企业项目建设、经营管理的人力资源管理、移民安置、社会关系等因素。它包括员工权益因子、移民安置因子、社区参与因子、公益慈善因子、公众参与因子等。

伦理生态因子是指水电企业与员工、供应商、客户、竞争对手、社会之间关系行为规范的因素。它包括商业伦理因子、契约因子、防治腐败因子等。

企业生态系统理论为水电企业履行社会责任和构建社会责任评价指标体系提供了一个比较全面的研究视角，为水电企业全面准确识别利益相关者及其诉求提供了分析框架和理论支撑。水电企业生态因子框架见表 2 - 5。

表 2 - 5　水电企业生态因子框架

生态因子名称	因子构成
政治生态因子	组织建设因子、政府支持因子、公共关系因子、经营环境因子
经济生态因子	资本市场因子、电力市场因子、物资市场因子、劳动力市场因子、国际经济因子
法律生态因子	法律因子、政策因子
环境生态因子	环境影响因子、生物多样性因子、气候变化因子、生态环境保护因子、自然资源因子
技术生态因子	规程规范因子、科技创新因子、知识产权因子
社会生态因子	员工权益因子、移民安置因子、社区参与因子、公益慈善因子、公众参与因子
伦理生态因子	商业伦理因子、契约因子、防治腐败因子

三　企业利益相关者理论

（一）企业利益相关者理论框架

1993 年 5 月，多伦多大学商学院举办了一次有关"什么是利益相关者"和"作为理论的利益相关者"的小型学术研讨会。唐纳森和普雷斯顿（Donaldson and Preston，1995）指出，在这次会议上，利益相关者理论以许多非常独特的、涉及不同方面的方法、证据和评价标准的方式得到了广泛使用。利益相关者理论分为经验主义理论、工具主义理论和规范主义理论。本书更多地采用经验主义理论的方法，这对于指标体系的构建具有较强的指导作用。布伦纳和科克伦提出，企业利益相关者理论主要研究利益相关者的基本属性、价值及其对决策的影响，为企业经营行为提供了相关信息（Donaldson and Preston，1995）。琼斯和威克斯（Jones and Wicks，1999）指出："利益相关者理论是显而易见的和毫不含糊的规范主义理论。"他们认为，各种利益相关者理论的融合形式，即概念的相互借用、理论的相互交叉、理论的相互融合。菲利普斯（Phillips，2003）认为，经过30年的争论，利益相关者理论发展成为一种企业战略理论，已被商业伦理、组织理论、政治和道德哲学、政治社会学和政治学领域的研究人员所采用。

我国学者对于利益相关者的研究相对较晚，张国初（1992）首次运用利益相关者理论来分析项目评价和选择。费方域（1996）首次提出利益相关者的概念。刘大可等（2001）、王宗军等（2005）、胡象明等（2010）都认为，20世纪90年代后，利益相关者分析方法在我国公司治理的理论和实践中得到了较为广泛的应用，同时其他的社会科学也开始使用这一方法。邓曦东（2008）建立了企业战略环境利益相关者分析模型和企业可持续发展战略组合分析模型。王清刚和徐欣宇（2016）、刘志雄（2019）认为，履行企业社会责任是企业与各利益相关者建立社会关系的过程。

（二）水电企业利益相关者理论

施国庆和孔令强（2008）认为，水电企业利益相关者要具备几个特征：一是利益相关者投入了一定数量的资源；二是利益相关者投入资源的方式包括主动和被动投入；三是利益相关者承担一定的经营风险。水电开发企业主要利益相关者包括债权人、管理者、企业职工、主管部门、库区和移民安置区地方政府、移民、安置区当地受影响居民等。杨玉静等（2019）认为，在水电工程的决策、计划、执行、交付使用等不同阶段水电企业利益相关者存在较大差异，其利益诉求也各不相同。黄艾（2022）提出，水电工程项目利益相关者包括业主、设计单位、施工单位、分包商、材料设备供应商、政府、当地居民、环保机构等众多复杂的利益相关者。由于水电站建设过程中涉及的利益相关者众多、利益诉求多样，水电站建成后，依然存在着利益相关者针对水电站建设的信访问题。结合水电行业的特征，本书认为，水电企业利益相关者应当包括水电工程项目利益相关者。

张阳等（2007）认为，我国水电开发企业的利益相关者可分为企业投资者、债权人、建设单位、地方政府、行业主管部门和当地居民。他从内部治理机制和外部配套机制的视角出发，构建了水电开发企业利益相关者治理模式（见表2-6）。

表 2-6　水电开发企业利益相关者治理模式

治理范围	治理机制内容
内部治理机制	责任权利分配机制、表决权机制、委托代理关系和激励约束机制
外部配套机制	法律环境的保障、水利投融资体制、外部监管、债权人治理和移民机制

国内学者对于水电企业利益相关者的分析，主要集中在利益相关者与水电企业的关系、利益相关者识别等方面的研究，从利益相关者的类型来看，由于研究方向不同，学者的观点也不尽相同。本书采用利益相关者理论，全面识别出水电企业利益相关者及其利益诉求，以更加贴近水电企业实际，为指标体系构建提供理论支撑。

四　企业社会责任理论

多斯（2004）认为，自20世纪初期美国出现企业社会责任思想以来，企业社会责任理论"已经不可逆转地改变了我们对人类的理解"，它改变了人们关于企业本质的认识。代表性学者普遍认为，企业社会责任理论主要包括企业社会回应理论、企业社会表现理论、企业利益相关者理论、企业公民理论。其中，兴起于20世纪80年代的利益相关者理论在概念框架、自身一体化理论建设方面逐步形成了一套较为完整的理论体系。20世纪90年代，利益相关者理论和企业社会责任理论出现了全面结合的趋势。

（一）企业社会回应理论

（1）企业社会回应理论的提出

20 世纪 70 年代初期，消费者运动、跨国企业激烈竞争和环境保护运动等让企业的外部环境发生了较大变化，企业社会责任研究由概念界定转向社会回应行动。阿克曼（Ackerman，1973）是最早提出企业社会回应的学者，在他看来，企业社会回应是一个企业社会责任管理的过程，通过这一过程，企业可以将社会责任的概念和主张转化为更加有实际意义的行动。弗雷德里克（Frederick，1978）和塞西（Sethi，1975）认为，企业社会回应可以替代企业社会责任概念，成为企业与社会领域研究的重要步骤。但是，沃蒂克和科克伦（Wartick and Cochran，1985）认为，企业社会回应是企业应对社会风险的被动反应，是一种中短期决策，而企业社会责任是一种长期战略。弗雷德里克（Frederick，1986）还指出，现代企业应该掌握对许多迫切的社会需求作出社会回应的方法。米特尼克（Mitnick，1995）认为，企业社会责任研究重心应当从概念界定转移到企业社会回应方案的设计、实施和制度化等具体操作层面的行动。

爱泼斯坦（Epstein，1987）认为，企业社会回应是指企业对利益相关者多重权利和预期的道德反映和选择的过程。弗雷德里克（Frederick，1994）提出，企业社会回应是指企业回应社会需求和社会压力的能力。他指出，企业社会回应的关键性问题是：企业对社会需求是否能、是否将、如何以及在何种程度上作出回应，企业社会回应将产生什么经济社会效应（沈洪涛、沈艺峰，2007）。

（2）企业社会回应内容

普雷斯顿和波斯特（Preston and Post，1975）认为，随着社会化过程的开展，企业管理者开始转变其行为，对社会诉求作出回应。塞西（Sethi，1975）提出，企业社会回应类型分为反应型、防守型和预防型社会回应。阿克曼等（Ackerman et al.，1976）认为，企业社会回应包括企业战略、企业管理过程、评价方法、新技术和新管理技能、制度化的决策等五个因素。卡罗尔（Carroll，1979）将企业社会回应类型分为反应性、防御性、适应性和主动性社会回应。伍德（Wood，1991a）认为，环境影响评价是企业社会回应的内容，利益相关者是企业社会回应的当事人，问题管理是企业社会回应的利益，三者之间是紧密联系的。这种过程导向强调识别、谈判以及用其他方式解决社会压力和社会需求的重要性。企业社会回应与在企业内部寻找机制、程序、安排和行为的模式有关，这些模式的目标是促使企业能够应对社会压力，因此，企业社会回应与企业决策过程中的企业价值战略管理有关。

（3）企业社会回应过程

阿克曼（Ackerman, 1973）提出，企业对社会需求的回应过程包括认识阶段、专人负责阶段以及组织参与阶段。阿克曼和鲍尔（Ackerman and Bauer, 1976）提出，企业社会回应过程包括认识过程、应对过程和制度化过程。波斯特和梅利斯（Post & Melis, 1978）构建了企业社会回应模型，把社会回应过程分为认识（或确认）阶段、承诺（政策制定）阶段、实施（或应用）阶段。盖鸿颖和葛玉辉（2013）提出企业社会回应的四个阶段模型，即政策阶段、学习阶段、组织承诺阶段、反馈调整阶段。企业社会回应关注环境评估和企业管理过程等方面的内容，使得社会责任从抽象概念转变为企业管理者的实际行动，但最终还是没有能够取代企业社会责任理论的地位。

（二）企业社会表现理论

（1）企业社会表现理论的形成

企业社会表现理论形成于 20 世纪 80 年代，很快成为企业社会责任的研究主流。塞西（Sethi, 1975）用企业社会责任结构框架来定义和评价企业社会表现的维度。他认为，企业社会行为是指企业的社会义务、社会责任和社会回应。其中，社会义务是指企业对股东权益和法律规定的行为责任。社会责任是指符合社会压力、社会价值和社会预期的行为责任。社会回应是指在不断变化的社会系统当中企业能够发挥作用的行为责任。卡罗尔（Carroll, 1979）提出了企业社会表现三维概念模型。克拉克森（Clarkson, 1995）认为，"卡罗尔模型的影响力可以从它持续的生命力和后续研究成果中得到最好的判断"。国内外学者普遍认为，卡罗尔的三维概念模型是企业社会表现研究的一大进步。沃蒂克和科克伦（Wartick and Cochran，1985）认为，企业社会表现反映了企业社会责任的原则和理念、社会回应过程的制度和社会问题管理政策。企业社会回应为企业履行社会责任提供了一个方法，而企业社会表现则是各方不断争论的结果。由于综合了社会责任、社会回应和社会问题等内容，企业社会表现为全面分析企业与社会之间的关系提供了一个有价值的分析框架。企业社会回应与企业社会表现都是企业社会行为，不过，企业社会回应强调企业与社会在微观层面的互动，企业社会表现则强调企业与社会在双方博弈后所采取的社会行为。

（2）企业社会表现理论的发展

伍德（Wood，1991a）提出，企业社会表现是企业社会责任行为的结果。罗利和伯曼（Rowley and Berman，2000）认为，企业社会表现是指描述、预测和判断社会因素对商业行为的影响，以及企业在此基础上做出的行动。伍德（Wood，1991b）提出，企业社会绩效是由企业社会责任原则、企业社会回应的过程、政策和计划以及与企业社会关系相关的结果组成。斯旺森（Swanson，1995）认为，只有重新导向伍德对企业社会绩效的定义，才能在个人、组织和社会层面构建企业决策体系。也就是把经济观和责任观融入企业社会绩效模型中，从而更好地将企业社会责任的原则、企业的社会回应过程、企业行为的结果联系起来。斯旺森把企业社会责任分为宏观社会责任和微观社会责任（沈洪涛、沈艺峰，2007）。陈永正等（2005）提出，企业社会责任表现分为强制性、诱导性和自觉性社会表现形式。郝秀清等（2011）认为，企业社会表现对财务绩效没有直接影响，对社会资本则产生直接影响。许婷婷（2014）认为，企业管理者价值观直接影响企业社会责任表现，群体决策机制直接影响企业社会责任行为决策。

企业社会表现理论通过对企业社会责任、社会回应和社会问题的综合，为全面分析水电企业与各个利益相关者的关系提供了一个有价值的理论框架。

（三）企业公民理论

企业公民，也叫"公司公民"，其本质是"公民权"，是权利和义务的复合体，即企业拥有影响社会的权利，同时也应当履行服务社会的义务。最初，各大企业在经营信条、企业价值和企业文化建设的实践中使用好的"企业公民"概念，例如，耐克公司提出"有感召力的全球公民"的企业愿景，并且在全球范围内推广。20 世纪 80 年代末，学者们开始关注企业公民概念，但实际上企业公民的概念早就在各大公司的经营实践中广泛应用了。爱泼斯坦（Epstein，1989）认为，企业参与社区事务是企业公民的核心工作。1996 年，美国设立了"企业公民总统奖"，重点关注员工劳动权益保护问题，提出了企业公民的五个核心要素，即工作场所、员工健康、员工安全、员工教育培训、员工参与。沃多克（Waddock，2001）认为，诚信和谨慎管理是良好企业公民的核心议题。伍德和洛格斯登（Wood and Logsdon，2001）、芒希（Munshi，2004）等学者提出通过"全球企业公民"的倡议来引导社会关注企业责任和义务的议题。波斯特等（Post et al.，2001）提出，全球企业公民是对企业的政治、经济和社会责任进行识别、分析和回应的过程，这些责任是由国家法律、公共政策、利益相关者期望以及出于企业价值观和经营战略的自愿性行动来定义。

企业公民概念是从政治学移植到企业理论的概念，企业公民与个人公民存在差异，个人公民不具备企业所拥有的经济权利和资源。企业作为当地社区的成员，应当对其经营行为所造成的影响负责。要想成为一个"好的企业公民"，水电企业应当遵守现行的法律法规，尊重和保护地方和少数民族文化，履行保护生态环境和保障利益相关者权益的责任，融入当地社区，通过慈善和公益行动增加社区福利，让当地社区居民相信水电站建设能够给他们带来利益，并获得社区支持和信任。

（四）水电企业社会责任边界理论

（1）国有企业办社会

在计划经济时期，国有企业和集体企业（乡镇企业）承担了本应由政府部门承担的各种社会服务职能。企业不仅有生产经营任务，还要为企业职工提供生活保障，支持地方经济社会发展。企业就像一个"小社会"，在其工作区及生活区办医院、学校、市场和运动场所，承担员工的医疗保险、卫生防疫、职工子女教育、职工购物和文化娱乐等各项社会职能。随着经济社会的发展，一方面，企业需要与其承担的社会职能相分离，减少履行社会职能的成本，成为一个独立经济体；另一方面，企业需要与社会责任相结合，企业不是完全脱离社会，而是作为企业公民，履行相应的公民职责。

20世纪末，中国开始实施大刀阔斧的国有企业改革。《中共中央关于国有企业改革和发展若干重大问题的决定》（1999）、《中共中央、国务院关于深化国有企业改革的指导意见》（中发〔2015〕22号）和《国务院关于印发加快剥离国有企业办社会职能和解决历史遗留问题工作方案的通知》（国发〔2016〕19号）多次提出，"要加快剥离国有企业社会职能"。上述文件的出台为我国国有企业制度改革、重新界定企业与政府的社会职能提供了改革方向，彻底释放了国有企业的市场竞争活力。吴芳飞（2018）提出，通过分类考核、多方筹资、职工安置等举措做好企业办社会的剥离工作。邢梦琪（2020）提出，做好剥离国有企业社会职能工作要采取宣传引导、顶层设计、协调统筹、转变职能等举措。剥离企业办社会职能工作涉及"三供一业"（企业的供水、供电、供热和物业管理）、教育机构、医疗机构、社区管理、公共设施、退休人员等方面。

（2）企业社会责任与"企业办社会"的差异

首先，二者制度条件存在差异，"企业办社会"是计划经济制度下企业承担了过多的政府部门的职责，而企业履行社会责任是市场经济制度下企业的社会行为。其次，二者行为内容存在差异，"企业办社会"是国有或集体企业为职工提供从"摇篮到坟墓"的职工福利，而企业履行社会责任是企业为了维护利益相关者权益而履行经济责任、环境责任、社区参与、公益慈善的行为。最后，二者行为影响范围存在差异，"企业办社会"主要是在企业内部实施的行为，企业履行社会责任则是超出企业自身范围，更多地关注社会公众、环境和社区的诉求。

（3）水电企业社会责任边界

余澳等（2014）提出，企业社会责任的边界是指企业自身利益与社会利益的均衡点。本书提出，企业社会责任边界是指在一定的内外部条件下企业履行社会责任的内容和范围，即企业应当履行哪些社会责任，在什么范围内履行社会责任。

①强制性和自愿性社会责任划分

从企业社会责任诞生之日起就存在着企业社会责任是强制性责任还是自愿性责任的争论，至今没有定论，主要原因是企业社会责任的内容和覆盖范围较广，界定难度较大。一方面，国际组织和部分学者认为，遵守法律是企业经营的基本条件，企业履行法律之外的社会责任应当是企业自愿行为，如果连法律规定的责任都不能履行，何谈履行好其他社会责任。多德（Dodd，1942）认为，现行的法律规定已经对企业行为进行了严格限制，这些法规保护了工人、工会、消费者、环境的利益，企业不需要再承担法律之外的社会责任。另一方面，以卡罗尔、埃尔金顿为代表的大部分学者认为，法律责任只是企业社会责任的一类责任。菲利普·科特勒和南希·李（2006）认为，企业社会责任是企业自由决定的商业实践，是一种"自愿承诺"。

从社会责任内容来看，水电企业的各类社会责任在强制性程度方面存在一定差异，其中经济责任、环境责任和社会责任受到法律法规、政策文件、规程规范和内部制度的强制性要求，属于强制性的社会责任。伦理责任主要受到市场竞争规则和伦理道德的约束，属于约束性的社会责任。自愿责任主要是政府鼓励和倡导的企业社会行为，属于自愿性的社会责任，没有强制性要求。因此，企业履行社会责任既不是完全强制性的，也不是完全自愿性的。水电企业即使能够做到守法经营，也会受到道德伦理的制约，因此，水电企业不可能做到完全自己决定履行什么样的社会责任。

②主动性和被动性社会责任划分

克雷格·史密斯（Smith，1994）认为，20 世纪 60 年代末，大部分美国企业感受到了来自履行社会责任的压力，对待社会责任的态度从社会义务转向企业战略。到了 90 年代，美国大型企业创立基金会和实施捐赠等慈善活动支持企业经营战略，企业通过实施社会营销，巩固品牌定位，提升企业形象，吸引和激励员工不断创新，提高销售额和市场份额，进而增加投资吸引力。卫旭华等（2021）提出，通过认知吸收等方式有助于将企业被动履行社会责任转化为主动履行社会责任。

从行为模式来看，水电企业的各类社会责任在主动和被动方面存在一定差异，其中经济责任、环境责任和社会责任受到法律法规、政策文件、规程规范和内部制度的强制性要求，属于被动性的社会责任。伦理责任主要受到市场竞争规则和伦理道德的约束，属于企业面对市场竞争需要的主动性社会责任。自愿责任主要是政府鼓励和倡导的企业社会行为，企业根据自身经营状况自愿履行的社会责任，因此属于主动性的社会责任。

③水电企业履行社会责任的三个阶段

水电企业履行社会责任经历了三个阶段，第一阶段是企业在社会舆论和"逼捐"的压力下被动捐款，企业管理者未认识到企业社会责任的意义，没有设置专门的部门和人员，没有制定社会责任管理计划；第二阶段是水电企业有计划地履行社会责任，以应对来自地方政府和社会舆论的压力，每年有专项资金来履行社会责任；第三阶段是水电企业战略性地履行社会责任，将企业社会责任理念融入水电企业文化和企业战略中，设置专门的部门和人员负责社会责任实践，每年编制企业社会责任报告，定期向社会发布，并且对企业履行的社会责任进行绩效评价和适时调整。

小　结

首先，本章界定了与水电企业社会责任相关的几个核心概念。本书根据联合国和我国政府有关可持续发展战略的定义，分析了可持续发展与企业之间的关系，阐述了企业可持续发展的核心主题，提出了水电企业可持续发展的概念。水电企业可持续发展是指水电企业在法律、法规和政策的框架下，通过健全股东利润、环境保护、社会发展和企业价值全面提升的企业管理运行机制，实施水电企业价值最大化战略，不断提升生产技术创新能力、电力服务能力、市场竞争力、盈利能力和治理能力。水电企业生态系统是指在一定区域内水电企业与员工、消费者、供应商、竞争者、地方政府、媒体单位、非政府组织、自然环境及其他利益相关者形成的相互影响和相互依存的动态平衡系统。在分析国内外学者有关利益相关者内涵的基础上，结合水电企业自身特点，本书提出，水电企业利益相关者是指那些影响水电企业生产经营或受其影响的个人或群体，包括水库移民、政府、股东、供应商、员工、客户、环境、银行、社区、竞争对手、非政府组织、新闻媒体、水利水电行业组织和工会。在对比分析国内外学者以及国内外相关组织给出的企业社会责任概念的基础上，基于水电企业可持续发展战略，本书提出，水电企业社会责任是指水电企业秉持可持续发展理念，充分维护投资人、员工、水库移民、供应商、合作伙伴、竞争对手、环境、社区等利益相关者的权益，履行经济责任、环境责任、社会责任、伦理责任和自愿责任的义务。

其次，本章全面论述了企业可持续发展理论、企业生态系统理论、企业利益相关者理论、企业社会责任理论的演化和代表性观点。一是依据联合国和我国政府颁布的有关可持续发展的文件，分析了企业可持续发展价值的四个核心要素、企业可持续发展战略和约翰·埃尔金顿的三重底线理论等理论，认为水电企业可持续发展理论需要综合考虑水电企业与经济子系统、社会子系统、生态子系统之间及各子系统之间的关系，对受多种诉求和影响因素制约的事物和现象作出评价。阐述了企业可持续发展理论对于构建水电企业社会责任指标体系的理论指导和实践意义。二是在摩尔的商业生态系统理念和既有企业生态系统流派划分的基础上，构建了一个由多生态因子组成的水电企业生态系统，并且阐述了政治生态因子、经济生态因子、法律生态因子、环境生态因子、技术生态因子、社会生态因子和伦理生态因子的构成因子。三是在对比分析唐纳森、普雷斯顿、布伦纳、科克伦、琼斯、威克斯、菲利普斯、张国初、费方域、邓曦东等国内外代表学者有关利益相关者理论的基础上，重点分析水电企业利益相关者的特征，提出水电企业利益相关者应当包含水电工程项目利益相关者。利益相关者理论经过一体化理论建设以及与股东价值最大化理论的论战，形成了一套比较完整的理论体系。四是全面论述了企业社会责任理论演化过程中的典型理论，包括阿克曼、弗雷德里克、爱泼斯坦、卡罗尔、伍德、盖鸿颖等国内外学者有关企业社会回应理论的典型论述，塞西、卡罗尔、克拉克森、伍德、斯旺森、陈永正、郝秀清、许婷婷等国内外学者有关企业社会表现理论的典型论述，爱泼斯坦、沃多克、伍德、芒希、波斯特等学者有关企业公民理论的典型论述。20 世纪 90 年代，企业社会责任理论与利益相关者理论出现了全面结合的态势。五是在区分企业社会责任与"企业办社会"的基础上，给出了企业社会责任边界定义。企业社会责任边界是指在一定的内外部条件下企业履行社会责任的内容和范围。并且区分了水电企业的强制性和自愿性社会责任、主动性和被动性社会责任，进而阐述了水电企业履行社会责任的三个阶段，即被动捐款阶段、有计划履行阶段、战略性履行阶段。

本章为分析和论述水电企业社会表现指标提供了逻辑框架，为构建水电企业社会责任指标体系奠定了理论基础。

第三章

水电企业履行社会责任现状研究

本章通过统计分析 520 份"可持续发展视阈下水电企业社会责任调查问卷"和 30 家典型水电企业社会责任报告及可持续发展报告，全面分析了水电企业履行社会责任的现状和问题，提出了构建具有行业特征的水电企业社会责任指标体系的必要性。

第一节　水电企业的基本情况

2021 年 6 月，国际能源署发布的《水力发电市场报告》指出，到 2030 年中国仍将保持全球最大的水电市场地位，预计占比达到全球水力发电增长的 40%。与传统火力发电相比，水电成本较低，利润率高 10% 左右。2020 年底，中国可再生能源装机排名世界第一。[1]预计到 2025 年，全国水电装机容量将会达到 4.7 亿千瓦。[2]水力发电可以产出大量的低碳电能，具有无可比拟的灵活性和储能优势，能有效抵消风电与太阳能等新能源因产能波动而带来电力供应不稳定性的影响。

一　水电企业的总体数量

依据"爱企查"网站的企业数据库，在设定经营范围（水力发电）、

---

[1] 《我国可再生能源开发利用规模稳居世界第一》，https://www.gov.cn/xinwen/2021 – 03/30/content_5596815.htm，最后访问日期：2023 年 11 月 26 日。

[2] 《水电发展"十三五"规划（2016～2020 年）》，http://www.dydropower.org.cn/showNews-Detail.asp? nsld = 20147，最后访问日期：2023 年 11 月 26 日。

行业大类（电力、热力生产和供应业）、企业状态（开业）、组织机构类型（企业）等查询条件的基础上，统计得出，截至 2021 年 8 月 31 日，我国各类水电企业共计 19322 家，其中绝大部分属于小型水电企业。截至 2023 年 2 月 21 日，国家能源局监督管理的水电站大坝数量为 662 座，分布于 29 个省（区、市），水电站运营单位 482 家，水电站主管单位 213 家，隶属集团 20 家（其中，地方性中小水电企业统一归为地方企业）。① 国家能源局监督管理的各省水电站大坝情况见表 3 - 1。

表 3 - 1　国家能源局监督管理的各省水电站大坝情况

注册地	水电站大坝 （座）	注册等级 （甲级）	运营单位 （家）	主管单位 （家）	隶属集团 （家）
北京	3	3	2	2	2
河北	5	3	3	1	1
山西	3	3	2	2	2
内蒙古	2	2	1	1	1
辽宁	6	6	3	3	2
吉林	11	9	7	3	1
黑龙江	3	2	2	2	1
江苏	5	5	3	2	2
浙江	20	17	14	9	6
安徽	11	9	7	3	3
福建	31	29	23	10	5
江西	11	11	10	6	4
山东	3	1	2	1	1
河南	6	4	3	1	1
湖北	25	22	19	10	5
湖南	27	24	23	11	7
广东	21	16	16	4	3
广西	33	32	30	13	5
海南	4	4	3	3	3

① 《国家能源局关于印发〈水电站大坝安全提升专项行动方案〉的通知》（国能发安全〔2023〕19 号），http://zfxxgk. nea. gov. cn/2023 - 02/21/c_1310700590. htm，最后访问日期：2023 年 11 月 26 日。

注册地	水电站大坝 （座）	注册等级 （甲级）	运营单位 （家）	主管单位 （家）	隶属集团 （家）
重庆	21	19	14	7	3
四川	167	137	111	55	12
贵州	44	42	33	16	8
云南	100	88	74	41	14
西藏	13	9	12	5	5
陕西	8	6	8	4	4
甘肃	36	34	21	14	8
青海	16	13	14	6	8
宁夏	1	1	1	1	1
新疆	26	19	21	14	9
总数	662	570	482	213	20

二 水电站的分布情况

目前，我国已建、在建和拟建的水电站大坝主要分布在西南地区以及长江、黄河、松花江、珠江、辽河流域各大江河干流及其支流。其中，四川省的水电站大坝数量最多，水电站大坝的规模也较大，大型水电企业的数量也是最多的。依据《"十四五"现代能源体系规划》，"十四五"期间我国将大力发展非化石能源，推动和实施金沙江上游、澜沧江上游、雅鲁藏布江下游水电开发，西藏将会成为我国重要的水电开发区域，水电开发难度也会进一步增大，因此水电站建设和运营将会面临着少数民族文化保护、宗教设施迁移和复建、移民安置点选址困难、自然生态保护区避让、珍稀动植物保护等一系列社会和环境问题，这些问题构成了水电企业社会责任指标体系的核心主题，如何高质量履行企业社会责任成为各大水电企业的重要工作。

三 大型电力集团的水电站数量

目前，中国有19家大型电力集团公司和诸多大型地方水电企业，共运行水电企业469家、水电站大坝662座。我国各大电力集团和地方企业的水电站数量汇总见表 3 - 2。

表 3 - 2　我国各大电力集团和地方企业的水电站数量汇总

隶属集团	水电站大坝（座）	运行企业（家）	主管企业（家）
中国三峡集团	17	13	6
中国大唐	62	41	13
中国电建	29	15	8
中国华电	70	47	11
中国华能	37	23	7
中国能建	8	7	2
京能集团	1	1	1
华润电力	2	2	2
国投电力	11	7	2
国家能源集团	57	37	15
国家电投	59	44	11
国电投	3	1	1
中核集团	7	7	3
中广核	1	1	1
国家电网	90	58	20
南方电网	22	11	3
浙能集团	4	3	1
内蒙古电力公司	2	1	1
广东能源集团	10	1	1
地方企业	170	149	104

　　截至 2020 年底，我国五大发电集团的水电装机容量合计为 12465 万千瓦，占目前我国水电总装机容量 3.94 亿千瓦的 31.63%。我国七大电力央企的水电装机排名顺序为，中国三峡集团（7169.5 万千瓦）、中国华能（2756 万千瓦）、中国华电（2741 万千瓦）、中国大唐（2706 万千瓦）、国家电投（2401 万千瓦）、国投集团（2077 万千瓦）和国家能源集团（1861 万千瓦）。[1] 电力行业是一项公共事业，承担着巨大的社会责任和公益使

---

① 《七大电力央企水电装机排行，三峡集团一骑绝尘！》，https://zhuanlan.zhihu.com/p/509957155，最后访问日期：2023 年 11 月 26 日。

命。水电企业积极落实国家能源政策，加强技术创新和产业升级，推动电力行业向绿色化、数字化、智能化方向转型升级，是确保实现碳达峰、碳中和目标的根本保证，为经济发展和社会进步提供可靠的能源保障和技术支持。同时，水电企业还应积极参与公益事业，回馈社会，践行企业社会责任。

第二节　水电企业履行社会责任问卷调查分析

一　问卷调查对象选择

本节在对水电企业官方网站所披露的 30 份社会责任报告或可持续发展报告进行梳理和分析的基础上，结合水电企业履行社会责任的现状和水电企业利益相关者的诉求，在反复征求多名水电行业专家和企业社会责任专家的意见后，编制了《可持续发展视阈下水电企业社会责任调查问卷》。

从 2021 年 8 月 23 日至 9 月 20 日，笔者采取一对一专家问卷调查和网络调查的方式，向相关专家直接发放调查问卷。本次调查共收集到 560 份问卷，通过对问卷内容和回答问卷的时间分析，确定回答问题时间低于 300 秒的 40 份调查问卷为无效问卷，因此，本次调查的有效问卷为 520 份，有效率为 92.86%。

（1）调查对象情况

本次调查对象主要包括水电企业管理人员、水电企业员工、水电站规划设计和监督评估人员、水利工程相关的高校教师和在读研究生、政府工作人员、非政府组织工作人员和水电工程移民部门工作人员等。这些调查对象长期从事水电站建设核准、水电企业经营管理、水电工程规划设计和企业社会责任研究，比较熟悉水电企业可持续发展理论、企业社会责任理论以及企业社会责任评价体系，因此，调查数据具有一定的权威性和科学性。调查对象情况详见表 3-3。

表 3 - 3　调查对象情况

单位：人，%

调查对象类型	数量	占比
水电企业管理人员	33	6.35
水电企业员工	43	8.27
水电站规划设计监理评估人员	51	9.81
政府工作人员	80	15.38
高校教师	72	13.85
在读研究生	47	9.04
非政府组织（或非营利组织）工作人员	14	2.69
媒体工作人员	2	0.38
水电工程移民部门工作人员	65	12.50
水电企业合作单位工作人员	11	2.12
其他人员	102	19.62
合计	520	100.00

（2）调查对象的地域分布

从地域分布来看，调查对象主要来自云南省、江苏省、四川省、北京市、广西壮族自治区、山东省、河南省、贵州省、浙江省、上海市、天津市、广东省等30个省区市（港澳台没有调查对象接受调查）。此外，还有4位调查对象来自海外。其中，云南省、四川省、广西壮族自治区和贵州省属于我国水电开发的重点省区，因此，本次调查具有一定的地域代表性。调查对象的地域分布情况详见图3-1。

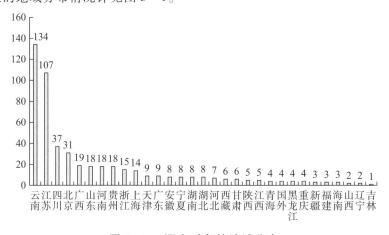

图 3 - 1　调查对象的地域分布

二 水电企业履行社会责任现状

(一) 企业社会责任对水电企业经营的影响

在履行社会责任对水电企业生产经营产生的影响方面，大部分调查对象认为，水电企业履行社会责任能够促进企业可持续发展、提高企业形象、提高企业市场竞争力、确保水电站建设进度和正常运营、提高企业效益。详见表 3 - 4。

表 3 - 4　履行社会责任对水电企业生产经营的影响

单位：人，%

选项	频数	占比
促进企业可持续发展	464	89.23
提高企业效益	292	56.15
提高企业市场竞争力	368	70.77
提高企业形象	447	85.96
确保水电站建设进度和正常运营	315	60.58
增加企业经营管理成本	214	41.15
增加企业部门和员工的工作量	156	30.00
不清楚	3	0.58
没有什么影响	7	1.35

调查结果显示，履行企业社会责任对水电企业生产经营的积极影响排在第一位的是促进企业可持续发展。水电企业通过积极参与社会公益事业，重视环境保护和资源利用，建立可持续的商业模式和经营战略，进而实现水电企业的可持续发展。只有这样，企业才能取得长期和稳定的发展。

在履行社会责任对水电企业生产经营的消极影响方面，主要包括增加企业经营管理成本、增加企业部门和员工的工作量等问题。水电企业在履行社会责任过程中，动用企业的人力、物力、财力来实施企业社会责任，将会增加企业社会责任投资和经营管理成本。这些增加的成本与履行社会责任的收益之间的关系是许多学者的研究主题。大多数学者认为，与增加的成本相比，水电企业履行社会责任获得的收益更多。

（二）制约水电企业履行社会责任的主要因素

调查结果显示，水电企业履行社会责任面临的主要制约因素包括企业领导层观念、企业经营状况、地方政府对社会责任的认识程度、政府监管力度、企业股东的支持率、企业规模、企业性质、社会观念、员工参与的积极性等。详见表 3 - 5。

表 3 - 5　制约水电企业履行社会责任的主要因素

单位：人，%

选项	频数	占比
企业规模	249	47.88
企业经营状况	398	76.54
企业股东的支持率	280	53.85
企业性质	242	46.54
企业领导层观念	415	79.81
员工参与的积极性	227	43.65
政府监管力度	287	55.19
地方政府对社会责任的认识程度	318	61.15
社会观念	228	43.85

从调查数据来看，来自水电企业内部的制约因素主要包括企业领导层观念、企业经营状况、企业股东的支持率、企业规模、企业性质、员工参与的积极性等。来自水电企业外部的制约因素主要包括地方政府对社会责任的认识程度、政府监管力度、社会观念等。水电企业履行社会责任的内部和外部制约因素为水电企业实施社会责任治理提供了方向性。

（三）不同规模水电企业履行社会责任的差异性

（1）小型水电企业履行社会责任情况

注册资金小于 1000 万元的水电企业为小型水电企业。这些小型水电企业绝大部分没有企业官网。少数建有官网的小型水电企业，也没有在官网公布关于企业社会责任报告和履行社会责任的新闻报道。为了追求经济效益最大化，小型水电企业在小型水电站建设过程中往往没有履行规划、审查、监督和验收等审批手续，大量废渣侵占河道，施工质量不合规，事故频发。在运行中，小型水电站一味地引水发电，导致部分河流出现断流或脱水现象，造成河道生态恶化，导致大量珍稀鱼类资源灭绝，并造成当地居民生产生活用水困难。

（2）中型水电企业履行社会责任情况

注册资金大于 1000 万元且低于 5000 万元的水电企业为中型水电企业。绝大部分中型水电企业也没有自己的官网，即使有官网，也查询不到企业社会责任报告或可持续发展报告，只有少部分水电企业发布过一些履行社会责任的新闻报道，报道内容包括困难员工帮扶、慈善捐款、参与脱贫攻坚等。造成这一现象的主要原因包括企业管理者对于企业社会责任认识不够，没有一个明确的企业价值理念，没有设置独立的社会责任管理部门和建立企业社会责任管理制度，国家和行业部门对中小型水电企业履行社会责任和编制社会责任报告没有强制性规定。

（3）大型水电企业履行社会责任情况

注册资金大于 5000 万元的水电企业为大型水电企业。大部分大型水电企业均在其官网上设置了"社会责任"栏目，主要发布每年的社会责任报告和履行社会责任的相关新闻报道。大型水电企业社会责任报告在编制依据、利益相关者识别、社会责任内容、社会责任管理部门设置、社会责任管理计划、第三方参与报告编制和评价等方面都优于中小型水电企业。

（四）企业社会责任与水能资源开发使用权的关联度不高

依据《水法》（2016 年 7 月修订）第三条"水资源属于国家所有。水资源的所有权由国务院代表国家行使"、第二十二条"统筹兼顾调出和调入流域的用水需要，防止对生态环境造成破坏"、第二十六条"国家鼓励开发、利用水能资源"等相关法律法规，一直以来，金沙江流域、澜沧江流域、黄河流域、怒江流域、大渡河流域、雅鲁藏布江流域等重点流域实施流域干流梯级开发水能资源方式。国家发展改革委、国家能源局采取"授权"的方式，明确流域干流梯级水电资源开发的主体，一般采取由某一大型水电企业或者采取"一家控股，其他参股"的方式，统一负责流域干流某一河段的水能资源开发。各大江大河支流、区域河流的水能资源开发利用权由地方政府能源局和水务局审批管理，这些流域是水电企业集中竞争的水电开发市场。从水电企业履行社会责任绩效来看，水电企业社会责任绩效与大江大河支流、区域河流的水能资源开发之间存在直接关系，良好的社会责任表现是水电企业获得水能资源开发利用权的关键因素。

三　我国水电企业履行社会责任的动因分析

（一）水电企业履行社会责任的动因理论分析

水电企业履行社会责任的动因主要包括法律法规的强制性要求、实现企业价值最大化的需要、可持续发展战略需要、遵守商业伦理的需要、实现经营目标的需要等多个方面，这些动因相互交织并共同推动企业履行社会责任。

（1）法律法规强制性规定

企业经营活动首先受到外部环境的制约，尤其是国家法律制度的强制性约束。政府为了提高就业率、保护工人权益、维护社会和谐稳定，鼓励和引导企业履行社会责任，通过制定法律法规强制企业履行社会责任。坎贝尔（Campbell，2007）认为，企业履行社会责任可以提升企业的合法性，从而缓解制度"硬约束"和政府管制，帮助企业获得生存和发展所需的资源。伯斯卡尔·冈德（Boscal Gund）提出疑问，"自愿动机与强制性压力的比例是多少时，才能使公司活动最能符合公众利益？"（鲍恩，2015）《公司法》（2018年10月26日修订）第五条首次从法律层面明确了企业需要承担社会责任。同时，《劳动法》（2018年12月29日修正）从工资、劳动安全卫生、女职工和未成年人特殊保护、职业培训、社会保险和福利、劳动争议等方面规定企业履行保护劳动者合法权益的社会责任。《消费者权益保护法》（2013年10月25日修正）规定："经营者……应当恪守社会公德，诚信经营，保障消费者的合法权益"。《环境保护法》（2014年4月24日修订）规定，"企业事业单位和其他生产经营者应当防止、减少环境污染和生态破坏，对所造成的损害依法承担责任。"这些法律法规明确了企业对雇员、消费者、环境等利益相关者应当承担的社会责任。

2008年1月4日，国务院国资委发布的《关于中央企业履行社会责任的指导意见》规定，中央企业带头承担起企业社会责任，带动其他所有制企业履行社会责任，这一文件极大地促进了我国企业社会责任工作的开展。2019 年 3 月 8 日，国家发展改革委等六部委联合发布的《关于做好水电开发利益共享工作的指导意见》（发改能源规〔2019〕439 号）规定，水电开发要"牢固树立创新、协调、绿色、开放、共享的五大发展理念，坚持水电开发促进地方经济社会发展和移民脱贫致富方针……进一步强化生态环境保护……完善水电开发征地补偿安置政策、推进库区经济社会发展、健全收益分配制度、发挥流域水电综合效益"。

综上所述，水电企业履行社会责任是我国法律法规的强制性要求，上述法律法规极大地提高了企业履行社会责任的自觉性。企业为了遵守法律法规、获得水资源开发许可或满足监管要求，会主动履行社会责任。

（2）水电企业实现企业价值最大化的需要

格里芬和马洪（Griffin and Mahon, 1997）认为，企业社会责任与财务业绩之间的关系一直是学者争论的焦点和感兴趣的研究主题。马戈利斯和沃尔什（Margolis and Walsh, 2001）统计了 1970 年至 2000 年关于企业社会责任与财务业绩关系的实证研究文章总计 59 篇，其中，得出二者存在正相关结论的论文 31 篇，得出二者存在负相关结论的论文 19 篇，得出二者无关或没有结论的论文 9 篇。

社会影响假说理论认为，企业社会责任与财务业绩之间存在正相关关系。卡罗尔（Carroll, 2000）认为，在统计和经验方面，企业社会表现与企业盈利指标之间的关系是一项有意义的研究议题。伍德和琼斯（Wood and Jones, 1995）认为，企业管理者出于赚钱的目的履行社会责任，如果能够证明企业可以"通过行善来赚钱"，那么企业管理者将会支持企业履行社会责任。康奈尔和夏皮罗（Cornell and Shapiro, 1988）认为，企业社会责任与企业财务绩效之间存在因果关系，企业通过履行社会责任将会塑造和提升企业良好的外部形象，进而为企业带来相应的财务业绩结果。麦奎尔等（McGuire et al., 1988）提出，如果公司不履行其社会责任，将影响客户、员工、供应商和其他利益相关者对于企业价值的判断，这些利益相关者将会怀疑公司履行合同的能力。因此，企业社会绩效好的公司，其隐含的合同成本将会低于其他企业，这些公司将会得到较好的财务业绩回报。普雷斯顿和奥班农（Preston and O'Bannon，1997）对 1982～1992 年间 67 家企业社会责任与财务业绩的关系进行了实证分析，结果发现无论企业社会责任和财务业绩分别作为自变量还是因变量，这两个变量之间始终存在显著的正相关关系。伊格莱西亚斯等（Iglesias et al.，2018）研究证实企业履行社会责任能够增强消费者的信任和忠诚度。邓和杨（Deng and Yang，2017）通过实证研究发现企业履行社会责任与客户对企业满意度之间存在显著的正相关关系。

我国水电企业的价值观，从早期的"利润最大化"和"利润最优化"，逐步演化为"企业价值最大化"，目前，以"和谐共赢""经济效益""绿色发展""可持续发展""开拓创新"为代表的企业经营理念已经成为我国水电企业的价值观。因此，水电企业履行社会责任，保障利益相关者的权益，维护良好的政企关系和社区关系，有助于争取更多的流域水能资源开发权，适应电力市场化价格机制，实现水电企业可持续发展。

（3）水电企业可持续发展战略需要

水电企业在追求经济效益和生存发展的过程中，不能牺牲未来收益以换取当前利益，不仅要考虑眼前发展需要，而且要考虑未来发展需要。在保持现有的企业竞争优势的基础上，只有维护好企业与社区、政府、社会、自然之间的关系，持续保持水电企业的人才吸引力、创新能力、品牌竞争力、盈利能力和利润增长能力，才能实现水电企业发展长盛不衰。水电企业为了能够保持竞争优势，实现可持续发展，必须承担和履行企业社会责任，维护好水电企业与水电站所在社区、当地政府之间的关系，实现水电站与当地社区、整个社会以及自然环境的和谐共存。

（4）水电企业遵守商业伦理的需要

克拉克（Clark，1916）提出自由放任的市场经济制度是一种没有责任感的经济，它忽视了社会责任的重要意义。在市场经济条件下，水电企业具有"经济人"与"道德人"两种属性。商业伦理，即企业伦理，是指任何企业在从事经营管理中既要遵守法律法规，又要遵守伦理准则。企业伦理侧重于企业经营理念上的道德判断，企业社会责任是企业伦理实现的手段，企业伦理则为企业社会责任提供道德基础。

水电企业要不断加强和完善企业伦理与社会责任的建设，通过强化管理者和员工对于企业伦理与社会责任的认识，注重企业与自然和社会的和谐发展，最终实现企业与社会的和谐共赢。

（5）国有水电企业实现经营目标的需要

现代大公司承担企业社会责任属于企业自愿行为，弗雷德里克（Frederick，1960）认为，企业愿意将社会经济和人力资源应用于广泛的社会目的，超越了个人和企业利益。日本学者山城章（1949）指出经营者谋求把生产活动作为社会的责任，必须允许自主独立的经济体具有相应的权力和能力。

目前，在履行社会责任动因方面，国有水电企业和民营水电企业存在一定的差异。国有独资和国有资本控股水电企业是我国水电行业的中坚力量，是大型水电站建设的主体力量。中央和地方政府的战略方针决定了国有水电企业的经营行为，国有水电企业具有公益属性，是中国特色社会主义建设的中流砥柱。国有水电企业不以实现生产经营的利润最大化为唯一目标，而是同时具备营利法人与公益法人的特点，其营利性体现为国有资产的保值和增值，其公益性体现为其生产经营目标是为了国民经济的健康稳定和长远发展、实现国家和社会利益、增进公共服务水平和提升社会福利水平。因此，国有水电企业履行社会责任是由其企业性质所决定的，是其生产经营的重要目标。

（二）水电企业履行社会责任的主要动因

在法规政策性动因方面，调查结果显示水电企业履行社会责任主要是出于法律法规强制性规定、水电行业规程规范和标准要求、地方政策规定、地方政府要求等方面的原因（见表 3 - 6）。同时，超过 50% 以上的调查对象认为，还应该包括企业党建工作需要和国际市场竞争需要。其中，法律法规强制性规定是最主要的原因，《公司法》第五条与《合伙企业法》第七条对此有明确的规定。目前，我国有关企业履行社会责任的法规条款主要分散在《公司法》、《合伙企业法》、《产品质量法》、《消费者权益保护法》、《劳动法》、《劳动合同法》和《环境保护法》等法律条款当中。

表 3 - 6　法规政策性动因

单位：人，%

选项	频数	占比
法律法规强制性规定	473	90.96
地方政策规定	425	81.73
地方政府要求	425	81.73
水电行业规程规范和标准要求	434	83.46
企业党建工作需要	264	50.77
国际市场竞争需要	262	50.38

　　在经济性动因方面，调查结果显示水电企业履行社会责任主要是出于提升企业市场竞争力、确保水电站建设进度和正常运营、提高企业利润、增强股东对企业的信心、提高银行对企业的信用评级、确保电力供应稳定、增强供应商的信任度等方面的原因（见表 3 - 7）。其中，提升企业市场竞争力是最主要的原因。目前，我国水电站建设周期相对较长，从可行性研究到项目竣工验收长达 10 至 15 年，良好的企业社会责任表现能够赢得地方政府、水库移民、环保组织的支持和认可，进而促进项目立项，推动水电站建设进度，缩短项目建设周期，缓解水电企业贷款压力，降低企业建设成本。

表 3 - 7　经济性动因

单位：人，%

选项	频数	占比
提高企业利润	321	61.73
提升企业市场竞争力	428	82.31
增强股东对企业的信心	309	59.42
增强供应商的信任度	264	50.77
提高银行对企业的信用评级	302	58.08
确保水电站建设进度和正常运营	400	76.92
确保电力供应稳定	297	57.12

戴维斯（Davis，1960）认为，企业社会责任决策将为实现企业的长期经济效益提供有力保障。在可持续性动因方面，调查结果显示水电企业履行社会责任主要是出于企业可持续发展战略、提升企业品牌形象、增强企业与地方政府关系、保护生态环境、实现水库移民"搬得出、稳得住、能致富"的效果、建设良好的社区关系、吸引留住优秀员工等方面的原因（见表 3-8）。其中，企业可持续发展战略和提升企业品牌形象是最主要的原因。这一调查结果说明，水电企业履行社会责任能够促进水电企业可持续发展，与学者的观点基本吻合。

表 3-8 可持续性动因

单位：人，%

选项	频数	占比
企业可持续发展战略	461	88.65
提升企业品牌形象	431	82.88
吸引留住优秀员工	270	51.92
实现水库移民"搬得出、稳得住、能致富"的效果	368	70.77
增强企业与地方政府关系	402	77.31
建设良好的社区关系	316	60.77
保护生态坏境	379	72.88

在伦理道德性动因方面，调查结果显示水电企业履行社会责任主要是出于树立良好的企业形象、助推企业文化建设、增强员工自豪感和荣誉感、增强企业的市场竞争力、提高企业凝聚力等方面的原因（见表 3-9）。其中，树立良好的企业形象是最主要的原因。由于我国水资源所有权属于国家，国家和地方政府依法通过招标、拍卖、挂牌方式出让水能资源开发权，良好的企业社会责任表现有助于水电企业树立良好的企业形象，有助于其获得优质水能资源的开发权。

表 3-9 伦理道德性动因

单位：人，%

选项	频数	占比
树立良好的企业形象	490	94.23

续表

选项	频数	占比
增强企业的市场竞争力	372	71.54
助推企业文化建设	388	74.62
提高企业凝聚力	348	66.92
增强员工自豪感和荣誉感	383	73.65

四 水电企业履行社会责任的效果分析

近年来，水电企业在电力保障、财政税收、生态环保、脱贫攻坚、乡村振兴等方面，为我国经济社会发展作出了积极贡献。本节从水电企业履行社会责任提升企业经营管理能力、保护生态环境、推动共同富裕和社会进步等方面来分析水电企业履行社会责任的效果（见图 3 - 2）。

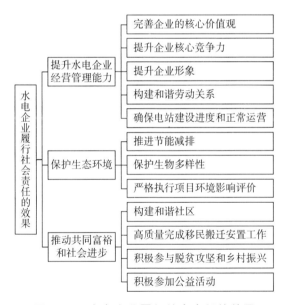

图 3 - 2　水电企业履行社会责任的效果

（一）企业社会责任管理体系提升水电企业经营管理能力

（1）完善企业的核心价值观

企业价值最大化是水电企业经营管理的终极目标，通过对 30 家水电企业 2020 年度社会责任报告或可持续发展报告中所披露的"企业文化"和

"企业价值观"等相关内容进行梳理和统计分析，结果显示，我国水电企业排名前五位的核心价值为：和谐共赢、经济效益、绿色发展、可持续发展和开拓创新。党的十八届五中全会以来，上市水电企业认真贯彻落实国家提出的新发展理念，把实现社会责任理念、可持续发展理念与企业使命、价值和战略有机融合，将企业发展与国家、社会的发展轨迹有机结合起来。我国水电企业秉持企业价值最大化的经营理念，不断完善企业核心价值观，逐步形成了和谐共赢、经济效益、绿色发展、可持续发展和开拓创新等企业核心价值。

（2）提升企业核心竞争力

2016 年，中国三峡集团在《中国长江三峡集团公司 2016 年可持续发展报告》中提出，"中国三峡集团……把切实履行社会责任与行业可持续发展结合起来，把追求价值实现与回报社会结合起来，主动承担更多责任，做出更大表率，努力促进行业实现可持续发展"。在履行社会责任的过程中，水电企业要按照水电企业社会责任指标体系，不断完善企业社会责任管理体系，提升水电企业在国内和国外水电市场的竞争力。从水电企业业务的竞争力来看，在我国大型水电企业当中，长江电力的竞争力大幅领先，其次是大唐集团、华电集团、华能集团、国家电投和国家能源等企业。从各水电企业社会责任报告或可持续发展报告的内容来看，上述水电企业在社会责任绩效、获奖数量和级别等方面都有突出表现。

（3）提升企业形象

我国水电企业通过履行企业社会责任，有助于提升企业形象。在企业内部，不断提高电力供应的服务质量，注重企业内涵建设，提升企业文化建设，提高企业职工权益保障水平和职工素质；在企业外部，不断改善水电企业与社区和地方政府的关系，建立流域水电开发合作共赢机制，获得利益相关者的支持和认可，这些都有助于提升企业形象和品牌。例如，依据国内外企业社会责任和可持续发展指标和规范的相关要求，自 2016 年起，中国三峡集团每年编制和发布中英文版中国三峡集团可持续发展报告，提供了一个企业与利益相关者沟通的新媒介，有助于企业实施"走出去"战略。

（4）构建和谐劳动关系

我国水电企业依据国内外企业社会责任指标和规范要求，在安全生产、职工权益保障、职工培训等方面，有针对性地采取了一系列构建和谐劳动关系的管理措施。目前，国有大型水电企业的劳动合同覆盖率为100%，社会保障覆盖率为100%，定期组织员工健康体检率为100%，坚持男女同工同酬，构建多元化分配激励制度。如2020年，中国大唐集团印发了《幸福大唐建设行动纲要》，制定和实施了思想文化、安全健康、权益维护、成长成才、关心关爱、服务保障等六项行动计划，同时出台了《中国大唐集团有限公司关于建立基层企业员工职业发展多通道的指导意见》，为员工创建多序列、多通道并存的职业发展路径。

（5）确保水电站建设进度和正常运营

水电企业高度重视能源供应保障工作，加强设备可靠性管理，有效应对突发灾害和用电高峰，积极履行企业责任，高标准、高质量完成重大活动的保电任务。一是严格按照国家发展改革委、地方党委政府、水电行业规程规范的要求，科学编制水电项目可行性研究报告，强化对水电项目建设质量、进度和资金的控制，确保新建水电站的建设进度。二是水电企业开展电缆防火、高温紧固件等隐患治理，加强设备检修和技术改造管理，不断提升电厂设备的可靠性水平。三是综合运用各类信息化手段和平台，强化风险提示、预警与管控，有效应对强台风、强降雨、超标洪水、冻雨等突发事件，确保水电站安全稳定运行，积极应对部分地区能源供应紧张形势，全力做好夏季大负荷用电和冬季供暖工作。

（二）生态环境保护体系提升生态环境保护效能

党的十九届四中全会提出"健全源头预防、过程控制、损害赔偿、责任追究的生态环境保护体系"，以及"构建以排污许可制为核心的固定污染源监管制度体系"。2020年12月，生态环境部颁布《生态环境标准管理办法》，作为生态环境保护工作的技术要求，明确提出了生态环境质量标准、污染物排放标准、生态环境基础标准等要求。我国水电企业严格落实《关于深化落实水电开发生态保护措施的通知》（环发〔2014〕65号）文件要求，积极采取以下措施，切实做好水电开发环境保护工作。

（1）推进节能减排

一是我国水电企业通过建立健全环境保护管理体系，修订企业生态环保责任制和生态环保管理办法等制度，强化项目全生命周期生态环保管理。二是减少污染排放，强化烟气自动监控系统数据管理、固体废物和危险废物的存放及处置，深入推进环保规范化管理工作。三是依托环保数据监控平台，加强环保数据在线监测、实时报警和状态评估，确保主要污染物稳定无条件达标排放。

（2）保护生物多样性

水电企业依据国内外企业社会责任指标的环境指标要求，一是不断建立健全生态环保责任制，确保环保、水保设施与主体工程同时设计、同时施工、同时投入使用。二是严守生态环保红线，严格按照环保及生态保护批复进行项目施工、验收、投产。三是在各流域水电站规划建设过程中，配套建设鱼类增殖站、大坝鱼道、珍稀植物园，促进水电开发与生态环境保护的协调和可持续发展。

（3）严格执行水电站工程环境影响评价

水电企业在新建、改建、扩建水电站项目过程中，全面执行环境保护"三同时"规定，新建（改扩建）项目在可行性研究及设计阶段严格按照规定完成污染防治设施的设计并进行环境影响评价，在施工作业阶段认真落实各项环境保护措施，在验收和运行阶段，加强污染防治设施的验收及运行维护管理。

（三）水电企业履行社会责任推动共同富裕和社会进步

水电企业通过利他和利己相统一、公益性和功利性相统一、成本和资本相统一、当前发展和未来发展相统一、商业价值和社会价值相统一，不断拓宽共同富裕的实现路径，提升共同富裕的发展水平。我国水电站积极响应国家创新、协调、绿色、开放、共享的新发展理念，认真履行社会责任，参与国家"脱贫攻坚"和"乡村振兴"战略。例如，中国华电集团在金沙江上游苏洼龙水电站的业主营地竖立着"建设一座电站、保护一方环境、造福一方百姓"的宣传牌。2016 年，中国三峡集团在开发金沙江下游水电站时提出"建好一座电站、带动一方经济、改善一片环境、造福一批移民"的水电开发目标。① 2016 年，华能澜沧江公司在开发澜沧江流域水电站时提出了带动经济、保护环境、造福百姓、共建和谐的水电开发之路。

（1）构建和谐社区

水电企业按照"社企融合新模式"，主动参与多元共治和谐社区的建设工作，倡导员工积极参与志愿者活动，为社会传递温暖与感动。例如，2020 年，中国大唐集团对外捐赠 48717 万元，其中公益救济和公共福利事业共计 4266 万元，聚焦社会弱势群体、精准扶贫项目，全年开展志愿服务活动 2700 余次，超过 2.9 万人次、230 多家企业积极参与。② 2020 年 1 月，中国三峡集团向武汉市首期捐赠人民币 3000 万元，助力抗击新冠疫情。③

（2）高质量完成水库移民搬迁安置工作

在水库移民安置过程中，水电企业将工程移民工作和精准扶贫、社会共建有机结合，关注搬迁后移民家庭收入变化，关心移民生产生活的可持续性，帮助水库移民解决发展难题。金沙江和澜沧江流域水电站实施水电工程移民逐年补偿安置方式，让水库移民从水电开发中切实受益和持续受益，共享水电企业建设成果。

（3）积极参与脱贫攻坚和乡村振兴

遵照党中央、国务院部署以及国务院国资委、国务院扶贫办等部委对脱贫攻坚工作的安排，我国水电企业积极参与脱贫攻坚和乡村振兴工作。例如，2016 年，三峡集团投入 36 亿元帮扶云南怒族、普米族、景颇族和四川凉山彝族脱贫攻坚，涉及两省 7 个市州 29 个县（市、区）。2016 年以来，三峡集团年均投入帮扶资金超过 14 亿元，累计投入超过 85 亿元。④

---

① 《三峡集团助力脱贫攻坚纪实：真心帮扶体现国企担当》，中国经济网，http://tuopin. ce. cn/news/201611/22/t20161122_18007004. shtml，最后访问日期：2023 年 11 月 26 日。
② 《中国大唐集团有限责任公司 2020 年企业社会责任报告》，https://www. china - cdt. com/ dtwz/UPLOAD/dtwz/FC5DEBD4 - 5421 - DC63 - 4CDF - 7AA504B3165C1627433399627. pdf，最后访问日期：2023 年 11 月 26 日。
③ 《三峡集团捐款 3000 万元助力抗击新型肺炎疫情》，http://www. xinhuanet. com/politics/ 2020 - 01/25/c_1125501561. htm，最后访问日期：2023 年 11 月 26 日。
④ 《当好决战决胜脱贫攻坚的国家队——三峡集团助力脱贫攻坚取得积极成效》，https:// www. ctg. com. cn/ztxw/tpgjsxll/ymjj/1047823/index. html，最后访问日期：2023 年 11 月 26 日。

这些资金聚焦定点扶贫、援疆援藏援青，川滇两省少数民族帮扶，实施教育帮助、医疗救助和产业帮扶等民生工程，为我国脱贫攻坚工作作出了较大贡献。

（4）积极参加公益活动

我国水电企业在运营管理中发挥专业优势，开展人道援助、捐资助学、助老扶弱、电力知识科普、环保宣传等形式多样的公益活动，努力提高所在社区居民的生活质量。同时，注重激发员工的主动性和创造力，鼓励员工参与志愿服务，持续传递正能量。例如，2006 年，中国国电集团公司成立"国电大渡河爱心帮扶协会"，号召各单位和全体员工献出真挚爱心，伸出援助之手，为大渡河两岸的贫困学生和群众捐款，把大渡河流域建成"希望大渡河、和谐大渡河、富裕大渡河"。[①] 2020 年，重庆三峡水利电力（集团）股份有限公司持续开展了用电安全知识宣传以及低碳节能等公益活动，宣传和普及用电安全常识，号召用户安全用电，增强用户安全意识，减少电力安全事故造成的生命财产损失。

五　激励水电企业履行社会责任的措施

520 份调查问卷的数据分析结果显示，政策引导、政府推动、社会监督和参与、行业组织倡导、法律强制、强化水电开发准入机制、水电企业伪社会责任曝光等措施，有助于激励我国水电企业履行社会责任，详见表 3-10。

表 3-10　激励水电企业履行社会责任的措施

单位：人，%

选项	频数	占比
政府推动	411	79.04
政策引导	467	89.81
水利水电行业组织推动	353	67.88
社会监督和参与	375	72.12

① 《国电集团开展"同一条河，同一条江"爱心帮扶活动》，http://www.sasac.gov.cn/n2588025/n2588124/c3944103/content.html，最后访问日期：2023 年 11 月 26 日。

续表

选项	频数	占比
强化水电开发准入机制	246	47.31
水电企业伪社会责任曝光	246	47.31

（一）政府推动和政策引导相结合

一方面，从全球范围来看，政府推动企业社会责任建设是一种普遍现象。从企业社会责任在西方国家的发展实践来看，欧美政府会设立专门机构来推动企业社会责任，政府是企业社会责任的重要推手。如1996年美国克林顿政府设立的"企业公民总统奖"。2022年3月，为切实推动中央企业科技创新和社会责任工作，经中央编委批准，国务院国资委成立了社会责任局，进一步完善国资监管体制机制，更好发挥监管效能，更好组织指导中央企业积极履行社会责任。各级地方政府要探索建立促进企业履行社会责任的体制机制，地方国资委要尽快设置社会责任处室，充分发挥政府引导作用，推动企业履行社会责任。同时，要发挥政府、监管机构等对企业社会责任报告的质量规范和监管作用，提升企业社会责任信息披露的充分度。

另一方面，中央和地方政府做好涉及企业履行社会责任有关配套政策的制定工作，营造有利于企业履行社会责任的制度环境。支持和引导社会资源向积极履行社会责任的企业倾斜。积极推荐在履行社会责任方面作出突出贡献的优秀企业经营者参加劳模等社会荣誉的评选。引导水电企业履行社会责任，具体包括环境保护措施的税收减免、慈善捐款、良好社会行为表彰、流域水能资源开发准入机制与企业社会责任挂钩、不负责任企业惩处等措施，监督水电企业履行社会责任的内容和范围，纠正企业逃避履行社会责任行为，培育水电企业履行社会责任的样板，引导企业管理者转变观念，实现水电企业价值最大化和可持续发展。

（二）发挥水利水电行业组织推动作用

目前，我国水利水电行业组织在促进水电企业履行社会责任方面的作用有限，缺乏自主性，缺乏法律和政策引导，存在着行业组织角色错位和缺位现象。水利水电行业组织作为联系政府和水电企业的桥梁和纽带，是推动水电企业履行社会责任的重要力量。

因此，需要充分发挥中国大坝工程学会、中国大坝协会、中国水利工程协会、中国水利学会、中国水力发电工程学会、各省市水利水电行业协会，以及国际大坝委员会、国际水电协会等行业组织的引导和平台搭建作用，在现有《水电可持续性评估规范》《绿色小水电评价标准》等基础上，制定和出台《水电企业社会责任评价指南》《水电可持续性评估指南》等水电行业标准，使指标体系真正起到提高水电企业积极履行社会责任的导向作用。水利水电行业组织要积极开展水电企业社会责任咨询服务，帮助水电企业查找存在的问题和不足，提出改进企业社会责任的意见和办法。同时，水利水电行业组织要积极参与水电企业社会责任国际标准的制定，争取更多的话语权和主动权。

（三）强化社会监督和参与职能

目前，作为水电企业社会责任的监督者和参与者，公众、非政府组织、新闻媒体对于水电企业履行社会责任的关注度越来越高，持续关注水电站建设过程中珍稀动植物保护、生物多样性保护、珍稀鱼类保护、水库移民搬迁安置、防洪减灾、航运灌溉等热点议题，新闻媒体和非政府组织积极配合政府引导和推动水电企业切实履行社会责任。

因此，在水电站建设和运营过程中要继续调动社会力量的积极性和主动性，充分发挥报纸、广播、电视、网络等媒体的作用，宣传水电企业履行社会责任的重要意义和先进典型。鼓励企业、社区、社会团体开展企业社会责任宣传教育，增强公众的参与意识。同时加强社会公众的监督，形成社会舆论压力，增强利益相关者的维权意识与行动能力，及时曝光个别水电企业伪社会责任，促使水电企业认真履行社会责任，加大社会责任信息披露力度，形成促进企业自觉承担社会责任的良好社会环境。

（四）强化水电开发准入机制

按照《可再生能源法》《国家能源局关于进一步规范可再生能源发电项目电力业务许可管理的通知》（国能发资质规〔2023〕67号）等规定，国家和地方发展改革委在江河流域水资源使用权分配、水电站项目核准、同意开展前期工作的"路条"等方面要引入市场竞争机制，不断完善水电开发准入和退出机制，从技术、资金、生态环境保护、水库移民安置等方面设立准入门槛，确保水电开发企业在环境保护、水土流失防治、水生生物补偿、地质灾害防御和水库移民安置等方面有能力实施恢复和补偿措施，禁止和淘汰没有经济实力和技术能力的单位、个人投资开发水电项目。

对于在核准文件有效期内没有开工建设或私自倒卖水电站开发权的水电企业，及时取消原项目核准文件，按照水电站基本建设程序重新审批。地方政府可以依据《合同法》有关条款，大胆探索建立水电开发履约保证金制度，按照国家和地方有关规定执行履约保证金收取单位、收取途径、资金比例、返还方式、监管等措施。对于在生态环境保护、水库移民安置等方面表现较差的水电企业，及时取缔其江河流域水资源使用权和开发权，重新选择企业社会责任表现较好的水电企业。

（五）强化水电企业社会责任报告披露机制

企业社会责任信息披露的实证研究在我国起步较晚，既有研究主要关注企业社会责任信息披露的影响因素和经济后果（徐莉萍等，2006）。自2006年以来，中国证监会、沪深交易所等陆续发布了社会责任披露的相关文件，如2006年深圳证券交易所发布的《上市公司社会责任指引》、2008年发布的《深圳证券交易所关于做好上市公司2008年年度报告工作的通知》、2018年中国证监会修订并正式发布的《上市公司治理准则》、2019年中国证监会发布的《推动提高上市公司质量行动计划》等，并对上市公司的治理及监管层面提出了46项切实要求和任务，其中在信息披露方面要求简化披露规则，开展分行业、差异化披露，确保信息披露真实性，旨在实现资本市场及时监管和上市公司的风险把控目标。目前，披露社会责任报告的企业数量逐年增加，企业社会责任报告的篇幅越来越长、内容也越来越丰富。余玮等（2017）认为，虽然国有企业发布了较多的社会责任报告，但是发布目的大多是满足监管层需要。

目前，我国水电企业社会责任报告披露还存在以下问题。就行文风格而言，一些水电企业的社会责任报告主要使用语言文字进行主观定性描述，根据具体数据进行的定量分析仍不够充分，尤其在涉及环境内容方面。就内容而言，对环境、水库移民、社区等利益相关者的责任履行情况披露较少。就公司社会责任治理而言，水电企业在社会责任治理架构和机制顶层设计方面仍然较为薄弱。因此，相关部门还需要继续强化水电企业社会责任制度供给、升级披露要求、出台披露指南，充分发挥优秀水电企业实践的标杆作用，不断提升水电企业社会责任报告的完整性、科学性、实质性、可信性和精准度，进一步增加水电企业社会责任报告披露水平。

第三节　水电企业社会责任报告分析

水电企业社会责任报告是指为了展示企业价值和社会责任理念，由水电企业定期公开发布的全面披露企业社会责任表现和社会责任绩效的报告。自 2008 年起，三峡集团、华能集团、电力投资集团、大唐集团、国电集团、华电集团等中央电力企业每年发布企业社会责任报告或企业可持续发展报告，[①] 两类报告的核心主题、指标体系、报告框架等方面重复率非常高。从实际调查数据来看，绝大多数中小水电企业没有公开发布社会责任报告。本节从水电企业社会责任报告的编制依据、披露数量、披露次数、获奖情况等方面，分析了我国水电企业社会责任报告现状。

一　水电企业社会责任治理情况

在 30 家大型水电企业的社会责任报告中，76.67% 的企业设置了社会责任管理部门，73.33% 的企业制定了社会责任战略，66.67% 的企业重视社会责任治理，并制定了相关措施，56.67% 的企业强调社会责任融合，96.67% 的企业强调社会责任沟通，注重企业与利益相关者的沟通交流，听取利益相关者的诉求和意见，76.67% 的企业制定了社会责任管理计划。我国水电企业社会责任治理情况汇总详见表 3 – 11。

---

① 本书中将可持续发展报告同等视为社会责任报告，以下除分别列出的情况之外，统一称为社会责任报告。

表 3 - 11　我国水电企业社会责任治理情况汇总

单位：家，%

社会责任管理内容	频数	占比
社会责任管理部门	23	76.67
社会责任战略	22	73.33
社会责任治理	20	66.67
社会责任融合	17	56.67
社会责任沟通	29	96.67
社会责任管理计划	23	76.67

从具体企业来看，长江电力、贵州黔源电力、国投电力、中国电建、中国电力国际发展有限公司、福建闽东电力、中国核能电力、华润电力控股、国家电力投资集团、中核集团新华水力发电、三峡集团、华能集团、华电集团、中广核集团、国家能源集团等 15 家企业的社会责任报告中全部包含了六种社会责任管理内容，社会责任报告的内容比较翔实。

二　水电企业社会责任报告编制依据分析

（1）我国水电企业社会责任报告编制依据

在收集到的 30 家水电企业的社会责任报告中，24 家企业社会责任报告标明了编制依据，占比为 80%。6 家企业社会责任报告中没有标明编制依据。我国水电企业社会责任报告编制依据共涉及 20 种编制规范，详见表 3 - 12。

表 3 - 12　我国水电企业社会责任报告编制依据情况汇总

评估依据名称	评估依据的发布单位	频数（家）
《公司法》	全国人民代表大会	1
《证券法》	全国人民代表大会	1
《关于中央企业履行社会责任的指导意见》	国务院国有资产监督管理委员会	6

续表

评估依据名称	评估依据的发布单位	频数（家）
《关于国有企业更好履行社会责任的指导意见》	国务院国有资产监督管理委员会	5
《中国企业社会责任报告编写指南（CASS—CSR4.0）》	中国社会科学院	16
《上海证券交易所上市公司环境信息披露指引》	上海证券交易所	4
《〈公司履行社会责任的报告〉编制指引》	上海证券交易所	8
《关于加强上市公司社会责任承担工作的通知》	上海证券交易所	2
《深圳证券交易所上市公司社会责任指引》	深圳证券交易所	1
《深圳证券交易所社会责任报告编写指引》	深圳证券交易所	1
《主板信息披露业务备忘录第 1 号——定期报告披露相关事宜》	深圳证券交易所	1
《公开发行证券的公司信息披露内容与格式准则第 2 号——年度报告的内容与格式》（2017 年修订）	深圳证券交易所	1
《中国工业企业及工业协会社会责任指南》	中国工业经济联合会等	1
GB/T 36001—2015《社会责任报告编写指南》	中国标准化研究院	9
ISO 26000：2010《社会责任指南》	国际标准化组织（ISO）	12
《GRI 可持续发展报告标准》	全球报告倡议组织（GRI）	15
联合国全球契约的十项原则	联合国	1
《可持续发展目标（SDGs）》	联合国	3
《2030 年可持续发展议程》	联合国	3
《环境、社会及管治报告指引》	香港联合交易所有限公司	2
总数	20	30

资料来源：作者依据 30 家水电企业社会责任报告编制。

（2）水电企业社会责任报告的编制依据

当期，我国水电企业社会责任报告的编制依据排名前五的分别为：中国社会科学院的《中国企业社会责任报告编写指南（CASS—CSR4.0）》、全球报告倡议组织（GRI）的《GRI 可持续发展报告标准》、国际标准化组织的 ISO 26000：2010《社会责任指南》、中国标准化研究院的 GB/T 36001—2015《社会责任报告编写指南》、上海证券交易所的《〈公司履行社会责任的报告〉编制指引》。其中，中国社会科学院发布的《中国企业社会责任报告编写指南（CASS—CSR4.0）》被 16 家企业的社会责任报告作为编制依据，是被采用数量最多的企业社会责任标准。

三　水电企业社会责任报告披露分析

（1）我国水电企业社会责任报告披露数量

2020 年，我国共有 30 家水电企业在其官网发布了企业社会责任报告。在 30 家企业中，上市公司共 21 家，占比 70.00%，其中 18 家为国有控股上市公司，占上市公司数的 85.71%，占总公司数的 60.00%。只有 9 家中小水电企业发布了企业社会责任报告，占总公司数的 30.00%。具体汇总情况见表 3 - 13。

表 3 - 13　我国水电企业社会责任报告披露汇总

单位：家，%

企业类型	数量	比重
国有控股上市公司	18	60.00
其他上市公司	3	10.00
中小水电企业	9	30.00

（2）我国水电企业社会责任报告披露次数

我国水电企业上市公司最早发布社会责任报告的时间为 2007 年，发布企业为中国华能集团和中国大唐集团。2008 年根据沪市和深市要求，水电企业上市公司每年都要发布企业社会责任报告。中国华能集团（自 2007 年起）、中国华电集团（自 2008 年起）、中国三峡集团（自 2011 年起）、华润电力（自 2011 年起）、中国核能电力（自 2019 年起）每年都发布企业可持续发展报告。具体汇总情况见表 3 - 14。

表 3 - 14　我国水电企业上市公司首次发布企业社会责任报告或可持续发展报告的时间

企业类型	首次发布社会责任报告时间	首次发布可持续发展报告时间	是否连续发布	备注
中国三峡集团	2011 年	2011 年	是	2016 年起，改为可持续发展报告
中国华能集团	2007 年	2007 年	是	

续表

企业类型	首次发布社会责任报告时间	首次发布可持续发展报告时间	是否连续发布	备注
中国华电集团	2008 年	2008 年	是	
中国国电集团	2009 年	—	是	2017 年与神华集团合并为国家能源集团
中国大唐集团	2007 年	—	是	
华润电力	2014 年	2011 年	是	
中国核能电力	2012 年	2019 年	是	
三峡水利电力	2008 年	—		
长江电力	2008 年	—	是	中国三峡集团控股
华能澜沧江	2017 年	—	是	2017 年上市，中国华能集团控股
四川川投能源	2008 年	—	是	
重庆涪陵电力	2008 年	—	是	
贵州黔源电力	2008 年	—	是	中国华电集团控股
北京国华电力	2017 年	—	是	神华集团全资子公司
国投电力控股	2010 年	—	是	国家开发投资集团控股

资料来源：作者依据 30 家水电企业社会责任报告或可持续发展报告编制。

四 水电企业社会责任报告获奖情况

在 30 家水电企业中，2020 年，有 15 家获得了行业、社会、第三方机构颁布的社会责任奖项，占比为 50.00%。整体来看，所获奖项基本集中在金蜜蜂优秀企业社会责任报告·长青奖、中国企业社会责任报告评级专家委员会"五星"／"五星佳"级报告以及相关专家的推荐意见三大类。从各水电企业获奖的数量来看，国家能源集团、华能集团、三峡集团、华润电力、长江电力等五家公司获奖数量最多，均在 3 项以上，五家企业在水电行业中均处于龙头企业地位，社会责任能力相对突出。

本书梳理了 30 家水电企业的 2020 年度社会责任报告中的"企业文化"和"企业价值观"等相关内容，发现水电企业排名前五位的核心价值为："和谐共赢"、"经济效益"、"绿色发展"、"可持续发展"、"开拓创新"和"诚信经营"（并列第五名）。详见表 3-15。

表 3 - 15　水电企业价值观（企业文化、经营理念）统计

单位：家，%

水电企业价值观（企业文化、经营理念）	数量	占比
和谐共赢	13	43.33
经济效益	11	36.67
绿色发展	8	26.67
可持续发展	7	23.33
开拓创新	6	20.00
诚信经营	6	20.00
守法经营	5	16.67
社会责任	5	16.67
安全生产	4	13.33
精益求精	3	10.00

"和谐共赢""经济效益""绿色发展""可持续发展""开拓创新""诚信经营"是我国水电企业实现可持续发展的主要价值观。水电企业全面履行社会责任，有利于维护企业与债权人的关系、企业内部的劳动关系、企业与供应商的关系、企业与社区的关系、人与自然的和谐共存关系，有助于企业树立良好的社会形象，构建良好的企业生态系统，促进企业技术创新，不断提高企业的核心竞争力，获得新的水电资源开发权，进一步扩大企业规模，提高抵御市场风险的能力，保持企业持续稳定的盈利水平，实现企业可持续发展。

小　结

首先，本章在分析我国水电企业的总体数量、水电站的分布情况和大型水电集团的水电站数量的基础上，提出构建符合行业实际和特征的水电企业社会责任指标体系对于指导水电企业履行社会责任具有一定的现实意义。

其次，编制了《可持续发展视阈下水电企业社会责任调查问卷》，并采取专家一对一问卷调查和网络调查的方式，向相关专家发放并回收了

520 份有效的水电企业社会责任调查问卷，应用数理统计方法进行了定量分析。并从多个视角分析了我国水电企业履行社会责任的现状。一是分析了水电企业履行社会责任的现状。包括履行社会责任对水电企业经营的影响、水电企业履行社会责任的制约因素、不同规模水电企业履行社会责任的差异、水电企业社会责任与水能资源开发使用权的关联度等。二是阐述了水电企业履行社会责任的动因。包括法律法规的强制性要求、实现企业价值最大化的需要、可持续发展战略需要、遵守商业伦理的需要、经营目标的需要等多个方面。这些动因相互交织并共同推动企业履行社会责任的行为。三是分析了水电企业履行社会责任的效果。四是分析了激励水电企业履行社会责任的措施，即通过政府推动与政策引导相结合、强化社会监督职能、发挥水利水电行业组织推动作用、法律规制企业社会责任、强化水电开发项目核准机制、强化水电企业社会责任报告披露机制等措施和手段，不断提升我国水电企业履行社会责任的绩效水平。

最后，本章分析得出，水电企业社会责任报告的编制依据差异较大，水电企业社会责任报告的编制依据排名前五的分别为：中国社会科学院的《中国企业社会责任报告编写指南（CASS—CSR4.0）》、全球报告倡议组织（GRI）的《GRI 可持续发展报告标准》、国际标准化组织的 ISO 26000：2010《社会责任指南》、中国标准化研究院的 GB/T 36001—2015《社会责任报告编写指南》、上海证券交易所的《〈公司履行社会责任的报告〉编制指引》。不同水电企业的社会责任报告的披露数量和质量存在差异。2020年，在 30 家水电企业中，有 15 家获得了行业、社会、第三方机构颁布的社会责任奖项，占比为 50.00%。

第四章

基于利益相关者的水电企业社会回应与社会表现指标分析

本章基于利益相关者理论，全面识别出水电企业的利益相关者，阐述了各利益相关者的内涵、基本权利和主要的利益诉求。在此基础上，详细论述了水电企业面对各利益相关者的权利和利益诉求应当采取的社会回应过程和应当制定的社会回应方案，进而提出了水电企业社会表现方案和具体的社会表现指标，为构建水电企业社会责任指标体系奠定了理论基础和指标选择基础。指标筛选步骤详见图4-1。

图4-1　基于利益相关者分析的水电企业社会表现指标筛选步骤

第一节　水电企业利益相关者的识别与分析

一　水电企业利益相关者的识别

（一）水电企业利益相关者识别的问卷调查分析

520份调查问卷结果显示，水电企业利益相关者的排序为股东、水库移民、政府、员工、合作伙伴、客户、环境、银行、社区、竞争对手、新闻媒体和工会。在调查对象当中，熟悉水电企业的调查对象主要包括水电企业管理人员、水电企业员工、水电站规划设计和监督评估人员、政府工作人员、水库移民部门工作人员、水电企业合作单位工作人员。这部分调查对象认为水电企业利益相关者的排序为水库移民、政府、股东、合作伙伴、员工、客户、环境、银行、社区、竞争对手、新闻媒体和工会。具体情况见表4-1。

表4-1　不同调查对象对水电企业利益相关者的识别

单位：人，%

选项	全部调查对象		熟悉水电企业的调查对象	
	数量	占比	数量	占比
股东	453	87. 12	246	86. 93
员工	406	78. 08	219	77. 39
水库移民	451	86. 73	259	91. 52
客户	396	76. 15	199	70. 32
社区	242	46. 54	110	38. 87
政府	449	86. 35	254	89. 75
环境	350	67. 31	186	65. 72
合作伙伴	399	76. 73	229	80. 92
竞争对手	145	27. 88	74	26. 15
新闻媒体	72	13. 85	41	14. 49
工会	62	11. 92	25	8. 83
银行	268	51. 54	161	56. 89
总数	520	100. 00	283	100. 00

对比两组数据可以发现，全部调查对象和熟悉水电企业的调查对象对于水电企业利益相关者的排序存在差异。全部调查对象认为水电企业排在前五位的利益相关者为股东、水库移民、政府、员工和合作伙伴。熟悉水电企业的调查对象认为水电企业排在前五位的利益相关者为水库移民、政府、股东、合作伙伴和员工（见图4-2）。虽然两类调查对象都认为上述五种利益相关者比较重要，但是对它们的重要性排序不同，说明他们对水

电企业利益相关者的认识和理解存在一定差异。

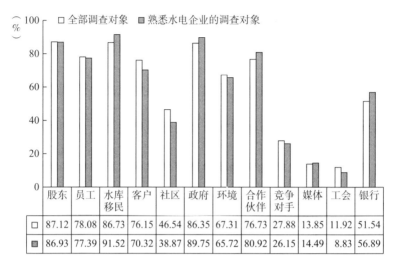

图4-2　全部调查对象和熟悉水电企业的调查对象对利益
相关者的识别对比

（二）我国水电企业社会责任报告对企业利益相关者的划分

30家水电企业的社会责任报告中涉及的利益相关者共有12个，即股东、员工、水库移民、客户、社区、政府、环境、合作伙伴、竞争对手、新闻媒体、非政府组织和长江流域各省市（见表4-2）。

表4-2　水电企业社会责任报告中的利益相关者汇总

单位：家，%

利益相关者	数量	比重
股东	24	80.00
员工	29	96.67
水库移民	2	6.67
客户	22	73.33
社区	21	70.00
政府	24	80.00
环境	24	80.00
合作伙伴	24	80.00

利益相关者	数量	比重
竞争对手	4	13.33
新闻媒体	7	25.67
非政府组织	4	13.33
长江流域各省市	1	3.33

具体来看，股东、员工、客户、社区、政府、环境、合作伙伴是出现次数较多的利益相关者，占比均在70.00%以上。其中，员工是出现最多的利益相关者，在30家水电企业的社会责任报告中出现了29次，占比达96.67%。只有两家水电企业的社会责任报告识别出的利益相关者包括水库移民，这与水库移民的重要性和实际情况不符。水库移民是水电站建设征地补偿最直接的利益相关者。由于水电站的建设，水库移民失去了土地资源等生产资料，不得不搬离家园，农业生产活动和农业收入受到了极大影响。搬迁安置后，水库移民的生产生活存在很大的不确定性，因此，水库移民的生产生活恢复是地方政府的关注重点，水库移民应当被识别为水电企业的利益相关者。同时，绝大部分水电企业忽视了工会和水利水电行业组织作为利益相关者的重要性。

（三）既有研究对水电企业利益相关者的划分

通过查阅水电工程和水电企业利益相关者的相关文献，发现不同学者对利益相关者的认知存在较大差异。

（1）水电工程利益相关者

本书挑选了6篇具有代表性的文献，这些学者根据水电工程规划设计、建设和运营的特点与实际情况，提出了具有水利水电行业特点的利益相关者分类，这些利益相关者对水电工程的影响程度各不相同。具体情况见表4-3。

表4-3 文献梳理出的水电工程的利益相关者

水电工程的利益相关者	文献
上级主管部门、业主单位、设计单位、监理单位、施工单位、勘察单位、相关管理部门、其他利益相关者	张宁（2010）

水电工程的利益相关者	文献
项目业主、承包商、管理团队、员工、投资者、监理单位、分包商、供应商、政府、竞争者、金融机构、社区、社会团体	何旭东（2011）
开发企业、政府、水库移民、环境代表、施工人员	陈其伟（2014）
业主方、承包方、分包方、政府、监理、设计部门、供应商、咨询公司、竞标单位、媒体、公众、消费者群体、专家学者	房颖（2018）
业主单位、承包单位、监理、设计、代理招标单位、审计单位、供货商、水库移民局、供电局、政府、农民	任国琴（2019）
①决策阶段：业主、政府机构、当地居民、咨询机构、设计、材料供应商和设备供应商；②计划阶段：业主、政府机构、供应商、设计、承包商、咨询机构、金融机构；③执行阶段：业主、政府机构、监理机构、承包商、分包商、当地居民、媒体等；④交付使用阶段：承包商、业主、物业管理、媒体、当地居民	杨玉静、唐文哲（2019）

从表4-3可以看出，国内学者认为，水电工程的主要利益相关者包括政府、业主（水电企业）、承包商、设计单位、监理单位、供应商、当地居民、咨询机构、媒体和分包商等。

（2）水电企业利益相关者

本书挑选了5篇具有代表性的文献，这些学者基于不同的研究视角提出了水电企业利益相关者的分类，其中股东、员工、政府、社区是被普遍认同的利益相关者（见表4-4）。

表4-4　文献梳理出的水电企业的利益相关者

水电企业的利益相关者	文献
股东、债权人、消费者、雇员、政府部门、社区	李雪凤、陈劲（2011）
股东、员工、环境、政府和其他利益相关者	崔兴华（2011）
投资者、政府、供应商、环境、社会团体、顾客、社区、员工	陈影、方忠良（2016）
政府、股东、客户、员工、合作伙伴、供应商、环境、社区、媒体	王厅（2022）
企业内部的股东、投资者、员工；企业外部的政府、消费者、商业伙伴、竞争者、就业人群、社区、政府等	杨潇涵（2022）

（3）综合分析

首先，水电企业对于自身利益相关者的认识更加全面。相较于30家水电企业的社会责任报告中所提出的利益相关者，本书选取的既有研究者对于水电企业利益相关者的认识局限性较大，不能真实反映水电企业的实际情况。

其次，既有研究者对水电企业特点的分析不够深入。与其他企业相比，在建设周期、运行周期、与当地社区关系等方面，水电企业有其自身特点，水电企业与水库移民、环境、社区等利益相关者的关系尤其密切。这些利益相关者在水电站规划设计、建设施工、生产运行等不同阶段的利益诉求极大影响着水电企业的决策。

最后，全面识别水电企业生命周期内的利益相关者，充分听取利益相关者的意见和建议，切实维护水电企业利益相关者的利益诉求，是当前水电企业社会责任指标研究的重点内容。

（四）水电企业利益相关者分类

由于水电水利规划设计总院、中国国际工程咨询有限公司等水利水电行业组织在水电工程技术规范制定、水电工程前期规划设计的技术审查、后期项目验收等方面发挥着至关重要的作用，对水电站规划设计、建设和水电企业生产经营的影响较大，本书把水利水电行业组织增列为水电企业的间接利益相关者。同时，如前文所述，以民间环保组织为代表的非政府组织对于水电站项目立项的影响较大，因此，本书把非政府组织也增列为水电企业的间接利益相关者。

弗里曼（Freeman，1984）和克拉克森（Clarkson，1995）根据利益相关者在企业经营管理中的作用，将利益相关者分为第一层级利益相关者和第二层级利益相关者。本书从利益相关者对水电企业生产经营活动的影响方式来划分，将其分为直接利益相关者和间接利益相关者。水电企业的直接利益相关者是指与水电企业生产经营和可持续发展密不可分的个人或组织，主要包括水库移民、政府、股东、供应商、员工、客户、环境、银行、社区和竞争对手。水电企业的间接利益相关者是指能够影响水电企业经营或者受水电企业经营影响的个人或组织，主要包括非政府组织、新闻媒体、水利水电行业组织和工会（见图 4 - 3）。按照不同利益相关者对水电企业生产经营的影响程度以及水电企业对其的影响程度，利益相关者的重要性依次是股东、员工、客户、水库移民、政府、环境、社区、银行、供应商、竞争对手、非政府组织、新闻媒体、水利水电行业组织和工会。

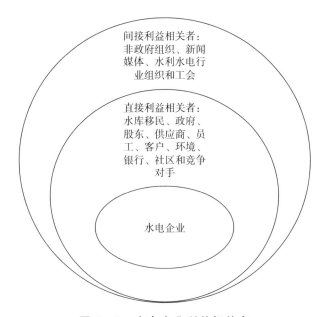

图 4 - 3   水电企业利益相关者

二   水电企业利益相关者的内涵和权利

卡罗尔（Carroll，1993）认为，相关利益包括当事人所拥有的利益和所有权，权利介于利益和所有权之间。水电企业利益相关者在水电站建设和运行、水电企业经营管理方面拥有相应的合法权利，个人或团体可以要求得到某种待遇或者要求自己的某种权益得到保护。本书对不同的水电企业利益相关者的权利展开分析，以维护他们的合法权利。

（1）水电企业直接利益相关者的内涵和权利

水库移民是指"为调蓄江河径流，筑坝建库征用土地而引起的非自愿移民（水利部，1992）"，是因水利水电工程建设需要而搬离原居住地或因生产资源丧失需要进行生产安置的居民。水库移民是大规模水电工程建设的必然伴生现象，水库移民问题是关系水电工程建设成败的重要问题。水库移民搬迁安置后，除了外迁移民外，大部分移民依然居住在水库枢纽区和库区的周边，是水电站所在社区的居民。吴宗法和施国庆（1994）认为，"水库淹没了移民赖以生存的土地，改变了原有的生产结构"。曾庆连和张春美（2005）认为，水库移民权益的表现形式为移民的财产权益、生存权益、发展权益、知情权、参与权、申诉权、监督权等权益。从我国水电工程建设征地补偿和水库移民安置的工作实践来看，水库移民的权利包括水库移民安置规划参与权、水库移民财产补偿权、搬迁安置补助权、水库移民生存和发展权、水库移民利益受损的申诉权、水库移民后期扶持权、共享电站发电收益权等。

依照《国务院关于修改〈大中型水利水电工程建设征地补偿和移民安置条例〉的决定》（中华人民共和国国务院令第 679 号）第五条，县级以上地方人民政府负责本行政区域内大中型水利水电工程移民安置工作的组织和领导，省、自治区、直辖市人民政府规定的移民管理机构，负责本行政区域内大中型水利水电工程移民安置工作的管理和监督。国家能源局和地方政府在水电工程规划设计、项目建设和验收等方面行使的权力主要包括本行政区域内水利水电工程立项，移民安置工作的组织和领导，审批可行性研究报告、移民安置规划大纲和移民安置规划报告，地方性公共事务决策和治理，保护企业员工和当地居民合法权利的执行权，企业合法生产经营的监督权。同时，地方政府作为水电开发权的出让人，根据水电经济开发价值、国家产业政策和当地经济社会发展情况等综合因素确定水电开发权受让人，因此，地方政府在水电开发决策中起着决定性作用。另外，地方政府也会以国有能源投资企业的名义入股大型水电站，参与大型水电站规划设计和项目建设，成为水电站的股东，拥有股东相应的权利。

股东作为企业的出资人和所有权人，是水电企业重要的利益相关者。依照《公司法》总则第四条，"公司股东依法享有资产收益、参与重大决策和选择管理者等权利"。施国庆（1988）认为，"水利投资系统决策分析是多目标决策……应对各投资方案或工程项目进行综合衡量和评价"。根据国务院国有资产监督管理委员会公布的数据，我国大型水电企业的实际控制人多为国务院国有资产监督管理委员会。[1]

----

[1] 《央企名录》，国务院国有资产监督管理委员会，2021。

水电企业的股东权利包括作为投资人享有资产收益权、享有企业重大决策权、选择优秀管理者的权利、按照出资比例分红的权利、监督企业管理的权利、参加股东大会的权利、查阅企业财务会计报表的权利等。从股权结构来看，我国大型水电企业的实际控制人大部分是国务院国有资产监督管理委员会或省市国有资产监督管理委员会，而中小型水电企业的实际控制人往往为民营资本。依据《企业国有资产法》（自 2009 年 5 月 1 日起施行）的规定，各级国资委代表中央和地方政府行使国有资产所有权，国资委的权利包括监督所监管企业国有资产保值增值、指导推进国有企业改革重组和现代企业制度建设、对所监管企业负责人进行任免考核和奖惩、负责组织所监管企业上交国有资本收益等。

水电企业供应商是指向水电企业提供产品或服务的企业，包括水电站建设规划设计、水电站建设工程监理、水库移民安置独立评估单位、施工单位、设备和物资供应单位和技术服务供应单位。水电企业供应商的权利包括在满足技术、资质和信用约束条件下平等取得政府采购供应商资格的权利，平等地获得采购信息，平等地参与采购竞争等权利。

员工是指与企业存在劳动关系（包括事实劳动关系）的各种用工形式和期限的人员，含全职、兼职和临时职工，也包括虽未与企业订立劳动合同但由企业正式任命的人员。员工权益伴随着员工的整个职业生涯，涉及多方面的内容。与其他类型企业员工类似，水电企业员工的权利包括无差别平等就业的权利、自由选择和平等获得职业与岗位的权利、获得自己劳动报酬的权利、法定休息和休假的权利、获得劳动保障和安全卫生保障的权利、接受职业技能教育和培训的权利、享受社会保险和社会福利的权利、提请劳动争议处理和选择处理方式的权利以及法律规定的其他劳动权利。

水电企业客户是指电力用户和售电公司。其中，电力用户分为两类，一类用户是指参与批发交易的电力用户，又称批发市场用户；另一类用户是指参与零售交易的电力用户，又称零售市场用户。与其他企业不同，水电企业不直接面对普通居民用户，而是直接面对配售电企业和电力用户。同时，与其他商品不同，电力具有同质性。因此，水电企业客户有其行业特殊性。水电企业客户的权利包括拥有配电网运营权、拥有电力市场主体资格、电力业务许可证、自主和平等从事电力交易等权利。

环境作为人类赖以生存的空间，是指对人类生存和发展产生直接影响的自然因素。自然环境包括大气环境、水环境、土壤环境、地质环境和生物环境。本书所讲的环境是指人格化的自然环境，人类、动物、植物是其利益诉求的代言者。2021 年 9 月 9 日，国务院新闻办公室发布了《国家人权行动计划（2021—2025 年）》，首次将"环境权利"单列一章。习近平总书记提出的"绿水青山就是金山银山"的理念，为我国生态环境高水平保护和经济高质量发展提供了理论依据和实践路径。人类既是环境的创造物，又是环境的塑造者，生态环境不仅为人类提供了赖以生存的物品，也为人类提供了智力、社会和文化等方面的发展机会。生态环境如果不能得到切实有效的保护，将会用它强大的自然力量来惩罚人类。环境权利主要包括污染防治、生态环境信息公开、环境决策公众参与、环境公益诉讼和生态环境损害赔偿、国土空间生态保护修复和应对气候变化。从公众视角来分析，环境权利包括优美舒适环境的享受权、水电开发环境决策与行为知悉权和建言权、监督水电开发环境行为以及检举和控告权、环境权利侵害救济请求权。

银行是指向水电企业发放贷款的商业银行。银行信贷经营的根本性原则是安全性、流动性和效益性。银行的权利包括：对水电企业的借款用途、偿还能力和还款方式进行审查的权利，对水电企业信用资质进行审查的权利，定期收到贷款利息和保障本金安全的权利，等等。

希莱里（Hillery，1959）发现，"社区"定义的共同要素包括：地域、共同的纽带和社会交往。费孝通（1998）提出，社区是若干社会群体（家族和氏族等）或者各类社会组织（机关和团体等）共同聚集在一个特定的地域里，并形成一个在生活上互相紧密关联的大集体。刘视湘（2013）提出，社区是指在一定地域范围内无数个体和群体的集合体，集合体成员之间在生活、环境、安全、心理和文化方面存在一定关联性和共识。企业与当地社区保持友好关系是水电企业赖以生存和可持续发展的前提条件，是水电企业公共关系的重点工作。当地社区权利包括了解水电企业生产经营活动的合法性和安全性、知晓和监督水电企业生态环境保护的工程设计和具体措施、监督水电企业参与当地社区社会环境治理、共享水电开发利益等权利。

随着电力体制改革的进一步深化，电厂直接向大型用户供电，发电单位、输电单位、配电单位、售电单位、大型用户等实体企业之间的经济关系发生了较大变化。水电企业与竞争对手，即火电企业、光伏发电企业、核电企业、垃圾焚烧发电企业、生物质发电企业等其他发电企业在能源供应、生产运营、电价制定、调度上网、市场开拓等方面展开了全方位竞争。水电企业的生存发展与竞争对手的关系越来越密切。

（2）水电企业间接利益相关者的内涵和权利

目前，根据其成员身份的不同，国际组织可以分为由各国政府派代表参加的政府间组织和数量巨大的、由非政府代表参与的非政府组织（Mansbach et al.，1976）。根据联合国官网关于非政府组织的定义，非政府组织就是以非政府的方式介入原本应由政府关注的公益事业的组织（World Bank，1989）。张小劲（2002）提出，非政府组织是由志向相同或类似的志愿者组成的民间社会团体，以特定或一般的公益事业为组织目标。非政府组织的主要特征是非营利性、志愿性、公益性、民间性和自治性。我国非政府组织的业务范围涉及科技、文化、法律、民生等社会生活的各个领域，是党和政府联系人民群众的桥梁和纽带。非政府组织在可大坝可行性论证、水库移民安置规划方案、生物多样性保护等方面发挥着重要作用。非政府组织的权利包括水电站规划建设阶段生态环境保护方案的知情权和监督权、水库移民搬迁安置的监督权、少数民族文化保护、宗教活动场所迁移和复建、劳动者权益保护的监督权、水电企业生产经营的知情权和监督权等。与水电企业相关的非政府组织重点关注的议题是生物多样性保护、水库移民补偿等。

新闻媒体也叫大众媒体，包括传统媒体和新媒体。当前，自媒体成为一种不可忽视的媒介和新兴的信息来源，具有信息传播快、覆盖面广、用户参与度高等特点。新闻媒体一直比较关注水电站建设的工程规划设计、环境保护、受影响群众权益保护等热点问题。依据《出版管理条例》（中华人民共和国国务院令第 343 号，2016 年修订）、《广播电视管理条例》（中华人民共和国国务院令第 228 号，2020 年修订）、《报纸出版管理规定》（中华人民共和国新闻出版总署令第 32 号，2005 年）等新闻媒体管理办法，媒体权利包括新闻采访权、编辑报道权、保护新闻来源权、公正评论权、批评监督权和抗辩权等。

水利水电行业组织是由从事水电建设和服务水电事业的企事业单位、水电站和社会团体自愿组成的非营利性社会组织。水利水电行业组织面向水利水电工程建设企事业单位，发挥桥梁纽带作用，推进行业自律，维护水利水电建设市场秩序，推动公平竞争。水利水电行业组织的权利包括维护市场秩序与推动公平竞争，沟通会员与政府和社会之间的关系、加强水利水电行业内协调管理、指导和监督的权利。

依照《工会法》第二条，工会是职工自愿结合在一起的工人阶级的群众组织。工会的权利包括：参与涉及工人权益的立法，涉及职工切身利益等内容的参政议政，参与劳动行政部门、企业、工会三方的劳动关系协商，维护职工的民主权利，维护职工的劳动权益，帮助和指导职工签订劳动合同，代表职工与企事业单位协商和签订集体合同，用人单位解除职工劳动合同，为工会成员提供服务、主持和参与劳动争议调解与仲裁、监督和保障职工的劳动安全和卫生以及其他与职工相关的权益。[1]

三 水电企业利益相关者的利益诉求

由于各利益相关者与水电企业内外关系不同、自身权利和承担责任差异较大，在水电站规划设计、建设和水电企业运营过程中，不同利益相关者的利益诉求存在较大差异。

（1）水电企业直接利益相关者的利益诉求

根据国务院令第 679 号的规定，水电工程建设征地补偿和移民安置必须尊重移民意愿，在实物指标调查，编制移民安置规划大纲，撰写水库移民安置规划报告、水库移民后期扶持规划报告时，要广泛听取水库移民的

---

[1] 《工会的权利与义务》，http://www.npc.gov.cn/zgrdw/npc/zfjc/ghfzfjc/2009 – 10/21/content_ 1522276.htm，最后访问日期：2023 年 11 月 26 日。

意见和建议，要有利于提高移民生活水平、促进移民生产发展，满足移民可持续发展条件。作为水电站建设的直接受影响者，水库移民的主要利益诉求包括：个人和集体财产（土地、房屋、附属建筑物等）得到合法补偿和搬迁安置补助，受影响群众得到妥善的生产安置和搬迁安置，在水电站建设和运营中能够参与电站建设和获得就业机会，水库移民搬迁安置后生产生活水平能够提高，水库移民后期扶持项目得到较好的落实，能够共享水电站的发电收益，等等。

当地政府，尤其是县级人民政府及其移民管理部门是水电站规划设计、建设运营的直接利益相关者，地方政府承担了水电站建设征地补偿和移民安置工作，代表受影响群众和企事业单位的利益与水电企业进行沟通、审批移民安置规划和具体方案，是广大受影响群众各项权利的直接代表。当地政府的主要利益诉求包括：水电站建设征地补偿和移民安置所执行的政策符合国家和地方性政策法规，移民安置规划大纲和各项专题规划报告具备较好的可行性和可操作性，水电站建设和运营期社会和谐稳定，水电企业生产经营遵守国家法律和地方行政法规，水电企业能够遵守社会公德和商业道德，水电企业能够坚守诚实守信的经营理念，水电企业生产经营要安全环保，企业能够依法纳税，水库移民能够实现"搬得出、稳得住、能致富"的效果，水电企业参与地方的乡村振兴工作，水电企业能够为地方创造更多的就业岗位，水电站能够可持续发展。

水电企业股东的主要利益诉求包括：实现企业资产的保值增值，企业经营合法合规，实现公司治理结构和治理能力的现代化，保持企业持续的盈利能力，不断提升企业价值，实现水电企业可持续发展，切实保障股东对企业的支配权和控制权。对于国有水电企业来说，国有资产监督管理委员会的利益诉求包括：建立健全现代企业制度，推动国有经济布局和结构的战略性调整，企业依法经营、照章纳税，实现国有资产的保值增值，不断增强企业的市场竞争力，等等。

供应商是水电企业的合作伙伴，维护供应商的利益是水电企业价值观的表现。水电企业供应商的利益诉求包括：公开、公平、公正采购交易，企业能够重合同守信誉，遵守商业道德，实现双方互利共赢和共同发展。

员工是水电企业重要的人力资源，水电企业员工的利益诉求包括：劳动关系中没有性别、宗教和民族歧视，能够平等就业，能够自由选择职业和工作岗位，按时获得自己的劳动报酬，企业按时足额缴纳社会保险费用，获得良好的职工福利，能够获得法定的休息和休假，个人的劳动安全和卫生得到妥善保障，企业提供良好的工作环境和工作条件，提供职业技能和岗位技能培训，拥有劳动争议处理的权利，拥有企业内部沟通权利，等等。

随着电力体制改革的不断推进，我国建立了电力市场竞争格局和多层次电力市场体系，水电企业客户主要包括传统的电力大客户、新型的售电公司和园区客户以及分布式能源和微网客户等。水电企业客户的利益诉求包括：企业制定合理的电力价格，电力市场公平交易，获得优质的电力服务，获得安全稳定的电力，等等。

依据《环境保护法》第六条，企业事业单位应当减少对生态环境的污染，防止其破坏生态系统，对其造成的生态环境损害依法承担法律和经济补偿责任。环境的利益诉求包括：企业严格坚守生态保护红线，保护河流生态环境，施工期切实保护生态环境，保护水生生物和陆生生物多样性，水电企业能够绿色生产，水电企业实现绿色办公，企业能够助推社区和水库周边的环境综合整治，等等。

依据《商业银行法》，银行的利益诉求包括：企业提交贷款材料能够恪守诚实守信原则，水电企业财务指标良好，企业符合贷款的信用评级，保障贷款抵押资产价值，监督水电企业的贷款使用情况，及时掌握水电企业财务状况和偿债能力，定期检查贷款抵押品和担保权利的完整性，等等。

水电站的长期运营、水电企业的可持续发展与水电站所在社区的利益息息相关，水电站建设征收了大量的农村集体土地，使得当地村组和社区土地资源大量减少，村集体和社区的集体经营性资产和收益减少，给当地社区发展带来较大影响。因此，水电站建成后，作为当地社区的一个经济组织，应当把水电站的可持续发展与当地社区经济社会发展紧密地结合起来。社区的利益诉求包括：水电企业支持当地社区的经济发展，能够关心社区弱势群体，尤其是少数民族、老人、儿童和残疾人，企业支持社区改善公共基础设施，企业能够参与社区建设，参与社区慈善公益活动，参与社区生态环境保护，等等。

作为电力交易市场的电力供应方，水电企业与竞争对手之间需要保持良好的竞争合作关系，共同开发水能资源市场。水电企业竞争对手的利益诉求包括：共同维护公平竞争的电力市场环境，双方实现合作共赢和健康发展，等等。

（2）水电企业间接利益相关者的利益诉求

非政府组织具有来自民间和自发组织的特征，拥有广泛的公众基础，具有贴近公众的优势，是公众利益诉求的代言人。非政府组织的利益诉求代表了公众的意愿和要求，是传达公众诉求和社情民意的渠道。这些利益诉求包括：企业能够妥善安置水库移民，水电站建设能够保护库区和安置区的生态环境，保护当地的生物多样性，实现绿色发展和绿色生产，水电企业实施可持续发展战略，等等。

新闻媒体作为社会的子系统，与政治、经济、社会、文化息息相关。传播信息和报道新闻是媒体的职责与使命。新闻媒体坚持公共利益至上，这既是其原则，又是对其的要求。新闻媒体的利益诉求包括：水电企业建设和经营的信息能够及时公开，保障新闻媒体的采访权，维护公众的知情权和监督权，水电企业能够与新闻媒体互动，等等。

水利水电行业组织的利益诉求包括：水电站规划和建设符合水电工程建设的政策法规，水电站各项专题规划符合水电行业规程规范，水电企业满足绿色水电建设要求，水电企业实施可持续发展战略，等等。

工会的利益诉求包括：水电企业建立并完善平等协商制度和集体合同制度，建立健全企业员工劳动关系管理制度，切实维护企业员工合法劳动权益，工会能够代表工人参加企业的劳动争议调解工作，等等。

第二节　水电企业社会回应过程与方案

一　水电企业社会回应过程模型

水电企业社会回应是水电企业对其利益相关者的利益诉求和自身社会

压力的响应。水电企业的社会压力主要来自当地政府、国家能源局和各省能源局、当地社区和群众、水库移民、非政府组织和新闻媒体等利益相关者。水电企业之间在经营规模、市场竞争力、电力市场定位、企业社会责任绩效、社会责任管理制度、应对社会舆情能力等方面存在较大差异，因此，不同的水电企业社会回应能力差异较大。水电企业社会回应是企业对社会压力的管理过程，通过这个过程，可以将水电企业社会责任从概念和理念转化为企业可持续发展的战略与行动，从而实现水电企业社会责任制度化。水电企业社会回应过程包括四个阶段，即认识阶段、沟通阶段、决策阶段和实施阶段（见图 4 - 4）。

图 4 - 4　水电企业社会回应过程

第一阶段：认识阶段。水电企业需要充分认识利益相关者的利益诉求或社会压力源。

第二阶段：沟通阶段。水电企业根据各方的利益诉求和社会压力，由办公室、公共关系部、企业社会责任部等部门的专门人员负责与利益相关者进行充分沟通，了解利益相关者的真实想法和意图。

第三阶段：决策阶段。水电企业需要全面分析利益诉求的合法性、合理性和可行性，调整和明确企业各部门和人员职责，制定社会回应方案、社会表现方案和社会责任行动计划。

第四阶段：实施阶段。水电企业安排相关责任部门的专门人员负责实施社会回应方案、社会表现方案和社会责任行动计划。

二　水电企业社会沟通模型

企业通常根据自身所处的位置、利益相关者的利益诉求以及为什么要沟通来作出社会沟通决定。企业通过利益相关者诉求和经验来学习如何作出这些决定。水电企业必须制定翔实的具有战略性的社会沟通策略，以便在内部和外部达到预期的社会沟通效果。衡量水电企业的社会沟通能力可能存在一定困难，因而一些企业领导者往往低估了社会沟通的价值。

1. 社会沟通

亚当斯（Adams，2005）提出，社会沟通是指一个人承认他人是社会人的能力。丁元竹（2019）提出，社会沟通是指在社会关系网络中的两个及两个以上的社会主体借助常规环境或技术环境展开的信息、知识、思想等方面的交流活动。社会沟通包括但不限于沟通方式、语言使用或代码切换、社会推理和社会冲突解决能力。水电企业社会沟通是通过识别企业利益相关者，合理分析和确定它们的需求，集中水电企业各类资源与利益相关者开展多形式、多层次的对话交流活动。

2. 水电企业社会沟通模型

水电企业社会沟通是通过利益相关者识别、收集信息、分析信息、披露信息、改进沟通等五个步骤实现的（见图 4 - 5）。

第一步：利益相关者识别。水电企业需要识别影响水电站规划设计、水电站建设、电厂运营、企业经营管理的个人或组织，水电企业影响的个人或组织，以及对水电站有兴趣的个人或组织。

第二步：收集信息。水电企业需要明确信息收集、汇报的标准和流程，建立水电企业社会沟通的信息收集和分析系统，收集利益相关者的利益诉求信息。

第三步：分析信息。水电企业运用社会责任理念和方法系统，全面分析利益相关者的诉求和期望，明确适宜的沟通内容、渠道和方式，保障企业的科学决策。

第四步：披露信息。水电企业制定社会责任报告披露计划，组织相关部门审批社会责任信息，选择适宜的方式披露信息，保障利益相关者的知情权。

第五步：改进沟通。水电企业社会责任部门分析社会沟通效果和利益相关者的反馈意见，查找社会沟通过程中存在的不足，扩大沟通范围、提高社会责任披露质量，使沟通由网站和报告沟通逐步扩展到管理层社会沟通、员工社会沟通。

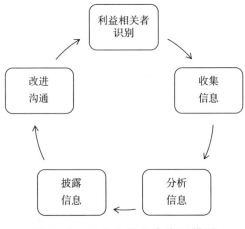

图 4 – 5 水电企业社会沟通模型

三 水电企业社会回应方案设计

水电企业要调整和调动企业各部门资源，结合利益相关者的诉求，制定相应的社会回应方案。

1. 水电企业直接利益相关者的社会回应方案

水电企业应及时开展水电站建设实物指标调查培训，对实物指标调查结果进行公示。根据水电站库区和移民安置区经济社会发展现状，科学编制移民安置规划大纲和移民安置规划报告，编制移民安置社会稳定风险评估报告、移民安置独立评估报告和综合监理报告，参与地方政府水库移民后期扶持规划编制工作，参与各类专题规划报告的技术审查会议，确保水库移民生产生活状况得到改善和逐步致富，维护社会和谐稳定。

水电企业应参与水电工程移民工作管理体制机制建设，编制水电站环境影响评价报告、各类专题规划报告和社会稳定风险评估报告，全力保障国家能源安全，按时足额地缴纳各项税费，确保水电站建设期的安全施工管理和运营期的安全生产管理。

水电企业应不断完善现代企业制度和公司治理结构，制定和实施企业可持续发展战略，开展生产技术和管理技术创新，定期发布企业年度工作报告，定期举办年度股东大会，健全经济社会环境风险防范机制，提高企业各项信息披露透明度。

水电企业应建立健全供应商服务和管理机制，建立维护供应商交易平台和信息库，健全水电企业与供应商的沟通机制。

水电企业应公开公正公平招聘员工，实行按劳取酬和同工同酬的薪酬政策，足额缴纳"五险一金"，建立员工健康安全制度，定期举办职工文体活动，为职工提供岗位技能培训，定期举办企业职工大会，建立健全企业工会制度，建立员工意见收集和采纳机制。

水电企业应不断完善电力市场化交易制度，参加电力市场管理委员会，构建统一开放、主体多元、竞争有序的电力市场体系。确保电力供应稳定，降低发电能力偏差，建立和畅通客户沟通渠道。

水电企业应编制环境影响评价报告，坚守生态保护红线，在建设和运营期实施生态环境保护措施，设计和建设过坝鱼道，建设鱼类增殖放流站，参与社区环境保护宣传等活动。

水电企业应确保企业的抵押物、质物的权属和价值信息真实可信，确保企业财务指标真实公开，提升和维护企业信用等级，按照合同履行还款责任。

水电企业应参与社区慈善公益捐赠，参与当地乡村振兴，与社区一起扶助弱势群体，开展生态环境宣传，举办公益活动，招聘当地社区合格的劳动力。

水电企业应公平参与水电行业开发和竞争，构建流域生态环境保护协助机制，构建流域水资源科学调度机制，合作开展电力生产和服务创新研究，共同维护水电行业可持续发展。

2. 水电企业间接利益相关者的社会回应方案

水电企业应构建水电企业与非政府组织沟通协调机制，支持非政府组织参与水电站生态环境保护，参与水电企业可持续发展，参与制定企业社会责任和可持续发展指标，加强双方交流互动。

水电企业应及时发布企业生产经营信息，保障新闻媒体的采访权、知情权和监督权，组织新闻媒体实地采访，关注自媒体的网络舆情。

水电企业应支持水利水电行业组织展开各类专题规划审查，积极参与水电行业年会和学术会议，积极参与水电行业规程规范编制。

水电企业应保障工会组织运行，保障工会开展交涉、谈判、参加劳资协商会议和缔结集体合同，支持工会维护职工劳动权益。

第三节　水电企业社会表现指标分析

本书从水电企业利益相关者的视角出发，论述了水电企业社会表现的内容，构建了企业社会表现指标，为构建水电企业社会责任指标体系奠定了基础。

一　水电企业社会表现三维概念模型

卡罗尔（Carroll，1979）认为企业社会责任、企业社会回应和社会问题管理构成企业社会表现的三维空间，并在此基础上提出企业社会表现的三维概念模型。在他看来，企业社会责任是指在某一特定时期社会对企业在经济、法律、伦理和自愿方面的预期。他认为，企业社会责任包括衡量企业社会责任、确认企业面临的社会问题、选择社会回应的理念。企业社会责任、利益相关者、企业社会回应是水电企业社会表现的三个重要内容。

1. 水电企业社会表现三维概念模型

（1）第一维度：水电企业社会责任分类与权数

本书在卡罗尔企业社会表现三维概念模型的基础上，提出水电企业社会责任可以分解为经济责任、环境责任、社会责任、伦理责任和自愿责任。

（2）第二维度：水电企业利益相关者

本书所提出的水电企业利益相关者具体包括：水库移民、政府、股东、供应商、员工、客户、环境、银行、社区、工会、竞争对手、非政府组织、新闻媒体、水利水电行业组织。

（3）第三维度：水电企业社会回应

卡罗尔认为，企业社会回应与企业道德和伦理无关，与社会回应管理过程相关。依据水电企业回应过程模型，水电企业社会回应分为认识阶段、沟通阶段、决策阶段和实施阶段。水电企业社会表现三维概念模型详见图 4-6。

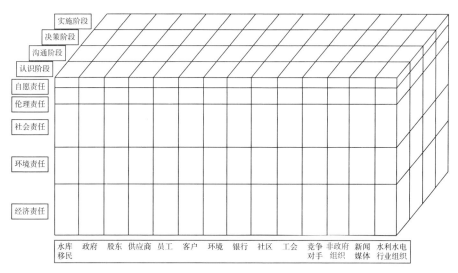

图 4 - 6   水电企业社会表现三维概念模型

2. 水电企业社会表现三维概念模型改进内容

与卡罗尔的企业社会表现三维概念模型相比，本书提出的水电企业社会表现三维概念模型进行了三方面的改进。一是水电企业社会责任类型差异。上述三维概念模型将卡罗尔所提出的经济责任、法律责任、伦理责任、自愿责任四个类型，细化为经济责任、环境责任、社会责任、伦理责任、自愿责任五个类型。二是水电企业利益相关者识别差异。上述三维概念模型将卡罗尔所识别的消费者、环境、种族歧视、产品安全、职业安全、股东，调整为水库移民、政府、股东、供应商、员工、客户、环境、银行、社区、工会、竞争对手、非政府组织、新闻媒体、水利水电行业组织。三是企业社会回应的差异。上述三维概念模型将卡罗尔提出的反应阶段、防守阶段、适应阶段和预防阶段的社会回应过程，调整为认识阶段、沟通阶段、决策阶段、实施阶段的社会回应过程（见表 4 - 5）。

表 4 - 5   卡罗尔企业社会表现和水电企业社会表现三维概念模型的对比

维度	名称	卡罗尔企业社会表现三维概念模型	水电企业社会表现三维概念模型
第一维度	企业社会责任	经济责任、法律责任、伦理责任、自愿责任	经济责任、环境责任、社会责任、伦理责任、自愿责任

维度	名称	卡罗尔企业社会表现三维概念模型	水电企业社会表现三维概念模型
第二维度	利益相关者	消费者、环境、种族歧视、产品安全、职业安全、股东	水库移民、政府、股东、供应商、员工、客户、环境、银行、社区、工会、竞争对手、非政府组织、新闻媒体、水电行业组织
第三维度	企业社会回应	反应阶段、防守阶段、适应阶段、预防阶段	认识阶段、沟通阶段、决策阶段、实施阶段

二 水电企业社会表现指标内容

1. 水电企业直接利益相关者的企业社会表现指标

基于水库移民的利益诉求，水电企业社会表现内容包括：水电站规划阶段库区和枢纽区实物指标调查结果获得移民群众和当地政府确认，科学合理地制定和实施土地与房屋等个人及集体财产的补偿政策，水库移民得到妥善安置，水电企业积极参与库区和移民安置区的美丽家园与小康库区建设，水电企业参与在库区和移民安置区的乡村振兴和困难帮扶，等等。通过分析和提炼水电企业社会表现，在水库移民方面，水电企业社会表现指标包括：实物指标调查结果的确认文件、水库移民的征地和拆迁补偿费拨付和兑付率、水库移民签订搬迁协议率、水库移民安置效果评价、电厂招聘水库移民人数、水库移民后期扶持效果、参与乡村振兴项目数量。

基于当地政府的利益诉求，水电企业社会表现内容包括：确保水电站建设移民安置规划大纲、移民安置规划报告、环境影响评价报告、各类专题规划报告、社会稳定风险评估等通过相关部门的技术审查，配合地方政府完成移民安置工作，移民群众得到妥善安置，提高移民的生产生活水平，参与当地政府在库区和移民安置区实施的乡村振兴，全力保障水电企业的电力稳定供应，依照法律法规足额纳税，不断提升水电企业的经营业绩，不断进行技术和管理创新，提升生产经营管理水平，坚决执行反腐倡廉。在当地政府方面，水电企业社会表现指标包括：水电站获得国家发展改革委项目核准批复文件、水电站建设征地补偿和移民安置竣工验收材料、参与乡村振兴项目数量、企业年度发电量、企业年度缴纳税款额、企业年度利润、企业新增就业岗位数。

　　基于股东的利益诉求，水电企业社会表现内容包括：健全现代企业制度和公司治理结构，制定和实施可持续发展战略，不断投入研发和技术创新，不断提升企业利润，不断提升品牌价值和荣誉，企业经营业绩表现，企业内部监管评级，定期发布企业社会责任和可持续发展报告。在股东方面，水电企业社会表现指标包括：营业收入增长率、现代企业制度和公司治理结构情况、年度企业社会责任报告或可持续发展报告发布情况、社会责任管理体系情况、净利润环比增长率、研发创新投入增长率、专利数量增长率、总发电量增长率、企业品牌价值、企业信用等级。

　　基于供应商的利益诉求，水电企业社会表现内容包括：在公司或集团公司设置投标中心或采购中心，建立水电企业物资和技术服务的集中采购管理制度，建立水电企业与供应商的业务合作关系。在供应商方面，水电企业社会表现指标包括：投标或采购中心设置情况、集中采购管理制度建立情况、供应商信用评价、年度供应商会议召开情况。

　　基于员工的利益诉求，水电企业社会表现内容包括：在公司和集团公司设置独立的工会，与全体员工签订劳动合同，建立健全企业薪酬制度、员工晋升制度、员工健康安全制度、员工岗位培训制度和员工座谈会制度。在员工方面，水电企业社会表现指标包括：工会设置情况、职工薪酬制度建立情况、劳动合同签订率、员工健康安全制度建立情况、职工选拔和培训制度建立情况、年度职工大会召开情况。

　　基于客户的利益诉求，水电企业社会表现内容包括：健全国家和地方电力交易市场，不断提升电力用户和售电公司等客户的满意度，不断提升水电企业的电力服务品质，不断提升电力客户体验，切实维护电力客户权益。在客户方面，水电企业社会表现指标包括：电力交易市场健全度、客户满意度和电力供应保障率。

　　基于环境的利益诉求，水电企业社会表现内容包括：新建水电站开展环境影响评价，水电站规划选址科学避让生态保护红线，在水电站规划、建设、运营等不同生命周期实施生态环境保护，水电站设置和运行过坝鱼道，设置鱼类增殖放流站，每年定期设置社会公众开放日。在环境方面，水电企业社会表现指标包括：环境影响评价报告编制情况、生态环境保护措施和效果、创新和开发环境友好型技术情况、水电站过坝鱼道建设情况、鱼类增殖放流站建设情况、公众开放日设立情况。

基于银行的利益诉求，水电企业社会表现内容包括：确保信用贷款资料真实，确保企业财务报告真实，提升或保持企业信用等级。在银行方面，水电企业社会表现指标包括：企业财务报告真实性、企业信用等级。

基于社区的利益诉求，水电企业社会表现内容包括：开展社区慈善公益捐赠，在当地社区实施帮扶项目，开展企业生态环境保护宣传活动，鼓励员工参与社区公益活动，改善社区公共基础设施，雇用当地社区劳动力。在社区方面，水电企业社会表现指标包括：慈善公益捐赠额、企业帮扶项目数量、生态环境保护宣传数量、员工参与社区公益活动人次、社区建设企业投资额、当地社区的员工数量和比例。

基于竞争对手的利益诉求，水电企业社会表现内容包括：坚持电力市场公平竞争原则，坚持电力市场信息公开原则，确保平等获得市场准入和电力业务许可证，实现双方合作共赢。在竞争对手方面，水电企业社会表现指标包括：电力市场交易平台、电力市场管理委员会建立情况、电力供应履约率、电力诚信交易承诺。

2. 水电企业间接利益相关者的企业社会表现指标

基于非政府组织的利益诉求，水电企业社会表现内容包括：容许非政府组织参与水电企业可持续发展建设，容许非政府组织参与水电企业社会责任报告和可持续发展报告编制，双方交流互动。在非政府组织方面，水电企业社会表现指标包括：非政府组织参与企业社会责任报告或可持续发展报告编制和评价情况、双方互动交流次数、企业年度工作报告发布情况。

基于新闻媒体的利益诉求，水电企业社会表现内容包括：确保企业生产经营信息公开透明，定期举办新闻发布会，接受媒体采访，在企业网站发布企业社会责任报告或可持续发展报告。在新闻媒体方面，水电企业社会表现指标包括：新闻发布会次数、网站建设和信息发布情况、企业社会责任报告或可持续发展报告网站公开情况。

基于水利水电行业组织的利益诉求，水电企业社会表现内容包括：确保水电站各类专题规划报告审定，参加国内外水电行业年会和学术会议次数，参与水电行业规程规范编制。在水利水电行业组织方面，水电企业社会表现指标包括：参加国内外水电行业年会和学术会议次数、获得水利水电行业组织颁发的奖项数量、水电行业规程规范制定情况。

基于工会的利益诉求，水电企业社会表现内容包括：企业设置工会组织机构并配备人员，建立健全劳动者权益保护制度，建立健全政府、工会、企业的协商协调机制。在工会方面，水电企业社会表现指标包括：工会工作制度建立情况、员工的工会入会率、各方协商协调机制建立情况。

水电企业良好的社会表现将会为企业带来较好的社会回报。首先，良好的社会表现能够提升水电企业在当地政府和行业内的信誉，提升维护客户关系的能力，进而增强水电企业的竞争优势。其次，良好的社会表现能够提升水电企业吸引和留住优秀员工的能力，提升水电企业员工的士气和生产效率。最后，良好的社会表现能够提高投资者、股东和银行对水电企业经营管理的整体评价，能够帮助水电企业维护好与当地政府、媒体、供应商、客户和所在社区的关系。

小　结

首先，本章统计分析了 520 份调查问卷、30 家水电企业的社会责任报告或可持续发展报告、国内学者有关水电企业利益相关者的识别数据。从利益相关者对水电企业生产经营活动的影响方式来划分，将其分为直接利益相关者和间接利益相关者。其中，水电企业的直接利益相关者包括水库移民、政府、股东、供应商、员工、客户、环境、银行、社区和竞争对手，水电企业的间接利益相关者包括非政府组织、新闻媒体、水利水电行业组织和工会。接着，全面阐述了水电企业利益相关者的内涵和在水电站建设、电厂运行、水电企业经营管理方面拥有的合法权利，在此基础上论述了水电企业各个利益相关者的利益诉求。

其次，在分析企业社会回应和社会沟通概念的基础上，提出了水电企业社会回应过程模型，即认识阶段、沟通阶段、决策阶段和实施阶段。基于水电企业不同利益相关者的诉求，详细阐述了水电企业社会回应方案。

再次，构建了水电企业社会责任表现三维概念模型。在借鉴卡罗尔企业社会表现模型的基础上，结合水电企业的特点，从水电企业社会责任、利益相关者、企业社会回应三个维度构建了水电企业社会责任表现模型。水电企业社会责任可以分解为经济责任、环境责任、社会责任、伦理责任和自愿责任。水电企业利益相关者包括：水库移民、政府、股东、供应商、员工、客户、环境、银行、社区、竞争对手、非政府组织、新闻媒体、水利水电行业组织和工会。依据水电企业回应过程模型，本书提出水电企业社会回应的四个阶段，即认识阶段、沟通阶段、决策阶段和实施阶段。水电企业社会责任表现三维概念模型是对卡罗尔企业社会表现模型的修正和完善，为构建水电企业社会责任指标体系奠定了理论基础。

最后，本章基于水电企业利益相关者理论，阐述了水电企业社会表现的具体内容，进而提炼出水电企业社会表现指标，为构建水电企业社会责任指标体系奠定了理论基础和指标选择基础。

第五章

水电企业社会责任指标体系框架

在水电企业社会表现指标分析的基础上，本章分析了水电企业可持续发展指标体系、国内外企业社会责任指标体系，还分析了水电企业社会责任指标体系的目的、原则和逻辑框架，进而设计了水电企业社会责任指标，并提出水电企业社会责任评价方法。

第一节　水电企业可持续发展指标体系

水电企业可持续发展涉及经济、环境和社会问题，以可持续发展为指导原则，各国政府和国际组织积极探索，建立能够覆盖水电开发生命周期的可持续性评估工具。自 21 世纪初开始，水电企业可持续性评估先后经历了起步阶段、规范阶段和全面实践三个阶段。

水电企业可持续性评估起步阶段。1999 年，美国低影响水电研究所发布了《低影响水电认证的程序》，从河道生态需水量、水质、鱼道和鱼类保护、流域保护、濒危动物保护、文化资源保护、亲水娱乐、被拆除的水电设施等八个方面建立了一套认证标准。2001 年 6 月，瑞士联邦环境科学与技术研究所发布了《水电站绿色电力认证的概念、程序和标准》。绿色水电站认证程序包括分析自身的生态绩效、制定管理计划、审核行动计划、监测及再认证。这一阶段，非政府组织主要关注水电站的生态环境保护指标。

水电企业可持续性评估规范阶段。2004 年和 2006 年，国际水电协会

（IHA）分别发布了《水电可持续性指南》（Hydropower Sustainability Guide-lines）和《水电可持续性评估规范》（Hydropower Sustainability Assessment Protocol），从经济、环境和社会三个方面对水电项目的不同阶段进行可持续性评估。自 2007 年开始，国际水电协会（IHA）每两年牵头举办一次以"推动水电的可持续发展"为主题的世界水电大会。

我国水电企业可持续性评估的全面实践阶段。2009 年 9 月，中国水利水电科学研究院成立国家水电可持续发展研究中心，为国家水电管理和行业发展提供科技支撑和决策咨询服务。当时已建成的小水电站，多数未设置生态流量泄放设施，不同程度存在未按规定下泄生态流量的问题，造成拦河坝和厂房之间河段减水脱水。此外，部分水电站审批手续不全，确权问题烦冗复杂，并且安全隐患突出。2017 年 6 月，为了更好推动小水电科学发展，水利部发布了《绿色小水电评价标准》，该标准强调小水电站的生态流量泄放设施、梯级优化调度、保护珍稀濒危与特有水生及陆生生物和履行社会责任的重要性。2018 年，水利部、国家发展改革委和生态环境部开始清理整治小水电行业，明确要求"分类整治、一站一策"，其中分类整治措施包括退出、保留、整改三类。目前，绿色小水电评价标准在我国小水电行业已得到全面实施。

一　企业可持续发展指标体系

（1）联合国可持续发展目标企业行动指南

联合国可持续发展目标（Sustainable Development Goals）企业行动指南，即 SDG Compass，是由全球报告倡议组织（Global Reporting Initiative，GRI）、联合国全球契约组织（United Nations Global Compact）和世界可持续发展工商理事会（World Business Council for Sustainable Development，WBCSD）联合编制，旨在引导企业根据联合国可持续发展目标调整其企业战略，评价企业对这些目标的贡献。SDG Compass 五个步骤是：了解 SDGs、确定优先事项、设定目标、整合、报告和沟通。其中，联合国可持续发展目标（SDGs）包括 17 个可持续发展目标，依据水电企业行业特征与可持续发展目标的差异，本书对上述 17 个可持续发展目标进行了筛选，采纳了其中 14 个可持续发展目标，详见表 5 – 1。

表 5 – 1　联合国可持续发展目标

目标	是否采纳	未采纳原因
在全世界消除一切形式的贫困	是	—
消除饥饿，实现粮食安全，改善营养状况和促进可持续农业	是	—
确保健康的生活方式，增进各年龄段人群的福祉	否	与水电企业不匹配
确保包容和公平的优质教育，让全民终身享有学习机会	是	—
实现性别平等，增强所有妇女和女童的权能	是	—
为所有人提供水和环境卫生并对其进行可持续管理	是	—
确保人人获得负担得起的、可靠和可持续的现代能源	是	—
促进持久、包容和可持续经济增长，促进充分的生产性就业和人人获得体面工作	是	—
建造具备抵御灾害能力的基础设施，促进具有包容性的可持续工业化，推动创新	是	—
减少国家内部和国家之间的不平等	否	与水电企业不匹配
建设包容、安全、有抵御灾害能力和可持续的城市和人类住区	是	—
采用可持续的消费和生产模式	是	—
采取紧急行动应对气候变化及其影响	是	—
保护和利用海洋和海洋资源以促进可持续发展	否	与水电企业不匹配
保护、恢复和促进可持续利用陆地生态系统，可持续管理森林，防治荒漠化，制止和扭转土地退化，遏制生物多样性的丧失	是	—
创建和平、包容的社会以促进可持续发展，让所有人都能诉诸司法，在各级建立有效、负责和包容的机构	是	—
加强执行手段，重振可持续发展全球伙伴关系	是	—

注："是否采纳"是指本书构建的水电企业社会责任指标体系是否采纳这一目标。

　　SDG Compass 旨在引导各类企业根据联合国可持续发展目标调整其经营战略，评估和管理企业对消除极端贫困和推动全球可持续发展的贡献。这些目标的实现主要取决于企业在遵守相关法律法规、秉承国际公认最低标准、尊重人权等方面的责任意识。SDG Compass 充分考虑到各国不同的国情、能力和发展水平，得到了许多国家的认可。

（2）全球报告倡议组织可持续发展报告指南

全球报告倡议组织（GRI）是一个独立的国际组织，旨在帮助商业、政府以及其他机构认识其业务活动在重要的可持续发展议题上产生的影响，例如气候变化、资源、劳工等方面，并就这些影响开展对话沟通。2000 年，全球报告倡议组织发布第一代《可持续发展报告指南》（G1），2013 年 5 月，发布了第四代《可持续发展报告指南》（G4）。2016 年 10 月，全球报告倡议组织完成了从指南到标准的转换，发布了 GRI 标准（GRI Standards）。

GRI 标准包括经济议题、环境议题和社会议题三个系列议题以及 34 个具体议题。依据水电企业社会责任的行业特征，本书对 34 个具体议题进行了筛选，采纳了其中 27 个具体议题，详见表 5 - 2。

表 5 - 2 GRI 标准的议题

核心议题	具体议题	是否采纳	原因
200 经济议题	201 经济绩效 （Economic Performance）	是	—
	202 市场表现 （Market Presence）	是	—
	203 间接经济影响 （Indirect Economic Impacts）	是	—
	204 采购实践 （Procurement Practices）	是	—
	205 反腐败 （Anti-corruption）	是	—
	206 反竞争行为 （Anti-competitive Behavior）	是	—
	207 税务 （Tax）	是	—
300 环境议题	301 物料 （Materials）	否	与水电企业不匹配
	302 能源 （Energy）	是	—
	303 水资源与污水 （Water and Effluents）	是	—
	304 生物多样性 （Biodiversity）	是	—
	305 排放 （Emissions）	否	与水电企业不匹配
	306 污水和废弃物 （Effluents and Waste）	否	与水电企业不匹配
	307 环境合规 （Environmental Compliance）	是	—
	308 供应商环境评估 （Supplier Environmental Assessment）	是	—

续表

核心议题	具体议题	是否采纳	原因
400 社会议题	401 雇佣（Employment）	是	—
	402 劳动关系（Labor/Management Relations）	是	—
	403 职业健康与安全（Occupational Health and Safety）	是	—
	404 培训与教育（Training and Education）	是	—
	405 多元化与平等机会（Diversity and Equal Opportunity）	是	—
	406 反歧视（Non-discrimination）	是	—
	407 结社自由与集体谈判（Freedom of Association and Collective Bargaining）	是	—
	408 童工（Child Labor）	否	无此议题
	409 强迫或强制劳动（Forced or Compulsory Labor）	是	—
	410 安保实践（Security Practices）	是	—
	411 当地居民权利（Rights of Indigenous Peoples）	是	—
	412 人权评估（Human Rights Assessment）	是	—
	413 当地社区（Local Communities）	是	—
	414 供应商社会评估（Supplier Social Assessment）	是	—
	415 公共政策（Public Policy）	否	政府职能
	416 客户健康与安全（Customer Health and Safety）	否	与水电企业不匹配
	417 营销与标识（Marketing and Labeling）	否	同上
	418 客户隐私（Customer Privacy）	是	—
	419 社会经济合规（Socioeconomic Compliance）	是	—

注："是否采纳"是指本书构建的水电企业社会责任指标体系是否采纳这一议题。

（3）恒生可持续发展企业指数系列

2010 年 7 月，恒生指数有限公司首度推出了恒生可持续发展企业指数系列，旨在衡量在香港及中国大陆市场表现卓越的可持续发展公司的表现，为企业可持续发展投资提供了一项基准。该指数系列包含交易系列和基准系列，其中，交易系列包含三只指数，基准系列包含两只指数。恒生可持续发展企业指数系列名称详见表 5-3。

表 5 - 3　恒生可持续发展企业指数系列

系列	指数名称
交易系列	恒生可持续发展企业指数（HSSUS）
	恒生 A 股可持续发展企业指数（HSCASUS）
	恒生内地及香港可持续发展企业指数（HSMHSUS）
基准系列	恒生可持续发展企业基准指数（HSSUSB）
	恒生 A 股可持续发展企业基准指数（HSCASUSB）

基于企业可持续发展的环境、社会及企业管治三个范畴，恒生指数有限公司对上市公司的企业管治、人权、劳动实务、环境、公平营运、消费者议题、社区参与和发展 7 个核心指标进行评价，详见表 5 -4。

表 5 -4　恒生可持续发展企业指数系列的核心指标

核心指标	是否采纳
企业管治	是
人权	是
劳动实务	是
环境	是
公平营运	是
消费者议题	是
社区参与和发展	是

注："是否采纳"是指本书构建的水电企业社会责任指标体系是否采纳这一核心指标。

本书采纳了恒生可持续发展企业指数系列的全部核心指标，并采取符合水电企业特点的表述方式，其中，采用员工权益和体面劳动两个议题来体现人权指标。

二　环境、社会及公司治理（ESG）评价体系

环境、社会及公司治理（Environmental, Social and Governance, ESG）从环境、社会和公司治理三个维度评估企业社会责任、经营的可持续性和对社会价值观念的影响。2006 年，联合国责任投资原则组织（UNPRI）提

出 ESG 框架，该框架提示性地列举了部分考量因素，但是，大部分考量因素难以直接量化。全球各评级和指数机构通过收集公司环境绩效信息、社会绩效信息和公司治理绩效信息，来设计评估方法，对企业的 ESG 表现进行评级，并以此为基础开发构建 ESG 指数。

2012 年，香港联合交易所有限公司（以下简称"联交所"）发布了《环境、社会及管治报告指引》，希望上市公司能够在经营过程中披露与环境、社会及治理相关的信息，提升上市公司的透明度。2015 年，联交所发布第二版《环境、社会及管治报告指引》。2019 年 12 月 18 日，联交所发布了检讨《环境、社会及管治报告指引》及相关《上市规则》条文的咨询总结。2020 年 7 月 1 日，新修订的《环境、社会及管治报告指引》生效，从环境和社会两个方面阐述环境、社会及治理的主要范畴。本书采纳了《环境、社会及管治报告指引》的全部 12 个议题，详见表 5 - 5。

表 5 - 5　《环境、社会及管治报告指引》议题和采纳情况汇总

主要范畴	类型	议题	是否采纳
环境	环境	排放物	是
		资源使用	是
		环境及天然资源	是
		气候变化	是
社会	雇佣及劳工常规	雇佣	是
		健康与安全	是
		发展与培训	是
		劳工准则	是
	营运惯例	供应链管理	是
		产品责任	是
		反贪污	是
	社区	社区投资	是

注："是否采纳"是指本书构建的水电企业社会责任指标体系是否采纳这一议题。

《环境、社会及管治报告指引》要求上市公司编制环境、社会和治理报告，定期披露企业的环境、社会及治理的方针、策略、重要性及目标，

并解释它们如何与公司业务产生关联，从而推动和提升企业可持续发展能力，树立负责任的企业品牌和形象，提升企业声誉，进而提升企业在资本市场中的筹资能力。

在证监会、深交所、上交所等有关部门对上市公司在 ESG 方面的信息披露的重视和推动下，我国 ESG 评价体系建设快速发展。2022 年 4 月，中国企业改革与发展研究会发布了《企业 ESG 披露指南》。企业 ESG 披露指标体系基于环境、社会和治理三个维度，包括了 3 个一级指标，10 个二级指标，35 个三级指标，118 个四级指标。ESG 是企业可持续发展的核心主题，已成为企业非财务绩效的主要评价体系。该指南强调，可持续发展是既满足当代人需求又不损害后代人满足其需求的能力的发展。是为了将高品质生活、健康和繁荣等目标与社会公平和正义相融合，并且保持地球对其生物多样性的支撑能力。这些经济、环境、社会目标之间既相互依赖又相辅相成。

目前，不同的评级机构采用不同的评价体系往往会得出不一致的公司 ESG 评级，这使得投资者难以准确区分各家公司 ESG 表现的优劣，从而在一定程度上削弱了 ESG 评价的公信力和影响力。

三　水电行业可持续发展指标体系

水电开发是一项具有综合效益和功能的系统工程，水电作为清洁可再生能源具有显著的环境效益。水电开发在防洪减灾、实现节能减排目标、减排温室气体、优化能源结构、促进可持续发展等方面均发挥着重要作用。水电企业实现可持续发展的路径是通过发挥水电站的清洁可再生能源作用，妥善处理水电开发与流域生物多样性保护、水库移民搬迁安置之间的关系，走经济结构合理、社会和谐稳定、生态环境友好的发展之路。

（1）《水电可持续性评估规范》

国际水电协会（IHA）是水电领域的非政府组织，1995 年成立，由联合国教科文组织国际水电计划赞助，旨在全方位提升水力发电的贡献和推进水电的可持续性发展。IHA 发起和组织编制的《水电可持续性评估规范》对于水电可持续发展的基本概念进行了总体描述，综合考虑水电开发的技术、经济、环境和社会要素，提出了一套水电可持续性发展的量化评估方法，并适用于水电工程规划、准备、建设、运行和更新改造的全生命周期。从项目前期、准备、实施、运行四个阶段来看，《水电可持续性评估规范》包括许多共性主题。这些共性主题可以进一步分为工程管理、经济、社会和环境四类主题。工程管理主题包括沟通与咨询、管理机制、设施安全、水库管理。经济主题包括财务生存能力、工程效益。社会主题包括社会问题管理、工程影响社区及生计、水库移民、本地居民、劳工和工作条件、文化遗产、公众健康。环境主题包括环境和社会问题管理、生物多样性和入侵物种、泥沙冲刷和淤积、水质、下游水文情势、减缓气候变化和提升气候恢复力。从四个主题的具体内容来分析，《水电可持续性评估规范》主题比较关注社会和环境主题。前期阶段的评价主题关注水电工程前期的可行性论证和风险预测，与水电企业社会责任关联度不大，因此，本书采纳了项目准备阶段、项目实施阶段、项目运行阶段三个阶段的评价主题。《水电可持续性评估规范》四个阶段的评价主题详见表5-6。

表5-6　《水电可持续性评估规范》四个阶段的评价主题

项目前期阶段	项目准备阶段	项目实施阶段	项目运行阶段
·需求论证	·沟通与协商	·沟通与协商	·沟通与协商
·方案评估	·管理机制	·管理机制	·管理机制
·政策和规划	·需求论证和战略符合性	·环境和社会问题管理	·环境和社会问题管理
·政治风险	·选址和设计	·项目综合管理	·水文资源
·机构能力	·环境和社会影响评价及管理	·水文资源	·资产可靠性和效率
·技术问题和风险	·项目综合管理	·基础设施安全	·基础设施安全
·社会问题和风险	·基础设施安全	·财务生存能力	·财务生存能力
·环境问题和风险	·财务生存能力	·项目效益采购	·项目效益
·经济与财务问题和风险	·项目效益	·项目影响社会及生计	·项目影响社会及生计
	·经济生存能力	·水库移民安置	·水库移民安置
	·采购	·当地居民	·当地居民
	·项目影响社会及生计	·劳工及其工作条件	·劳工及其工作条件
		·文化遗产	
		·公共卫生	

续表

前期阶段	项目准备阶段	项目实施阶段	项目运行阶段
	·水库移民安置 ·当地居民 ·劳工及其工作条件 ·文化遗产 ·公共卫生 ·生物多样性和入侵物种 ·泥沙冲刷和淤积 ·水质 ·水库规划 ·下游水文情势	·生物多样性和入侵物种 ·泥沙冲刷和淤积 ·水质 ·废弃物噪声和空气质量 ·水库蓄水 ·下游水文情势	·文化遗产 ·公共卫生 ·生物多样性和入侵物种 ·泥沙冲刷和淤积 ·水质 ·水库管理 ·下游水文情势

（2）瑞士绿色水电认证

2001 年，瑞士联邦环境科学与技术研究所提出了绿色水电认证的技术框架，发布了绿色水电认证的标准。随后，该标准被欧洲绿色电网确定为欧洲绿色水电技术标准。瑞士绿色水电标准体系由环境领域和管理领域两个部分组成，环境部分包括水文体征、河流系统连通性、泥沙和河流形态、景观、生物生态环境和生物群落。管理部分包括最小流量、调峰、水库管理、泥沙管理、电站设计。该标准体系把环境领域和管理领域放在一个坐标系里，形成一个环境管理矩阵。矩阵的每个单元包括：生态目标、标准和文献（禹雪中，2015）。在生态环境方面，通过绿色水电认证，促进水电企业实施环境修复，实现水电的可持续发展（贾金生等，2011）。

同时，绿色水电认证必须满足两个条件，一是绿色水电标准，二是生态投资。只有满足环境管理矩阵要求的五个环境指标，才能被授予绿色水电的标志。只有采取生态修复措施，该水电站才可以在每度电上加一定的价格，即 0.006 欧元/kW·h，进行销售，而且该水电站每年通过加价所得的收入必须用于生态修复，从而形成良性循环，帮助水电站企业进行生态投资，开展水电站的生态修复工作。

本书采纳了绿色水电认证的环境部分指标，即水文特征、河流系统连通性、泥沙和河流形态、景观、生物生态环境和生物群落。

（3）美国低影响水电认证

1999 年，美国低影响水电研究所（LIHI）成立，构建了低影响水电认证方案，负责处理认证申请。低影响水电认证宗旨是：提出可减少水力发电影响的市场激励机制；提出让消费者认可和接受的水电评估标准；补充水电环境保护标准，而不是替代美国联邦能源管理委员会（FERC）；从市场收益角度解析水电大坝的改进问题。

低影响水电标准指标体系包括河道水流、水质、鱼道及鱼类保护、流域保护、濒危物种保护、文物资源保护、娱乐、推荐拆除设施 8 个方面，通过这些指标来识别和回报那些采取有效措施降低对环境产生不利影响的水电站。只有满足上述指标的水电站才能获得低影响水电认证，才能通过"自愿绿色电力购买计划"加价销售电能，消费者才会为此而买单（禹雪中，2015）。

由于低影响水电标准指标在实践中运用得较少，本书没有采纳这些指标。

（4）《绿色小水电评价标准》

2017 年 5 月 5 日，由中国水利部水电局主持、国际小水电中心主编的《绿色小水电评价标准》（SL/T 752—2017）发布。2020 年 11 月 30 日，水利部对原有标准进行了修改完善，发布了新的《绿色小水电评价标准》（SL/T 752—2020）。该评价标准包括生态环境、社会、管理和经济 4 个类别的评价内容、14 个评价要素和 21 个评价指标，并且给出了各个指标计算公式和方法、赋分标准、总体评价分级标准、达标的下限值和证明材料清单。

从指标内容和分值来看，生态环境类别分值最大，为 55 分，其余分别为社会类 18 分，管理类 18 分，经济类 9 分。从指标数量来看，生态环境指标为 10 个，社会指标为 4 个，管理指标为 4 个，经济指标为 3 个。该评价标准主要是用来考核小水电站在生态环境友好、社会和谐、管理规范、经济合理四个方面的措施和效果，适用于已建小水电站。《绿色小水电评价标准》的评价内容、要素和指标详见表 5 – 7。①

---

① 《农村水电综合类——绿色小水电评价标准》（SL/T 752—2020），http://nssd. mwr. gov. cn/jsbz/202101/t20210126_1496924. html，最后访问日期：2023 年 11 月 26 日。

表 5 - 7　《绿色小水电评价标准》的评价内容、要素和指标

评价内容	要素	指标
生态环境 （55分）	水文情势（15分）	生态需水保障情况（15分）
	河流形态（5分）	河道形态影响情况（3分）
		输沙影响情况（2分）
	水质（5分）	水质变化程度（5分）
	水生及陆生生态（10分）	水生保护物种影响情况（6分）
		陆生保护生物生态环境影响情况（4分）
	景观（10分）	景观协调性（5分）
		景观恢复度（5分）
	减排（10分）	替代效应（5分）
		减排效率（5分）
社会 （18分）	移民（6分）	移民安置落实情况（6分）
	利益共享（8分）	公共设施改善情况（4分）
		民生保障情况（4分）
	综合利用（4分）	水资源综合利用情况（4分）
管理 （18分）	生产及运行管理（6分）	安全生产标准化建设情况（6分）
	小水电建设管理（8分）	制度建设及执行情况（4分）
		设施建设及运行情况（4分）
	技术进步（4分）	设备性能及自动化程度（4分）
经济 （9分）	财务稳定性（6分）	盈利能力（3分）
		偿债能力（3分）
	区域经济贡献（3分）	社会贡献率（3分）

　　《绿色小水电评价标准》（SL/T 752—2020）是我国官方公布的唯一一个针对水电行业可持续发展的评价指标体系。目前，该标准在各省市进行了推广，每年组织小水电企业进行评选申报。在生态环境、社会、经济指标方面，对于水电企业社会责任评价指标构建具有一定的借鉴意义。

第二节　国内外企业社会责任指标体系

一　企业社会责任指南

（1）SA8000 标准

1997 年，社会责任国际组织（Social Accountability International，SAI）制定了社会责任 SA8000 国际标准，目的是通过有道德的采购行为，改善全球工人的工作条件，最终实现公平和体面劳动。SAI 创办人兼主席艾丽丝·泰普·玛琳明确指出："SA8000 是一个自愿标准，没有强制要求任何国家实施。一些跨国公司确实在积极鼓励其供应商遵循并申请认证，但如果工厂已经付出真诚努力而未能成功获得认证，并不会面临取消订单的威胁。"张晓晨等（2008）认为，SA8000 标准只是在人权、社保和管理方面对企业社会责任提出最低要求。在企业层面，SA8000 标准认证能够促进企业与客户建立稳定的长期合作关系，提升员工的凝聚力，改善企业与利益相关者的关系，进而提升企业形象。施国庆、张晓晨（2008）提出，SA8000 标准以劳动者权益保护为核心内容，统筹兼顾企业短期目标和长期利益。张晓晨等（2010）提出，实施 SA8000 体现了企业对员工的社会责任意识。

在社会层面，SA8000 标准的推广和应用能够改善工厂作业环境和劳动条件、推广和强化国际劳工组织公约、保护劳动者权益、实现体面劳动。SA8000 标准是以国际组织促进和保护人权为核心内容，从保护劳工权益出发，在工作环境、工作条件、工作时间、工会组织等方面来评价企业履行社会责任的绩效。从企业社会责任的视角来看，SA8000 标准体系的核心议题过于单一。

本书在构建企业社会责任指标过程中，采纳了 SA8000 标准当中的强迫性劳动、健康与安全、歧视、惩戒性措施、工作时间、工资报酬和管理系统等主要内容。

（2）ISO 26000：2010《社会责任指南》

2010 年，国际标准化组织（International Organization for Standardization）发布了 ISO 26000：2010《社会责任指南》。该指南提出，企业社会责任包括组织治理、人权、劳工、环境、公平运行、消费者问题、社区参与和发展 7 个核心主题。[①] ISO 26000：2010《社会责任指南》作为社会责任与可持续性领域针对所有组织的国际标准，其核心原则和七大主题缺乏对水电行业社会责任实践有针对性的、可操作的具体指导，无法完全满足水电企业社会责任实践的需求。

本书采纳了 ISO 26000：2010《社会责任指南》的 7 项核心主题，根据我国国情和水电行业特征，本书对这些核心主题进行了重新表述，提高了评价指标体系的实用性。例如，消费者权益与水电企业关联度不大，这是因为水电企业的客户是大型电力用户和电网，没有直接面对消费者，因此，本书用客户代替了这一主题。

（3）联合国全球契约十项原则

2000 年 7 月 26 日，联合国总部正式成立"联合国全球契约组织"，其使命是"在全球范围内动员可持续发展的企业和利益相关方，创造一个我们想要的世界"。[②]联合国全球契约组织号召全球企业遵守国际公认的价值观和原则——全球契约十项原则，这十项原则又可以概括为人权、劳工标准、环境、反腐败四类核心内容，详见表 5－8。

表 5－8　联合国全球契约十项原则和采纳情况汇总

类型	内容	是否采纳
人权	应该尊重和维护国际公认的各项人权	是
	绝不参与任何漠视与践踏人权的行为	是
劳工标准	应该维护结社自由，承认劳资集体谈判的权利	是
	应该消除各种形式的强迫性劳动	是
	应该支持消灭童工制	不适用
	应该杜绝任何在用工与职业方面的歧视行为	是

---

① "ISO 26000 Guidance on Social Responsibility"（Edition 1），https://www.iso.org/publication/PUB100258.html，最后访问日期：2023 年 11 月 26 日。

② "The Ten Principles of the UN Global Compact"，http://vnglobalcompact.org/what-is-gc/mission/principles，最后访问日期：2023 年 11 月 26 日。

续表

类型	内容	是否采纳
环境	应对环境挑战未雨绸缪	是
	应该主动增加对环保所承担的责任	是
	应该鼓励开发和推广环境友好型技术	是
反腐败	应反对各种形式的腐败，包括敲诈、勒索和行贿受贿	是

资料来源："United Nations Global Compact"，https://unglobalcompact. org/sdgs/17-global-goals，最后访问日期：2023年11月26日。

注："是否采纳"是指本书构建的水电企业社会责任指标体系是否采纳这一内容。

与其他企业社会责任和可持续发展标准相比，第十项原则是联合国全球契约的重要指标，它要求作为全球契约的参与者，企业不仅要承诺避免贿赂、勒索和其他形式的腐败，而且要承诺制定相关政策和具体方案来解决企业内部和外部的腐败问题。

本书所构建的水电企业社会责任指标体系采纳了其中九项原则，由于我国水电行业不存在童工问题，没有采纳这一条。对人权的两项原则，本书采取符合中国实际的表述方式。

二 国内企业社会责任指南

（1）GB/T 36000—2015《社会责任指南》

2015年6月，国家质量监督检验检疫总局和中国国家标准化管理委员会发布了GB/T 36000—2015《社会责任指南》、GB/T 36001—2015《社会责任报告编写指南》和GB/T 36002—2015《社会责任绩效分类指引》。该指南为组织理解社会责任并管理和实施相关活动提供指南，旨在帮助组织在遵守法律法规和基本道德规范的基础上实现更高的组织社会价值，最大限度地致力于可持续发展。该标准适用于所有类型的组织。在应用本标准时，建议组织充分考虑自身规模、企业性质、行业特征等实际状况和条件。

该指南给出了7项核心主题：组织治理、人权、劳工实践、环境、公平运行实践、消费者问题、社区参与和发展。于帆和陈元桥（2015）认为，GB/T 36000—2015《社会责任指南》国家标准在规范和实施我国企业社会责任活动方面具有重要作用。珂岩（2015）认为，社会责任是指组织的社会责任，既适用于企业，也适用于其他各种类型的组织。GB/T 36000—2015《社会责任指南》的核心主题、议题和采纳情况汇总见表 5-9。

表 5-9 GB/T 36000—2015《社会责任指南》的核心主题、议题和采纳情况汇总

核心主题	议题	是否采纳	未采纳原因
组织治理	决策程序和结构	是	—
人权	公民和政治权利	是	—
	经济、社会和文化权利	是	—
	工作中的基本原则和权利	是	—
劳工实践	就业和劳动关系	是	—
	工作条件和社会保护	是	—
	民主管理和集体协商	是	—
	职业健康安全	是	—
	工作场所中人的发展与培训	是	—
环境	污染预防	是	—
	资源可持续利用	是	—
	减缓并适应气候变化	是	—
	环境保护、生物多样性和自然栖息地恢复	是	—
公平运行实践	反腐败	是	—
	公平竞争	是	—
	在价值链中促进社会责任	是	—
	尊重产权	是	—
消费者问题	公平营销、真实公正的信息和公平的合同实践	是	—
	保护消费者健康与安全	是	—
	可持续消费	是	—
	消费者服务、支持和投诉及争议处理	是	—
	消费者信息保护与隐私	否	水电企业的客户单一
	基本服务获取	否	同上
	教育和意识	否	同上

核心主题	议题	是否采纳	未采纳原因
社区参与和发展	社区参与	是	—
	教育和文化	是	—
	就业创造和技能开发	是	—
	技术开发和获取	是	—
	财富和收入创造	是	—
	健康	是	—
	社会投资	是	—

注:"是否采纳"是指本书构建的水电企业社会责任指标体系是否采纳这一议题。

与联合国全球契约相比,ISO 26000:2010《社会责任指南》和 GB/T 36000—2015《社会责任指南》增加了公平运行实践、消费者问题、社区参与和发展等核心主题,同时,编制了比较详细的 30 个议题,具有较强的可操作性,得到了企业界的认可和采用。

本书所构建的水电企业社会责任指标体系采纳了 GB/T 36000—2015《社会责任指南》的核心主题,其中没有采纳消费者问题中的三项指标,主要原因是水电企业的客户是大型电力用户和电网,没有直接面对消费者。因此,用客户来代替消费者,更符合行业实践。

(2)《中国企业社会责任报告编写指南(CASS—CSR4.0)》

2017 年,中国社会科学院经济学部企业社会责任研究中心发布了《中国企业社会责任报告编写指南(CASS—CSR4.0)》(以下简称《CASS—CSR4.0》)。《CASS—CSR4.0》提倡社会责任报告价值管理,使报告真正起到对内强化管理,对外提升品牌的作用,从愿景、战略管理、组织建设、制度建设、能力建设、利益相关者参与等视角评价企业责任管理能力。在市场绩效方面,指标包括股东责任、客户责任、伙伴责任;在社会绩效方面,指标包括政府责任、员工责任、安全生产、社区责任;在环境绩效方面,指标包括绿色管理、绿色生产、绿色运营。《CASS—CSR 4.0》的主要范畴、责任类型、议题和采纳情况汇总见表 5 - 10。

表 5 – 10　《CASS—CSR4.0》的主要范畴、责任类型、议题和采纳情况汇总

主要范畴	责任类型	议题	是否采纳
责任管理	愿景	企业使命、愿景、价值观理念	否
	战略管理	社会责任议题识别与战略规划	否
	组织建设	企业高层支持和社会责任组织体系	是
	制度建设	社会责任管理制度、指标体系和考核	是
	能力建设	开展社会责任培训、研究、参与标准制定	是
	利益相关者参与	识别和回应利益相关方诉求，社会责任内外部沟通	是
市场绩效	股东责任	规范公司治理，保护投资者利益，企业的成长性、收益性和安全性	是
	客户责任	产品和服务质量、研发投入、公平交易、售后服务	是
	伙伴责任	诚信经营、公平竞争、供应商社会责任	是
社会绩效	政府责任	守法合规、纳税总额、吸纳就业人数	是
	员工责任	平等雇佣、民主管理、职业健康管理、员工培训、员工帮扶、员工满意度	是
	安全生产	安全生产管理、安全教育与培训	是
	社区责任	社区沟通和参与、本地化雇用和采购、公益捐赠、精准扶贫	是
环境绩效	绿色管理	环境管理体系、环境指标、支持绿色低碳、应对气候变化	是
	绿色生产	绿色采购、节约能源、清洁能源使用、减少废气废水排放、绿色包装和运输	是
	绿色运营	绿色办公、生态恢复与治理、保护生物多样性、环保公益	是

注："是否采纳"是指本书构建的水电企业社会责任指标体系是否采纳这一主要议题。

首先，《CASS—CSR4.0》强调企业社会责任管理体系建设，从企业价值、社会责任识别、社会责任体系、社会责任管理制度等方面对企业履行社会责任绩效进行综合评价。其次，从市场绩效、社会绩效、环境绩效三个方面，分别评价企业不同利益相关者的诉求和回应，强调利益相关者在企业社会责任绩效方面的重要角色。最后，在具体评价指标方面，《CASS—CSR4.0》强调企业落实这些指标管理体系建设。

本书所构建的水电企业社会责任指标体系的一级指标没有采纳"责任

管理"，主要考虑一级指标的数量和一级指标的权重，把"责任管理"的部分内容放在"经济指标"当中。同时，采纳了《CASS—CSR4.0》中的14个责任类型所涵盖的主要议题，没有采纳愿景和战略。主要原因是这两个类型可以通过编制《企业社会责任报告》的前言直接体现，无须单列为核心指标，这样有助于保持核心主题和各指标的权重。

（3）中国企业社会责任领先指数

2020年5月12日，由人民日报中国品牌发展研究院发起并编制的"中国企业社会责任领先指数"正式发布。该指数参考了ISO 26000：2010《社会责任指南》、GB/T 36000—2015《社会责任指南》等社会责任标准，构建了企业社会责任"6＋X"综合评价模型，6大指标包括国家贡献、社会贡献、经济贡献、环境贡献、行业贡献和公司治理贡献，X是指社会公众的综合认可度评价，即社会公众和舆论对企业履行社会责任的评价响应，以此来客观评价企业经营行为和社会需要间的匹配度。

中国企业社会责任领先指数强调企业经营活动对国家和行业贡献度，倡导企业全面贯彻新发展理念，积极融入经济建设、政治建设、文化建设、社会建设和生态文明建设"五位一体"总体布局，全面推动企业社会责任战略引领，提升企业竞争力和生命力。

本书构建的企业社会责任指标体系计划涵盖了企业社会责任"6＋X"的主要指标，其中，国家贡献和经济贡献统一为经济指标，没有采纳行业贡献和公司治理贡献，主要是担心这两项指标会影响到其他核心指标的权重。

（4）润灵环球企业社会责任评级标准

润灵环球企业社会责任评级是由润灵环球（北京）咨询有限公司于2008年自主研发的中国首个企业社会责任报告评级标准和工具，润灵环球的社会责任评级包括整体性（M）、内容性（C）、技术性（T）、行业性（I）四个分项以及总分。整体性是指对企业社会责任战略方面有效性、公司相关管理层治理有效性，以及各利益相关方对其评价等；内容性是指对企业的经济绩效、劳工与人权、环境、公平运营、消费者、社区参与及发展等方面的评价；技术性是指确定实质性和边界、内容平衡性、信息可比性、报告创新性、可信度与透明度、规范性、可获得及信息传递有效性等方面的评价；行业性是指行业特征等方面的评价。润灵环球企业社会责任评级比较全面地评价了上市公司企业社会责任报告，其评级数据得到投资者的广泛引用。

（5）和讯网上市公司社会责任报告专业评测体系

和讯网上市公司社会责任报告专业评测体系包括股东责任，员工责任，供应商、客户和消费者权益责任，环境责任和社会责任 5 个一级指标，13 个二级指标和 37 个三级指标。其中，在默认的情况下，股东责任权重占 30%，员工责任权重占 15%，供应商、客户和消费者权益责任权重占 15%，环境责任权重占 20%，社会责任权重占 20%。股东责任包括盈利、偿债、回报、信息披露、创新，员工责任包括绩效、安全、关爱员工，供应商、客户和消费者权益责任包括产品质量、售后、诚信互惠，环境责任包括环境治理，社会责任包括贡献价值。上市公司社会责任报告专业评测体系的内容相对比较单一，不能涵盖利益相关者的主要诉求，在内容和指标体系方面存在局限性。

由于上述企业社会责任报告评级标准主要用来评价企业社会责任报告的质量，而本书聚焦于水电企业社会责任指标，因此，没有采纳上述评价标准。

第三节　水电企业社会责任指标体系的目的、原则和逻辑框架

一　构建目的

（1）构建体现水电行业特征的社会责任指标体系

水电企业的存活率较高、生命周期较长、产品单一（电能）、水电站建设影响的移民数量和范围较大、水电站与当地社区长期共享水库的水面。因此，水电企业的利益相关者有其特殊性，水电企业与当地政府和当地社区的关系较为密切，利益相关者的诉求有其行业特点，这就需要针对上述水电行业特征，制定符合我国国情、水电行业特征、水电企业特点的

社会责任指标体系，以便提高水电企业社会责任指标体系的科学性、适用性和可操作性。

（2）发挥指标体系的全面性，推动水电企业可持续发展战略

对于水电企业来说，可持续发展战略的重要性尤其突出。在现有国内外企业社会责任指标体系的基础上，从经济、环境、社会、伦理、自愿等方面，全面融入可持续发展评价指标，充实和完善水电企业社会责任指标体系，以提升指标体系的全面性和前瞻性，从而推动水电企业实施可持续发展战略，实现水电企业可持续发展目标。在水电企业可持续发展战略与企业社会责任之间的关系方面，调查对象认为二者关联度很大的占比为71.15%，认为二者关联度较大的占比为23.46%，认为二者关联度一般的占比为4.42%，认为二者关联度较小的占比为0.77%，认为二者没有关联度的占比为0.19%，详见表5-11。

表5-11　水电企业可持续发展战略与企业社会责任之间的关系

单位：人，%

选项	数量	占比
关联度很大	370	71.15
关联度较大	122	23.46
关联度一般	23	4.42
关联度较小	4	0.77
没有关联度	1	0.19
合计	520	100.00

从上述数据来看，共94.61%的调查对象认为水电企业可持续发展战略与企业社会责任之间存在着很大或较大的关联度。企业可持续发展战略与企业社会责任在企业经营理念、生态环境保护、企业利益相关者、社区等方面存在着非常密切的关系。如何将二者统一起来，已成为学术界和企业界共同的研究课题。

林纳宁和帕纳帕南（Linnanen and Panapanaan，2002）认为，企业履行社会责任的最终目标是实现企业可持续发展。温佩和卡普坦（Wempe and Kaptein，2002）认为，企业社会责任为中间阶段，企业可持续发展为

最终阶段，并提出了利润（Profit）、人员（People）和地球（Planet）三重底线模型。企业社会责任是企业可持续发展的商业贡献。

凯泽斯等（Keijzers et al., 2002）指出，企业社会责任和企业可持续发展的概念显示出不同的路径，但是，最近二者已经逐渐融合。最初，可持续性仅与环境有关，企业社会责任仅涉及社会方面内容。如今，许多人认为企业可持续发展和企业社会责任是同义词。

因此，水电企业可持续发展与企业社会责任之间存在着相互关联性，水电企业履行社会责任的目标是实现企业可持续发展。企业社会责任与企业可持续发展关系模型见图 5 - 1。

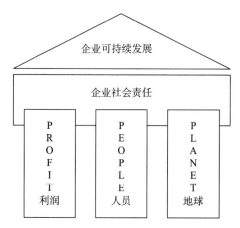

图 5 - 1 企业社会责任与企业可持续发展关系模型

（3）发挥指标体系的引领作用，促进水电企业完善社会责任管理体系

企业社会责任指标体系是由一系列相互联系、相互独立、相互补充的社会责任指标所组成的，是水电企业社会责任管理体系的重要组成部分，是一套完善、系统的企业社会责任绩效评价的工具和标准。科学完善的社会责任指标体系是水电企业社会责任组织管理体系、日常管理体系、业绩考核体系、信息披露体系和能力建设体系的基础，能够促进水电企业完善自身社会责任管理体系，提升水电企业履行社会责任绩效。

（4）发挥指标体系的沟通功能，实现水电企业与利益相关者的有效沟通

水电企业利益相关者主要包括股东、员工、政府、水库移民、社区居

民、合作伙伴、环境等，与其他企业相比，政府、水库移民是水电企业流域开发、水电站建设和运营、可持续发展的主要利益相关者，水电企业需要充分了解各个阶段利益相关者的权益和诉求，其中一个重要手段是开展水电企业与利益相关者的有效沟通，全面了解各个利益相关者的真实诉求，为水电站规划、建设和运营创造良好的外部环境。

水电企业社会责任指标体系能够推动水电企业对利益相关者权益的保护，促进水电企业回应利益相关者的诉求，通过企业社会责任信息披露提升利益相关者对水电企业了解程度，认可水电企业的价值，从而加快水电站项目建设进度，实现水电站长期运营和可持续发展。

二 构建原则

（1）可持续性原则

水电企业社会责任指标的出发点是水电企业如何（或者希望如何）改善企业自身、当地的经济、社会和环境状况与发展趋势。各指标体系应当将社会责任绩效放在更广泛的可持续发展背景中展现，主要包括以企业自身、行业、当地区域的社会和环境资源的限制和需求为整体背景来讨论水电企业的社会责任绩效。

一是公平性。水电企业可持续发展是一种机会、利益均衡的发展。它既包括企业内部的均衡发展，即企业的发展不应以损害企业内部利益相关者的发展为代价；也包括企业不同时期的均衡发展，既满足当前企业发展的需要，又不损害未来企业的发展能力。同时，企业自身发展不应以损害其他利益相关者的发展为代价。公平性原则强调水电企业利益相关者都处在同一生存空间，他们对这一空间中的自然资源和社会财富拥有同等享用权和同等的生存权。即水电企业社会责任指标需要充分体现和保护各利益相关者的均衡发展权力。

二是持续性。水电企业的发展不能超越资源和环境的承载能力，因此，在满足水电企业发展需要的过程中，必然有限制因素的存在。这些限制因素主要包括水资源禀赋、员工个人发展、环境、技术状况和社会组织等。持续性原则的核心是水电企业社会责任指标需要充分体现社会、资源与环境的承载能力,真正将水电企业的当前利益与长远利益有机结合。

(2) 特质性原则

梁星和田昆儒 (2009) 提出企业社会责任指标设计需要遵循的原则是符合国情、突出重点、普遍约束和分类指导。在提供产品或服务方面,不同行业的企业对社会和环境的影响存在较大差异,它们履行社会责任的能力、意愿、范围等方面也显著不同,并最终表现为履行社会责任的内容和方式的差异。舒曼等 (Schumann et al., 2010) 提出,在经济、环境、社会方面水电站有其自身的优点和不足。本书结合我国水电站的特点,从经济、环境、社会三个方面提出了水电站的优缺点,详见表 5 - 12、表 5 - 13和表 5 - 14。

表 5 - 12 水电站在经济方面的优缺点

优点	缺点
水电站运行和维护成本比较低	水电站建设成本较高
水电站运行寿命比较长 (50~100 年)	水资源依赖性较强
蓄水和放水的灵活性较强 (电力需求高峰和低谷)	泥沙堆积影响水库的有效库容
电力供应安全可靠	水电站规划和建设周期比较长
建设和运行管理技术比较成熟	需要签订长期协议
促进地方经济社会发展	银行借贷成本较高
水库水资源用途多样 (发电、灌溉、航运、防洪、旅游)	发电、灌溉和生态流量存在冲突
投资回报率较高	—
规避化石燃料成本	—
建设期和运营期带动地方经济发展和增加税收	—
提供稳定的电力能源供应	—
优化其他能源供给结构	—

资料来源:作者依据克里斯汀·舒曼的部分观点编制。

表 5 - 13 水电站在环境方面的优缺点

优点	缺点
不产生大气污染物和减少温室气体排放量	淹没大量陆地和水域
改善库区的空气质量	改变河流的水文特征
生产过程中不产生废弃物	改变水生生物的栖息地

续表

优点	缺点
不会消耗不可再生资源（煤炭、石油和天然气）	需要定期检测水库的水质
形成新的淡水生态系统	阻碍鱼类洄游
采用新的技术保护有价值的陆生水生物种	改变物种的种群和活动空间
不会污染和消耗水资源	泥沙堆积改变航道条件

资料来源：作者依据克里斯汀·舒曼的部分观点编制。

表 5 - 14　水电站在社会方面的优缺点

优点	缺点
加强当地政府、企业和个人的能力建设	造成大量非自愿水库移民
为下游提供可靠的防洪安全	影响大坝上下游通航
提高库区的通航能力	改变库区周边交通距离
改善当地公共基础设施	需要协调上下游用水矛盾
改善库区交通条件	降低库区周边的土地耕作条件
建设期和运营期提供劳动力就业机会	施工结束后工人失去工作
改善当地群众的生活条件	影响当地群众的生计
提供可靠的淡水供应	破坏当地群众与土地和水源的关系

资料来源：作者依据克里斯汀·舒曼的部分观点编制。

　　水电站在经济、环境、社会方面既存在着行业本身的优点，又存在着部分缺点。水电企业通过各项工程技术措施可以在一定程度上降低水电站对环境的影响，优化工程建设规划方案可以降低水电站对社会的影响程度，提升企业治理水平和改善企业经营状况。但是，水电企业依然面临着来自市场竞争、政府、受影响群众、环境保护的压力。因此，构建符合水电行业特征的水电企业社会责任指标体系对于指导水电企业履行社会责任具有一定的现实意义。

　　水电企业需要对识别出的实质性议题、测量指标以及相关实践和绩效等进行科学分类。实质性是衡量水电企业社会责任指标是否具有实际价值的标尺，并非所有的社会责任指标都同等重要，因此指标体系需要突出重点，真实反映实质性方面的相对优先次序。与其他企业相比，水电企业存在以下特质：一是水电企业所生产的产品——电能有其特质，电能作为一种商品，在商品功能、质量、性能、用途、样式等方面具有同质性。各家水电企业电能的差异表现为电力供应的稳定性和市场化条件下的电价差异。二是水电企业与中央和地方政府的关系最为密切，主要涉及大江大河流域的水能资源开发利用权，因此，如何获得当地政府对于开发水能资源的支持是水电企业最为重要的市场开拓行为。三是水电站建设产生大面积土地征收、大量水库移民搬迁、大规模城集镇搬迁和基础设施重建等社会影响。水库移民是水电企业最为关键的利益相关者，在水电站规划设计、建设和运营的不同时期，移民群众都会对水电企业的生产经营产生持续影响，也是社会公众评价水电企业形象的一个重要指标。因此，构建水电企业社会责任指标体系需要全面分析水电企业的特质性，准确识别水电企业的利益相关者，构建科学的社会责任指标体系。

（3）完整性原则

水电企业社会责任指标完整性主要涉及指标体系的范围和边界，指标体系应当综合反映水电企业履行社会责任的内容和特征。首先，水电企业社会责任指标应当足以反映水电企业生产经营对经济、环境和社会的影响，能够充分体现水电企业履行社会责任的绩效，体现社会公众期望。其次，社会责任指标边界是对每个实质性方面影响范围的描述，边界设定需要充分考虑水电企业内部和外部的实际影响。最后，水电企业社会责任指标需要区分企业法律责任与社会责任之间的关系。企业法律责任主要是指企业在社会经营活动中由法律强制规范的必须履行的行为总和，企业法律责任属于企业强制性规定，不应当归入社会责任范畴。因此，水电企业社会责任指标体系不应当包含法律责任。

三 逻辑框架

水电企业社会责任指标体系是指水电企业反映和衡量水电企业履行经济、环境、社会等方面社会责任绩效而设置的标准体系。各指标体系之间相互联系、相互补充，又各有侧重点。本研究按照核心主题（目标层）→主要议题（准则层）→测量指标（指标层）的逻辑思路，构建水电企业社会责任指标体系。

首先，在全面分析国内外企业社会责任理论、利益相关者理论、企业可持续发展理论研究成果的基础上，归纳和提炼水电企业利益相关者的类别、利益诉求，梳理水电企业各利益相关者所关注的社会责任指标。在全面梳理国内外企业社会责任、可持续发展指标体系之后，筛选出符合水电企业特质的社会责任指标体系，强调指标体系的应用性、真实性和可操作性。

其次，从利益相关者和企业社会责任内容两个维度来构建水电企业社会责任的一级指标。一方面，依据利益相关者理论，梳理优秀水电企业社会责任报告和可持续发展报告当中的利益相关者列表，阐述基于水电企业利益相关者的社会回应过程和方式、社会表现方案，分析水电企业需要履行的针对各个利益相关者的社会责任；另一方面，依据企业社会责任理论和可持续发展理论，分析水电企业履行社会责任的内容和范畴，围绕水电企业社会责任的利他性、社会性和自愿性特征，准确提出水电企业社会责任核心主题。

最后，按照每一个主要议题的内容，将水电企业社会表现指标进行归类分析，构建水电企业社会责任的测量指标。测量指标强调其客观性和数据的可获得性，尽量选择企业公布的年度报告、财务报告、公开的社会责任信息做为参考。

第四节　水电企业社会责任指标设计

一　企业社会责任核心主题

（1）学者关于企业社会责任的核心主题

克拉克（Clark，1916）认为，科技和工业发展让我们认识到社会和环境方面问题的责任之源，个人和团体对经济活动和社会活动负责。鲍恩（Bowen，1978）认为，企业是社会责任的主体，管理者是社会责任的实施者，企业应当在种族平等、减少污染、保护环境和产品质量等方面自愿履行社会责任。

卡罗尔（Carroll，1979）将企业社会责任划分为经济责任、法律责任、伦理责任和自愿责任。沃蒂克和科克伦（Wartick and Cochran，1985）继承了卡罗尔关于企业社会责任的概念和划分方式。这一划分方式被认为是学术界比较权威的企业社会责任分类。依据卡罗尔的分类方法，计算 4 类社会责任的加权平均数，可以构建企业社会责任评价模型。

$$CSR = \frac{4Ec + 3L + 2Et + 1V}{10}$$
（5.4.1）

CSR 是指企业社会责任，Ec（Economic Responsibility）是指企业经济责任，L（Legal responsibility）是指企业法律责任，Et（Ethical responsibility）是指企业伦理责任，V（Voluntary responsibility）是指企业自愿责任。4、3、2、1 分别是指企业的经济责任、法律责任、伦理责任、自愿责任在总的企业社会责任当中的权重。

埃尔金顿（Elkington，1998）在其"三重底线"理论中将企业社会责任表现划分为经济绩效、环境绩效和社会绩效。拉夫等（Ruf et al.，2001）采纳了伍德和琼斯（Wood and Jones）关于利益相关者影响企业社会责任表现和设定企业社会责任的规范性内容的观点，提出了企业社会责任表现公式：

$$csp = \sum_{j=1,\cdots,k} w_j \times A_j$$
（5.4.2）

其中，A_j 是指一个企业在 j 方面社会责任表现，w_j 为企业在 j 方面社会责任的相对重要性。

卢代富（2002）认为，企业社会责任的内容极为丰富，既有强制的法律责任，又有自觉的道德责任。李立清和李燕凌（2005）认为，企业社会责任被当成企业与生俱来的基本使命，与企业经济责任、法律责任一起，构成企业的"一体三面"。学者关于企业社会责任的核心主题汇总见表 5 – 15。

表 5 – 15　学者关于企业社会责任的核心主题汇总

文献	企业社会责任的核心主题
克拉克（1916）	①社会责任；②环境责任；③个人责任；④团体责任
鲍恩（1978）	①种族平等；②减少污染；③保护环境；④产品质量
卡罗尔（1979），沃蒂克和科克伦（1985）	①经济责任；②法律责任；③伦理责任；④自愿责任

续表

文献	企业社会责任的核心主题
约翰·埃尔金顿（1998）	①经济绩效；②环境绩效；③社会绩效
卢代富（2002）	①法律责任；②道德责任（慈善捐赠、社会公益）
李立清和李燕凌（2005）	①社会责任；②经济责任；③法律责任

目前，学者广泛引用和提及的企业社会责任核心议题是卡罗尔的"金字塔"模型，即社会大众期望企业能够在经济、法律、伦理和慈善（自愿决策）方面履行义务。随着社会大众对于环境污染和气候变化的关注，国内外学者逐渐认识到生态环境保护、可持续发展与企业发展和企业价值的关系越来越密切，环境责任成为企业社会责任的核心议题之一。同时，卡罗尔给出了四个核心主题权重分别为4、3、2、1，表明他对四个核心主题在企业社会责任当中的重要性排序。

（2）组织关于企业社会责任的核心主题

1982年，美国《财富》（Fortune）杂志在"企业声誉评价法"中提出企业社会责任的核心主题包括：产品与服务质量、创新、人才吸引培养和使用、社区和环境责任。1999年，联合国全球契约组织提出了人权、劳工标准、环境、反腐败四个核心内容。

2001年，社会责任国际组织SAI在其发布的《SA8000：2001》标准中提出企业社会责任的核心主题包括：童工、强迫性劳工、健康与安全、组织工会的自由与集体谈判的权利、歧视、惩戒性措施、工作时间、工资、管理体系。2010年，国际标准化组织在其发布的ISO 26000：2010《社会责任指南》中提出了企业社会责任的7个核心主题和内容，即组织治理、人权、劳工、环境、公平运行、消费者问题、社区参与和发展。

2012年，香港联交所在其发布的《环境、社会及管治报告指引》中提出了环境、雇佣及劳工常规、营运惯例、社区四个核心主题。

2015年，国家质量监督检验检疫总局和中国国家标准化管理委员会在其发布的GB/T 36000—2015《社会责任指南》中认可了国际标准化组织关于企业社会责任核心主题的划分方法，即组织治理、人权、劳工实践、环境、公平运行实践、消费者问题、社区参与和发展。2017年，中国社会科学院经济学部企业社会责任研究中心在其发布的《中国企业社会责任报告编写指南（CASS—CSR4.0）》中将企业社会责任的核心主题划分为：责任管理、市场绩效、社会绩效、环境绩效。组织关于企业社会责任的核心主题汇总见表 5-16。

表 5-16　组织关于企业社会责任的核心主题汇总

组织名称	评价指标名称	企业社会责任的核心主题
《财富》杂志	企业声誉评价法	①产品与服务质量；②创新；③人才吸引培养和使用；④社区和环境责任
联合国全球契约组织	全球契约十项原则	①人权；②劳工标准；③环境；④反腐败
社会责任国际组织 SAI	《SA8000：2001》	①童工；②强迫性劳工；③健康与安全；④组织工会的自由与集体谈判的权利；⑤歧视；⑥惩戒性措施；⑦工作时间；⑧工资；⑨管理体系
国际标准化组织	ISO 26000：2010《社会责任指南》	①组织治理；②人权；③劳工实践；④环境；⑤公平运行实践；⑥消费者问题；⑦社区参与和发展
香港联交所	《环境、社会及管治报告指引》	①环境；②雇佣及劳工常规；③营运惯例；④社区
国家质量监督检验检疫总局、中国国家标准化管理委员会	GB/T 36000—2015《社会责任指南》	①组织治理；②人权；③劳工实践；④环境；⑤公平运行实践；⑥消费者问题；⑦社区参与和发展
中国社会科学院	《中国企业社会责任报告编写指南（CASS—CSR 4.0）》	①责任管理；②市场绩效；③社会绩效；④环境绩效

最初，社会组织从人权、劳工权益、工会等视角来构建企业社会责任的核心主题，随着联合国提出《全球契约》的人权、劳工标准、环境、反腐败四个核心主题，环境主题逐渐得到了广泛认可。随后，社会责任国际组织 SAI 和国际标准化组织进一步深化和丰富了企业社会责任核心主题。

二　水电企业社会责任核心主题

水电企业在生物多样性保护、征地补偿和水库移民安置、水库移民生计恢复、安置区和社区帮扶等方面有其自身行业性特征，本研究得出，水电企业社会责任包括经济主题、环境主题、社会主题、伦理主题和自愿主题五个核心主题。其中，经济主题、环境主题、社会主题、伦理主题具有强制性、被动性和约束性的特点，自愿主题则具有一定的自愿性、主动性和非约束性的特点。

（一）核心主题的内涵

（1）经济主题

经济主题是指水电企业在国家法律法规框架下通过生产经营实现企业价值最大化、保证股东和债权人权益等经济绩效方面的评价指标。水电企业经济责任是企业通过合法经营、依法纳税、安全生产、科技创新、电力供应等经营方式，实现资产增值保值，不断提升企业利润，充分发挥水电站在防洪抗旱、航运旅游等方面的综合效益，提高社会福利水平，为经济社会发展贡献力量。经济主题是水电企业社会责任的基础性指标，经济责任是企业社会责任的核心内容。

（2）环境主题

环境主题是指水电企业在国家法律法规框架下通过改进生产工艺和改善环境管理制度，在追求企业经济效益的过程中保护生物多样性和生态环境等环境绩效方面的评价指标。水电企业环境责任包括在建设水电站过程中依法编制环境影响评价报告，在运营中做好特有珍稀植物和鱼类的繁育保护工作，为了应对全球气候变化，不断完善环境管理体系，加强水电站运行和企业运营的污染防治，为我国实现碳达峰、碳中和目标提供有力保障。环境主题是水电企业社会责任的强制性指标，是水电企业必须严格履行的指标。环境责任是水电企业保护生物多样性和生态环境的法律责任。

（3）社会主题

社会主题是指水电企业在国家和地方法律法规政策和水电行业规程规范框架下通过保障员工和水库移民等利益相关者的合法权益、参与社区帮扶等社会绩效方面的评价指标。水电企业应当依法保障员工各项劳动权益，让员工实现体面劳动，在水电站建设过程中依法依规做好水库移民群众的征地补偿和搬迁安置工作，积极参与水库移民后期扶持，实现水库移民"搬得出、稳得住、能致富"的效果，在当地社区大力开展产业帮扶、就业帮扶、基础设施建设等帮扶工作，同时，通过公众参与、信息公开等方式保障各利益相关者的知情权和参与权。社会主题是水电企业社会责任的法律性和政策性指标，是水电企业生产经营的必要性指标。

（4）伦理主题

伦理主题是指水电企业在法律法规和市场经济商业伦理框架下通过诚实守信、防止违反商业道德等伦理绩效方面的评价指标。水电企业在生产经营中要诚信合规经营，注重企业伦理和契约精神，落实责任采购和优化采购管理，防止生产经营腐败，严禁商业贿赂、恃强凌弱、损人利己等不顾相关者利益和违反商业道德的经营行为，不断提升企业价值和信誉。伦理主题是水电企业社会责任的规则类指标，是水电企业进入电力交易市场和生产经营活动必须遵守的行为准则。

（5）自愿主题

自愿主题是指水电企业基于政府倡导、行业特征和自身经营状况开展慈善捐款、社会公益的自愿绩效方面的评价指标。水电企业为了积极响应政府号召在经营过程中自愿进行慈善捐赠，引导员工参加社会公益活动，响应国家号召参与乡村振兴，用实际行动关爱弱势群体，共建和谐社会。自愿主题是水电企业社会责任的主动性和自愿性指标，是好的"企业公民"的社会责任表现。

（二）水电企业社会责任"五彩"模型

基于前面几章的论述，本书提出水电企业社会责任"五彩"模型，该模型是以水电企业社会责任战略为基础的评价指标体系。"五彩"模型采用五种颜色，描述了水电企业社会责任的五个方面的内容和核心主题，提出了各个核心指标之间的评价维度，展现了一个比较清晰的社会责任框架。详见图 5 - 2。

（1）经济主题

经济主题是水电企业可持续发展的基础性指标，它反映了水电企业的经营状况、市场竞争力和可持续发展的前景，是水电企业对股东、债权人和政府的承诺与法定责任，其中，财务指标是经济责任的核心指标。

（2）环境主题

环境主题是水电企业可持续发展的生命线，它反映了水电企业由经济

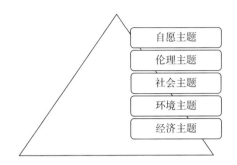

图 5 - 2　水电企业社会责任"五彩"模型

生态因子、自然生态因子和社会生态因子所组成的企业生态系统的运行状态，是水电企业与自然环境和谐共存的指标体系。环境主题是分析河道生态流量、生物多样性、流域和岸线保护等河流生态系统的重要指标。

（3）社会主题

社会主题是水电企业可持续发展的关键性指标，它反映了水电企业在电站建设和生产经营中处理企业与员工、水库移民和其他利益相关者关系的评价指标，是体现企业文化和利益共享的重要指标。

（4）伦理主题

伦理主题是水电企业可持续发展的规则性指标，它反映了水电企业作为市场主体对于市场公平竞争规则的遵守程度和企业的市场竞争力，是体现水电企业实现价值最大化的重要指标。

（5）自愿主题

自愿主题是水电企业可持续发展的鼓励性指标，它反映了水电企业在合法经营、保护环境、关爱员工、遵守规则的基础上不断提升企业形象和建设企业文化的评价指标，是水电企业从自身经营状况和发展前景出发自愿履行慈善捐款和社会公益等责任的评价指标。

伍德（Wood，1991b）提出，社会对企业存在三个方面的预期，即社会对企业作为一个经济组织的整体的预期；社会对企业作为一个单独个体的经营活动的预期；社会对企业管理者个人的预期。依据制度理论有关制度化活动对不同对象影响的划分，三个预期可以区分为组织间层面、组织层面、个体层面。首先，组织间层面与合法性密切相关，政府和社会强制性要求企业必须履行法律职责，实现政府与企业、企业与企业之间的权利平衡。其次，组织层面与公共责任密切相关，依据平等互利等公共关系原则，每一个企业都要通过履行良好的社会行为，维持与其特定社会环境之间的关系。最后，个体层面与管理者自愿原则相关，他们有义务根据企业经营状况和发展需要自愿地履行社会责任。

依据水电企业社会责任指标的内涵，经济主题、环境主题和社会主题是在法律法规和政策规范框架下水电企业必须履行的强制性指标，伦理主题是在商业伦理和企业文化框架下水电企业自觉履行的企业行为和实现良好"企业公民"的评价指标，自愿主题是水电企业根据自身经营状况自愿履行的评价指标。

"五彩"模型是一种企业自我审视和自我评价的方法，展现了一个清晰的水电企业社会责任价值框架，为水电企业制定可持续发展战略、财务分析、企业社会责任评估报告和信息披露方法提供了清晰的思路，具备较好的应用性。因此，水电企业社会责任"五彩"模型可以作为水电企业社会责任管理工具。

三 水电企业社会责任主要议题

（一）水电企业社会责任指标体系分析

在参考中国社会科学院的《中国企业社会责任报告编写指南（CASS—CSR4.0)》、全球报告倡议组织（GRI）的《GRI 可持续发展报告标准》、国际标准化组织的 ISO 26000：2010《社会责任指南》、中国标准化研究院的 GB/T 36001–2015《社会责任报告编写指南》等编制依据的基础上，对30 家水电企业社会责任报告或可持续发展报告中的社会责任指标进行识别和统计，重点分析报告编制依据的科学性、全面性和现实性，分别按照经济主题、环境主题、社会主题、伦理主题、自愿主题五个主题进行分类，对社会责任指标进行阐述和分析。

（1）经济主题

在经济主题方面，企业利润、治理结构、依法纳税、安全生产、科技创新、电力供应等指标在全部报告当中进行了信息披露，防洪航运供水在

28 家企业的相关报告当中进行了信息披露。详见表 5 – 17。

表 5 – 17　经济主题信息披露汇总

单位：家，%

主题	主要议题	数量	占比
	企业利润	30	100.00
	治理结构	30	100.00
	依法纳税	30	100.00
经济	安全生产	30	100.00
	科技创新	30	100.00
	电力供应	30	100.00
	防洪航运供水	28	93.33

（2）环境主题

在环境主题方面，加强污染防治信息披露占比达到 100.00%，环境影响评价、应对气候变化占比为 96.67%，完善环境管理体系占比为 90.00%，保护生物多样性占比为 83.33%。详见表 5 – 18。

表 5 – 18　环境主题信息披露汇总

单位：家，%

主题	主要议题	数量	占比
	环境影响评价	29	96.67
	保护生物多样性	25	83.33
环境	应对气候变化	29	96.67
	加强污染防治	30	100.00
	完善环境管理体系	27	90.00

（3）社会主题

在社会主题方面，保障员工权益、实现体面劳动占比达到 100.00%，信息公开占比为 93.33%，公众参与占比为 90.00%，开展社区帮扶占比为 86.67%。但是做好水库移民搬迁安置、参与水库移民后期扶持的占比分别只有 73.33% 和 66.67%。从表 5 – 19 中的数据可以看出，我国水电企业主要参考现行的社会责任报告编制指南，而没有体现水电企业和水电行业的特点，没有针对性地履行水电企业社会责任，对于水电企业做好水库移民搬迁安置、参与水库移民后期扶持等方面的社会责任信息披露不足。详见表 5 – 19。

表 5 – 19 社会主题信息披露汇总

单位：家，%

主题	主要议题	数量	占比
	保障员工权益	30	100.00
	实现体面劳动	30	100.00
	做好水库移民搬迁安置	22	73.33
社会	参与水库移民后期扶持	20	66.67
	开展社区帮扶	26	86.67
	公众参与	27	90.00
	信息公开	28	93.33

（4）伦理主题

在伦理主题方面，注重商业伦理、注重商业道德和注重契约精神占比均为 100.00%，防治腐败和禁止商业贿赂占比为 93.33%。从该数据来看，注重商业伦理、注重商业道德、注重契约精神等伦理指标得到了水电企业的广泛认可，防治腐败和禁止商业贿赂等信息披露占比较高。详见表 5 – 20。

表 5 – 20 伦理主题信息披露汇总

单位：家，%

类别	指标	数量	占比
	注重企业伦理	30	100.00
	注重商业道德	30	100.00
伦理	注重契约精神	30	100.00
	防治腐败	28	93.33
	禁止商业贿赂	28	93.33

（5）自愿主题

在自愿主题方面，参加公益活动占比为 96.67%，慈善捐赠和参与乡村振兴占比均为90%，关爱弱势群体占比为80%。我国大部分水电企业自愿在慈善捐赠、参加公益活动、参与乡村振兴、关爱弱势群体等方面履行企业社会责任。详见表5－21。

表5－21　自愿主题信息披露汇总

单位：家，%

主题	主要议题	数量	占比
自愿	慈善捐赠	27	90.00
	参加公益活动	29	96.67
	参与乡村振兴	27	90.00
	关爱弱势群体	24	80.00

综上所述，在已经发布的水电企业社会责任报告中，各类指标的占比稍有差异，各指标占比的顺序为经济主题、环境主题、社会主题、伦理主题和自愿主题。

（二）主要议题选择思路

主要议题的选择是水电企业社会责任指标体系的重要步骤，主要议题应当具有较强的代表性。换句话说，主要议题能够涵盖测量指标的相关内容。本书主要采用文献分析法和问卷调查法的方式选择主要议题。具体步骤如下。

首先，通过梳理和分析收集到的30家水电企业社会责任报告和可持续发展报告，根据水电行业特点、可持续发展战略要求，全面梳理和遴选这些报告当中的主要议题，分析这些议题的代表性，选择符合水电企业实际的指标。

其次，编制水电企业社会责任指标调查问卷，选择熟悉水电行业的专家、学者和行业从业人员对核心主题和主要议题进行选择和打分。

最后，通过调查数据分析结果，确定主要议题名称和类型。

按照上述思路，水电企业社会责任核心主题和主要议题框架如图5－3所示。

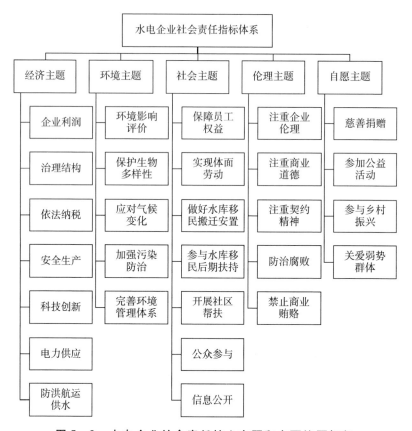

图 5 - 3　水电企业社会责任核心主题和主要议题框架

（三）主要议题名称

（1）经济主题

在水电企业社会责任评价指标体系中，经济主题主要包括：依法纳税、安全生产、治理结构、电力供应、防洪航运供水、企业利润、科技创新，其中防洪航运供水是水电站运营的一个重要经济指标。

520 份有效问卷的结果显示，经济主题的主要议题选择排序为：依法纳税、安全生产、治理结构、电力供应、防洪航运供水、企业利润、科技创新。其中，80% 以上的调查对象比较看重水电企业在纳税、安全生产、治理等方面的社会表现，他们认为依法纳税是水电企业的第一经济责任。详见表 5 - 22。

表5-22 经济主题的主要议题

单位：人，%

主要议题	频数	占比
企业利润	349	67.12
治理结构	417	80.19
依法纳税	455	87.50
安全生产	446	85.77
科技创新	342	65.77
电力供应	368	70.77
防洪航运供水	350	67.31

（2）环境主题

在水电企业社会责任评价指标体系中，环境主题的主要议题包括：环境影响评价、保护生物多样性、应对气候变化、加强污染防治、完善环境管理体系，其中保护陆生生物和水生生物多样性是水电行业的一个重要环境指标。

本次调查结果显示，环境主题的主要议题选择排序为：环境影响评价、保护生物多样性、加强污染防治、完善环境管理体系、应对气候变化。其中，80%以上的调查对象比较看重水电企业是否认真开展水电站建设环境影响评价工作，是否采取工程技术和环境保护技术保障生物多样性和加强污染防治。详见表5-23。

表5-23 环境主题的主要议题

单位：人，%

主要议题	频数	占比
环境影响评价	472	90.77
保护生物多样性	451	86.73
应对气候变化	395	75.96
加强污染防治	443	85.19
完善环境管理体系	413	79.42

（3）社会主题

在水电企业社会责任评价指标体系中，社会主题的主要议题包括：保障员工权益、实现体面劳动、做好水库移民搬迁安置、参与水库移民后期扶持、开展社区帮扶、公众参与、信息公开。其中做好水库移民搬迁安置、参与水库移民后期扶持是水电行业非常重要的社会指标，这两个指标涉及水电企业、地方政府、水库移民三方权益，影响水电企业流域开发权、水电站移民安置规划设计审批、地方政府政绩、当地社会和谐稳定等多个方面。

本次调查结果显示，社会主题的主要议题选择排序为：做好水库移民搬迁安置、参与水库移民后期扶持、开展社区帮扶、保障员工权益、信息公开、公众参与、实现体面劳动。其中，80% 以上的调查对象比较看重水电企业在做好水库移民搬迁安置、参与水库移民后期扶持、开展社区帮扶等方面的社会责任表现。另外，52.12% 的调查对象认为社会主题的主要议题包括"实现体面劳动"。相比较而言，选择"实现体面劳动"的调查对象较少，主要原因或许是调查对象对"体面劳动"的理解存在差异。详见表 5 – 24。

表 5 – 24　社会主题的主要议题

单位：人，%

主要议题	频数	占比
保障员工权益	412	79.23
实现体面劳动	271	52.12
做好水库移民搬迁安置	458	88.08
参与水库移民后期扶持	435	83.65
开展社区帮扶	435	83.65
公众参与	349	67.12
信息公开	372	71.54

（4）伦理主题

在水电企业社会责任评价指标体系中，伦理主题的主要议题包括：注重企业伦理、注重商业道德、注重契约精神、防治腐败、禁止商业贿赂。

本次调查结果显示，伦理主题的主要议题选择排序为：注重契约精神、注重商业道德、注重企业伦理、防治腐败、禁止商业贿赂。其中，超过80%的调查对象比较看重水电企业是否注重契约精神和商业道德。详见表5－25。

表5－25　伦理主题的主要议题

单位：人，%

主要议题	频数	占比
注重企业伦理	413	79.42
注重商业道德	432	83.08
注重契约精神	441	84.81
防治腐败	366	70.38
禁止商业贿赂	344	66.15

（5）自愿主题

在水电企业社会责任评价指标体系中，自愿主题的主要议题包括：慈善捐赠、参加公益活动、参与乡村振兴、关爱弱势群体。其中，由于作为水电企业主要生产厂房的水电站地处高山峡谷地区，电厂在饮用水、食材供给、道路交通等多个方面与周边乡村形成一个共生、共享的企业生态系统，因此，参与乡村振兴是一个重要的社会责任指标，涉及国家乡村振兴战略、地方经济社会发展、水电开发利益共享机制等多个方面。

本次调查结果显示，自愿主题的主要议题选择排序为：参加公益活动、参与乡村振兴、关爱弱势群体、慈善捐赠。其中，超过80%的调查对象比较看重水电企业在参加公益活动、参与乡村振兴等方面的社会表现，这一结果符合我国乡村振兴的战略要求。详见表5－26。

表5－26　自愿主题的主要议题

单位：人，%

主要议题	频数	占比
慈善捐赠	353	67.88
参加公益活动	446	85.77

续表

主要议题	频数	占比
参与乡村振兴	437	84.04
关爱弱势群体	384	73.85

四　水电企业社会责任的测量指标

本书所构建的水电企业社会责任评价指标体系强调指标体系的实用性和科学性，力求指标体系能够真实反映水电企业社会责任水平，因此，其测量指标可获得性尤其重要。为此，需要收集的各类证据材料，包括：水电站建设各类专项规划设计报告和审批文件、水电企业年度报告和各类统计报告、水电企业发布的正式文件、各项管理制度文件、水电企业组织架构、企业信用评级，等等。

（一）经济测量指标

（1）企业利润

①营业收入增长率。营业收入增长率是指营业收入增长额与上期营业收入的比率。这一指标反映企业营业收入的增减变动，营业收入增长率大于 0，表示企业本期营业收入比上期营业收入增加；营业收入增长率小于0，表示企业本期营业收入比上期营业收入减少。其计算公式为：

$$营业收入增长率 = 营业收入增长额 \div 上期营业收入总额 \times 100\% \qquad (5.4.3)$$

指标口径为营业收入增长率是否大于 0，数据来源为水电企业统计报表等。

②年度利润。年度利润是指企业在一年中的业务收入和支出之差，用于衡量企业在一年里的利润水平和盈亏情况，是衡量企业经营业绩的十分重要的经济指标。其计算公式为：

$$年度利润 = （营业利润 + 营业外收入） - 营业外支出 \qquad (5.4.4)$$

指标口径为年度利润是否为正值，数据来源为水电企业统计报表等。

③净利润环比增长率。净利润环比增长率是指企业当期净利润比上期净利润的增长幅度，指标值越大代表企业盈利能力越强。数据来源为水电

企业统计报表，其计算公式为：

$$净利润环比增长率 = （本期净利润 - 上期净利润）÷ 上期净利润 × 100\% \quad (5.4.5)$$

指标口径为净利润环比增长率是否为正值，数据来源为水电企业统计报表等。

④企业财务报告。企业财务报告是公司向财务报告的使用者提供公司财务状况、现金流量等有关信息，反映企业管理者受托责任履行情况的一个书面报告。企业财务报告包括会计报表、会计报表附注和财务情况说明书三个部分。指标口径为水电企业是否如期发布年度企业财务报告，数据来源为水电企业按时发布的企业财务报告。

（2）治理结构

①水电站顺利通过国家发展改革委的项目核准批复。企业在完成可行性研究后，根据结论委托有资质的工程咨询机构编制项目申请报告，分别向城乡规划、国土资源和环境保护部门申请办理规划选址、用地预审和环评手续。履行手续后，企业向相关部门报送项目申请报告，并附规划选址、用地预审和环评审批文件。指标口径为水电企业是否顺利通过国家发展和改革委员会对水电站项目的核准批复，数据来源为相关的批复文件。

②现代企业制度和公司治理结构。现代企业制度是指以市场经济为基础，以完善的企业法人制度为主体，以有限责任制度为核心，以公司企业为主要形式，以产权清晰、权责明确、政企分开、管理科学为条件的新型企业制度。其主要内容包括：企业法人制度、企业自负盈亏制度、出资者有限责任制度、科学的领导体制与组织管理制度。公司治理结构是指为实现资源配置的有效性，所有者（股东）对公司的经营管理和绩效进行监督、激励、控制和协调的一整套制度安排，它反映了决定公司发展方向和业绩的各参与方之间的关系。指标口径为水电企业是否建立完善的现代企业制度和公司治理结构，数据来源为水电企业网站公布的数据。

③编制年度企业社会责任或可持续发展报告。水电企业按照企业社会责任和可持续发展报告指南等相关要求，结合企业实际情况，每年编制企业社会责任报告或可持续发展报告，并对外发布，全面展示上一年度水电企业在环境、社会及治理等领域的实践与创新成果。指标口径为水电企业

是否自行编制或委托专业机构编制年度企业社会责任报告或可持续发展报告，数据来源为水电企业网站公布的数据。

④健全企业社会责任管理体系。社会责任管理体系是指确保企业履行相应的社会责任，实现良性发展的相关制度安排与组织建设。其内容包括组织管理体系、日常管理体系、能力建设体系、业绩考核体系四个部分。指标口径为水电企业是否建立和健全企业社会责任管理体系，内容是否全面等，数据来源为水电企业社会责任报告或可持续发展报告。

（3）依法纳税

①企业所得税是对我国境内的企业和其他取得收入的组织的生产经营所得和其他所得征收的一种税。指标口径为水电企业是否如实申报和缴纳企业所得税，数据来源为水电企业按时发布的企业财务报告。

②增值税是以商品（含应税劳务）在流转过程中产生的增值额作为计税依据而征收的一种流转税。指标口径为水电企业是否如实申报和缴纳增值税，数据来源为水电企业按时发布的企业财务报告。

③印花税是对经济活动和经济交往中订立、领受具有法律效力的凭证的行为所征收的一种税。指标口径为水电企业是否如实申报和缴纳印花税，数据来源为水电企业按时发布的企业财务报告。

（4）安全生产

①质量安全管理体系是一种务实的管理体系，用于确保产品和服务的安全性，以及质量的可靠性和可接受的标准。指标口径为水电企业是否建立安全管理制度，数据来源为水电企业网站和年度报告。

②质量安全专项工作和监督检查制度是指水电企业建立健全本单位安全生产责任制和各项规章制度，落实安全风险分级管控和隐患排查治理双重预防工作机制，及时排查整改安全隐患，严格依法生产经营，确保责任落实到位、安全投入到位、教育培训到位、基础管理到位，不断提升水电企业安全水平。指标口径为水电企业是否建立质量安全专项工作和监督检查制度，数据来源为水电企业网站和年度报告。

③隐患排查整改率是指水电企业全面排查安全隐患，认真制定整改方案，限期整改，力争做到隐患排查整改率100%。其计算公式为：

$$整改率 = 治理隐患总数 \div 排查发现隐患总数 \times 100\% \qquad (5.4.6)$$

指标口径为水电企业针对排查发现的安全隐患项目，逐一进行安全隐患治理的情况，数据来源为水电企业网站和年度报告。

（5）科技创新

①研发创新投入增长率是指水电企业在研究、创新和开发方面的投资增长率，用作衡量企业研究、创新和开发活动的幅度和速度的指标。其计算公式为：

$$研发创新投入增长率 = （今年研发创新投入 - 去年研发创新投入） \qquad (5.4.7)$$
$$\div 去年研发创新投入 \times 100\%$$

指标口径为水电企业每年研发创新投入金额的增长情况，数据来源为水电企业年度报告、网站数据或企业社会责任报告。

②专利数量增长率是指专利技术申请的年增长率或者有效专利的年增长率。其计算公式为：

$$专利数量增长率 = （今年专利数量 - 去年专利数量） \div 去年专利数量 \times 100\%$$
$$(5.4.8)$$

指标口径为水电企业每年申请专利数量的增长情况，数据来源为水电企业年度报告、网站数据或企业社会责任报告。

③水电行业规程规范是指水电企业参与水利水电行业常用标准规程规范讨论和编制工作，成为水电行业规程规范标准制定的参与者。指标口径为水电企业每年参与水电行业规范编制的座谈会情况，数据来源为水电企业网站数据或企业社会责任报告。

（6）电力供应

①年度发电量是指水电企业全部水电站在一定时段内生产的电能，即从水电站发电机母线送出的电量的总和，通常以千瓦小时（kW·h）为计量单位。其计算公式如下：

$$年度发电量 = 装机容量 \times 电网公司同意上网年小时 \qquad (5.4.9)$$

指标口径为水电企业的水电站每年发电量情况，数据来源为水电企业年度报告或企业社会责任报告。

②年度发电增长率是指水电企业全部水电站发电量的增长率。其计算公式如下：

$$年度发电增长率 = (今年发电量 - 去年发电量) \div 去年发电量 \times 100\% \quad (5.4.10)$$

指标口径为水电企业的水电站每年发电量的增长情况，数据来源为水电企业年度报告或企业社会责任报告。

③年度电力供应保障率是指水电企业按照年度电力供应计划履行和保障年度电力供应。指标口径为水电企业按照电力市场交易所确定的供应计划切实保障年度电力供应情况，数据来源为水电企业年度报告或企业社会责任报告。

（7）防洪航运供水

①年度防洪度汛工作计划是指水电企业的各个水电站编制年度防洪度汛工作计划。指标口径为水电企业的电厂是否制订年度防洪度汛工作计划并且按照计划实施，数据来源为水电企业网站或企业社会责任报告。

②设备和库岸边坡的防汛安全检查是指水电企业全面检查电厂厂房、供水廊道、油库、220 千伏开关站、坝上启闭机室等区域的设备设施、排水沟、防汛物资、山体护坡等情况。指标口径为水电企业是否制订电厂设备和库岸边坡的防汛安全检查工作计划并且按照计划实施，数据来源为水电企业网站或企业社会责任报告。

③联合防汛调度是指所有投入运行的水电站都应成立水电站防洪抢险指挥部，负责统一协调指挥水电站的防洪抢险工作，建立水电站与当地政府防汛工作联动机制。指标口径为水电企业是否会同当地水利部门制定了防汛工作联动机制并且按照计划实施，数据来源为当地水利部门防汛工作文件、水电企业网站或企业社会责任报告。

④依据设计要求保障航运是指各水电站依据规划设计方案和下游航运安全运行条件，为保证航运和电站正常运行，需要紧急开启泄洪闸门对下游航道应急补水。指标口径为水电企业是否设计和建设相应的保障上下游航运畅通的设施并且按照设计切实保障航运畅通，数据来源为水电企业网站或企业社会责任报告。

⑤保障水库供水是指水电站充分发挥水库的综合效益，根据水库蓄水

和灌区作物结构等情况，编制灌溉期供水计划，保障农业生产用水和城镇居民生活用水。指标口径为水电企业是否编制了水电站下游灌溉期供水计划并且按照计划实施，数据来源为水电企业网站或企业社会责任报告。

（二）环境测量指标

（1）环境影响评价

①环境影响评价报告是指水电企业委托第三方机构对规划和建设的水电站可能造成的环境影响进行分析、预测和评估，提出预防或者减轻不良环境影响的对策和措施，进行跟踪监测的报告。指标口径为水电企业在规划和建设水电站过程中是否委托第三方机构编制了环境影响评价报告，生态环境主管部门或者其他部门召集有关部门代表和专家组成的审查小组是否对环境影响报告书出具了书面审查意见。数据来源为水电企业网站、环境影响评价报告。

②环境影响后评价是指对已建成的水电站的环境保护投资和效益、措施的有效性和环境影响进行系统、客观的评价，检验环境效益指标是否实现。指标口径为水电企业各个水电站建设项目在通过环境保护设施竣工验收且稳定运行一定时期后，是否对其实际产生的环境影响以及污染防治、生态保护和风险防范措施的有效性进行跟踪监测和验证评价，并提出补救方案或者改进措施。数据来源为环境影响后评价文件。

（2）保护生物多样性

①特有珍稀植物迁地保护和繁育是指水电企业在建设和运行水电站过程中通过迁地保护、引种繁育等措施最大限度地保护大坝库区的生物多样性。指标口径为水电企业各个水电站是否建成库区特有珍稀植物园，进行特有珍稀植物迁地保护、引种繁育和技术繁育研究。数据来源为环境影响评价报告或库区特有珍稀植物园访谈。

②水电站过坝鱼道是指在建水电站或已建水电站修建的供鱼类洄游的通道，是因人类活动破坏鱼类洄游通道而采取的补救措施，一般通过在水闸或坝上修建人工水槽来保护鱼类的习性。指标口径为水电企业各个水电站是否建成过坝鱼道，是否按照规划设计要求运行。数据来源为环境影响评价报告或库区过坝鱼道参观访谈。

③特有珍稀鱼类增殖放流站是指水电站建设特有珍稀鱼类室外蓄水池、繁育车间、珍稀特有鱼类馆、苗种池、养殖池等设施，用于流域特有珍稀鱼类的救护驯养、人工繁殖以及增殖放流等工作。指标口径为水电企业各个水电站是否建成和持续运行库区特有珍稀鱼类增殖放流站，进行珍稀特有鱼类的救护驯养、人工繁殖以及增殖放流。数据来源为环境影响评价报告或库区特有珍稀鱼类增殖放流站参观访谈。

④生态流量泄放是指根据水电站坝址下游河道水生生态、水环境、景观等生态用水需求，编制生态流量泄放方案，通过水闸、溢洪道等设施，主动向河道释放一定的水流，以维护河流生态系统的稳定性和完整性。指标口径为根据水电站的特定情况、河流生态系统特点、当地气象条件等因素，严格控制好流量泄放的时间、强度和范围，以达到最佳的生态流量泄放的效果。

（3）应对气候变化

①大坝消落区生态环境监测是指水电企业要综合运用遥感技术监测、野外验证、生态样地样方监测等方式，对消落区生态系统质量和稳定性状况进行全方位的调查评价、预警预测，实现地质、水环境、动植物、土壤、污染源等全要素、全覆盖监测。指标口径为水电企业各个水电站是否对大坝消落区定期进行生态环境监测。数据来源为水电企业网站和安全环保部门访谈。

②降低企业热能消耗是指水电企业对电站的设备及辅助系统进行技术改造，引进新技术新设备，有效降低水耗和电耗，做到节水多发电，增加企业效益。指标口径为水电企业各个水电站是否进行技术改造以降低企业热能消耗。数据来源为水电企业网站和电厂生产部门访谈。

③低碳办公是指水电企业在经营活动中尽量减少能量以及办公用品的消耗，从而减少碳排放，特别是二氧化碳的排放。指标口径为水电企业是否倡导和实施低碳办公方案。数据来源为水电企业网站和办公室访谈。

（4）加强污染防治

①生态环境保护宣传是指水电企业通过开展系列环保实践活动，将志愿服务贯穿入户宣传、现场指导等各个环节，提高知晓率、扩大覆盖面，

让"绿色、低碳、环保"的理念深入人心、落地生根。指标口径为水电企业是否在企业内部或当地社区开展生态环境保护宣传。数据来源为水电企业网站和宣传部门访谈。

②生态环境保护措施和效果是指水电企业通过建立"预防、减缓、修复"的生态环境保护措施体系，加强生态环境监测和环境管理体系建设，完善水环境、水生生态和陆生生态保护措施，减缓水电开发对生态环境的影响。指标口径为水电企业是否建立"预防、减缓、修复"的生态环境保护措施体系及其实施效果。数据来源为水电企业网站和安全环保部门访谈。

③创新和开发环境友好型技术是指水电企业不断创新和开发高效利用资源和能源、减少污染排放量、处置残余的废弃物等新型环境友好型技术。指标口径为水电企业是否创新和开发环境友好型技术。数据来源为水电企业网站和生产部门访谈。

④公众开放日是指水电企业将水电站厂区、环境保护设施在指定的某一天向公众和媒体开放，让公众更多地了解水电企业在生产经营、环境保护等企业社会责任方面的良好表现，树立正面公众形象。指标口径为水电企业是否建立公众开放日制度。数据来源为水电企业网站和办公室访谈。

（5）完善环境管理体系

①设置环境保护部门是指水电企业应当设置环境保护部门，负责项目建设、枢纽运行、电力生产和水库移民安置过程中的环境保护工作，并负责业务或投资所在地环境保护相关行政主管部门的协调工作。指标口径为水电企业是否设置环境保护部门。数据来源为水电企业网站和安全环保部门访谈。

②制定环境保护管理制度是指水电企业建立了社会通报、环境保护年报、定期向政府部门报告等制度，实现环境保护工作业务全覆盖、全生命周期管理。指标口径为水电企业是否制定环境保护管理制度。数据来源为水电企业网站和安全环保部门访谈。

（三）社会测量指标

（1）保障员工权益

①设置全员参与的企业工会是指水电企业依法建立企业的工会组织。

指标口径为水电企业及各个电厂是否按照《工会法》规定，依法保障劳动者参加和组织工会的权利，并依据工会章程独立自主地开展相关工作。数据来源为水电企业网站或员工和工会访谈。

②制定工会工作制度是指水电企业制定翔实的工会工作制度，明确工会工作职责、工会经费收支管理制度、工会财务管理制度等。指标口径为水电企业及各个电厂是否依据法律规定制定了本单位职工代表大会制度和其他工会工作制度。数据来源为水电企业网站或员工和工会访谈。

③员工的工会入会率是指企业职工中加入工会组织的人员占全体员工的比例。其计算公式为：

$$员工的工会入会率 = 加入工会组织的员工数量 \div 全体员工数量 \times 100\%$$

$$(5.4.11)$$

指标口径为水电企业及各个电厂员工加入本单位工会的实际人数，与水电企业签订劳动合同的员工的工会入会率应达到100%。数据来源为水电企业网站或员工和工会访谈。

④劳动合同签订率是指签订了劳动合同的劳动者占全部劳动者的比重。其计算公式为：

$$劳动合同签订率 = 职工劳动合同签订数 \div 公司职工总数 \times 100\% \quad (5.4.12)$$

指标口径为水电企业及各个电厂与其职工签订正式的劳动合同的实际人数，水电企业有责任要求承包商与其员工签订正式合同。员工与水电企业的合同签订率应达到100%。数据来源为水电企业网站或员工和工会访谈。

⑤制定员工健康安全制度是指水电企业制定员工职业健康检查、职业健康监护档案管理等员工健康管理制度，保护员工的身体健康和各项权益。指标口径为水电企业及各个电厂是否制定了员工健康安全管理制度并切实履行保障员工健康和安全。数据来源为水电企业网站或员工和工会访谈。

⑥年度职工大会是指每年由水电企业的职工代表召开的会议，目的在于探讨企业发展，促进职工代表与企业管理部门之间的交流。水电企业应当每年举办一次职工大会。指标口径为水电企业及各个电厂是否如期组织

召开年度职工大会，充分听取职工的意见和建议。数据来源为水电企业网站或员工和工会访谈。

⑦企业与员工的协商协调机制是指协助、调整企业内部劳动关系的政策、规则、制度、程序、措施等诸多要素的有机联系和有效运转体系。水电企业应当建立企业与员工之间关于工资待遇、五险一金、劳动安全、福利待遇等方面的协商协调制度。指标口径为水电企业及各个电厂是否如期组织召开年度职工大会，充分听取职工的意见和建议。数据来源为水电企业网站或员工和工会访谈。

（2）实现体面劳动

①职工薪酬是指企业为获得职工提供的服务或解除劳动关系而给予职工的各种形式的报酬或补偿。具体包括：短期薪酬、离职后福利、辞退福利和其他长期职工福利。指标口径为水电企业及各个电厂是否按照劳动合同规定及时向职工支付薪酬。数据来源为水电企业网站或员工和工会访谈。

②社会保险参保率是指水电企业实际参加社会保险的人数占全体应参加人口总数的百分比。《社会保险法》（2018 年 12 月 29 日修正）规定，"用人单位和个人依法缴纳社会保险费"，即基本养老保险、基本医疗保险、工伤保险、失业保险和生育保险。其计算公式为：

$$社会保险参保率 = 实际参保人数 \div 应该参保人数 \times 100\% \qquad (5.4.13)$$

指标口径为水电企业及各个电厂是否按照劳动合同规定法缴纳职工各项社会保险费。水电企业员工的社会保险参保率应达到 100%。数据来源为水电企业网站或员工和工会访谈。

③关爱职工是指企业对员工进行关怀和关注，包括对员工生活、工作和发展的关心。指标口径为关爱职工生活情况，关爱职工健康状况，关爱职工思想状况，关爱职工困难，关爱女职工，关爱职工家庭情况。数据来源为水电企业网络或员工和工会访谈。

④职工选拔和培训制度是指水电企业针对职工制定的人员选拔和人员培训机制，以及职工选拔晋升制度和培训制度，鼓励员工不断提升个人素质和能力，提高工作效率，营造公平、公正、公开的企业内部竞争环境。

指标口径为水电企业及各个电厂是否制定职工选拔和培训制度并予以实施。数据来源为水电企业网站或员工和工会访谈。

（3）做好水库移民搬迁安置

①按时足额兑付征地拆迁补偿费用是指水电企业应严格按照批准的水电工程移民安置规划，及时、足额兑付征地补偿和移民安置资金，切实维护受影响群众和企事业单位的合法权益。指标口径为水电企业是否按时和足额兑付水电站建设中受影响群众、村委会、企事业单位的征地和拆迁补偿费用。数据来源为水电企业网站、当地水库移民部门或移民安置综合监理单位访谈。

②水库移民搬迁安置效果是指对非自愿水利水电工程移民的居住、生活和生产的全面规划与实施，以达到移民前的水平，并保证他们在新的生产、生活环境下的可持续发展。安置效果的好坏直接关系到工程建设的进展、效益的发挥乃至社会的安定。指标口径为水电工程移民和企事业单位是否按照审定的移民安置规划报告得到妥善安置，生产生活得以恢复，水库移民的生活水平得到或超过原来的生活水平。数据来源为水电企业网站、当地水库移民部门或移民安置综合监理单位访谈。

③招聘水库移民人数是指水电站建设和运营过程中施工企业和电厂根据招聘员工的基本要求在同等条件下聘用受影响水库移民或当地居民的人数。指标口径为水电企业各个电厂根据岗位工作要求招聘当地水库移民数量。数据来源为水电企业网站、当地水库移民部门或移民安置综合监理单位访谈。

④水电站建设征地补偿和移民安置竣工验收是指水电工程阶段验收和竣工验收前应对农村移民安置、城（集）镇迁建、企（事）业单位处理、专项设施处理、防护工程建设、水库库底清理、移民资金使用管理、移民档案管理、水库移民后期扶持政策落实措施、移民迁建用地手续办理等工作进行验收，维护国家、集体和移民个人的合法权益，促进水利水电工程建设顺利进行。指标口径为水电企业各个水电站的建设征地补偿和移民安置是否顺利竣工和验收。数据来源为水电企业网站、当地水库移民部门或移民安置综合监理单位访谈。

（4）参与水库移民后期扶持

①参与水库移民后期扶持项目的投资额是指水电企业积极参与水库移民后期扶持工作，在主导产业、住房安全、基础设施、公共服务、人居环境等方面帮扶的项目投资额。指标口径为水电企业参与水电站所涉及的水库移民后期扶持项目的投资额。数据来源为水电企业网站、当地水库移民部门或水库移民后期扶持项目监理单位访谈。

②水库移民后期扶持效果是指水电企业帮助水库移民脱贫致富，促进库区和移民安置区经济社会发展，通过实施水库移民后期帮扶项目后达到水库移民"稳得住、能发展、可致富"的实际效果，指标口径为水电站建设涉及的水库移民后期扶持效果评价。数据来源为水电企业网站、水库移民所在库区和移民安置区基础设施建设和经济社会发展规划报告、水库移民部门或水库移民后期扶持项目监理单位访谈。

（5）开展社区帮扶

①参与当地社区基础设施建设的投资额是指水电企业把项目建设与当地社区可持续发展相结合，积极履行社会责任，在促进当地就业、改善当地基础设施、加强社区融合等方面的投资额。指标口径为水电企业参与各个电厂所在社区的基础设施建设的投资金额。数据来源为水电企业网站、水库移民所在库区和移民安置区基础设施建设和经济社会发展规划报告、水库移民部门或基层政府访谈。

②当地社区的员工数量是指水电企业的各个电厂员工中来自当地社区的员工数量。指标口径为水电企业各个电厂根据岗位工作要求招聘当地社区群众的数量。数据来源为水电企业网站、电厂人力资源管理部门、当地水库移民部门或基层政府访谈。

（6）公众参与

①新闻发布会次数是指水电企业每年举办介绍企业经营状况的新闻发布会、答记者问、股东大会会议等形式的次数。同时，上市水电企业应建立新闻发言人制度。指标口径为水电企业每年如期举办新闻发布会等公众参与形式的次数。数据来源为水电企业网站或年度报告。

②国内外水电行业年会和学术会议的次数指标口径为水电企业每年参

加国内外水电行业年会和学术会议的次数。数据来源为水电企业网站或年度报告。

③获得水利水电行业组织颁发的奖项是指水电企业每年获得国内外水利水电行业组织颁发的经济管理、企业社会责任、慈善捐款、乡村振兴等方面的奖项。指标口径为水电企业每年获得水利水电行业组织颁发的奖项数量。数据来源为水电企业网站或年度报告。

④政府与企业互动交流次数是指水电企业每年与当地政府和相关部门举办的互动交流座谈会次数。指标口径为水电企业与当地政府互动交流座谈会次数。数据来源为水电企业网站、年度报告或地方政府官网。

（7）信息公开

①网站建设和信息发布是指水电企业应将企业网站作为企业信息公开的第一平台，提高信息发布时效，建立信息内容更新的保障机制。指标口径为水电企业是否建立门户网站和信息发布情况。数据来源为水电企业网站。

②水电企业官网公开企业社会责任报告或可持续发展报告是指水电企业在网站定期发布和公开完整的企业社会责任报告或可持续发展报告。指标口径为水电企业在其门户网站定期发布披露企业社会责任报告或可持续发展报告的情况。数据来源为水电企业网站。

③企业年度报告是指水电企业应当按年度在规定的期限内，通过市场主体信用信息公示系统向工商机关、股东报送年度报告，上一年度履职情况及下年度重点工作安排，并向社会公示，任何单位和个人均可查询。指标口径为水电企业定期发布企业年度报告的情况。数据来源为水电企业网站。

④非政府组织参与企业社会责任报告或可持续发展报告编制和评价是指水电企业委托第三方机构编制企业社会责任报告或可持续发展报告，非政府组织参加编制过程，通过企业申报等方式，由第三方机构对报告质量进行评价。指标口径为水电企业是否邀请非政府组织参与企业社会责任报告或可持续发展报告编制和评价的情况。数据来源为水电企业网站、企业社会责任报告或可持续发展报告。

（四）伦理测量指标

（1）注重企业伦理

①企业品牌价值是指以可转让的货币单位表示的品牌经济价值，是企业竞争力和自主创新能力的标志，是企业知名度、美誉度的集中体现，更是高附加值的重要载体。指标口径为专业评价机构对水电企业品牌价值的评价。数据来源为水电企业网站和品牌价值评价机构发布的公告。

②企业信用是指企业在社会中的信誉，既包括企业在设立、生产经营活动中与其他企业、消费者相互间所开展的信用活动，也包括企业在融资活动中与政府、金融机构相互间所开展的信用活动。指标口径为银行从偿债能力、获利能力、经营管理、履约情况、发展能力与潜力等方面对水电企业信用等级的评价。数据来源为水电企业网站和年度报告。

（2）注重商业道德

①电力市场交易平台是指发电企业与售电公司或电力大用户之间进行电力交易活动的市场。指标口径为水电企业通过电力市场交易平台向电力用户供应电能。数据来源为水电企业网站和当地电力市场交易平台访谈。

②客户满意度是指水电企业客户通过对一种产品可感知的效果与其期望值相比较后得出的指数。其计算公式为：

$$客户满意度 = 满意客户数量 \div 客户总数 \times 100\% \tag{5.4.14}$$

指标口径为电力客户对水电企业电力供应和服务的满意程度评价。数据来源为水电企业网站、年度报告和电力客户访谈。

③电力供应履约率是指水电企业要根据政府有关部门和电力调度机构的要求做好电力供应保障工作，提高设备运行可靠性。其计算公式为：

$$电力供应履约率 = 履约合同数量 \div 总合同数量 \times 100\% \tag{5.4.15}$$

指标口径为电力客户对水电企业电力供应和服务的满意度评价。数据来源为水电企业网站、年度报告和电力客户访谈。

（3）注重契约精神

①供应商信用评价是指对供应商在评价周期内产品质量、售后服务、合同履行等综合情况进行全面、客观评价，确定供应商信用等级，运用评

价结果的过程。指标口径为水电企业是否建立供应商信用评价制度。数据来源为水电企业网站、供应商访谈。

②年度供应商会议是指水电企业每年组织主要供应商参加的交流大会，与供应商沟通情感，巩固与重点供应商之间的合作关系，加强供需合作、实现互利共赢。指标口径为水电企业是否组织召开年度供应商会议。数据来源为水电企业网站、供应商访谈。

③电力诚信交易承诺是指水电企业依法诚信经营，尊重和保护客户合法权益，为其提供优质、稳定、可靠的清洁能源的承诺。指标口径为水电企业在电力市场交易平台上是否签订电力诚信交易承诺书。数据来源为水电企业网站、电力市场交易平台。

（4）防治腐败

①企业投标或采购中心是指水电企业通过建设集中采购交易平台，公开招标公告、资格预审公告、中标候选人公告、中标结果公示等信息，为供应商提供网上交易洽谈的平台。指标口径为水电企业是否建立和运行集中采购交易平台。数据来源为水电企业网站、集中采购交易平台。

②集中采购管理制度是指水电企业把采购工作集中到一个职能部门进行管理，最极端的情况是一个组织的总部或集团掌握整个采购过程，从战略到策略再到实际操作的各项采购职能与运营，总部的其他部门、各分支机构或各分公司分厂均没有权责。指标口径为水电企业是否建立集中采购管理制度。数据来源为水电企业网站、集中采购交易平台。

（5）禁止商业贿赂

①电力市场管理制度是指有关电力市场操纵力、公平竞争、电网公平开放、交易行为等电力市场行为的管理制度。指标口径为水电企业是否依法依规遵守电力市场管理制度。数据来源为水电企业网站、电力市场交易平台。

②反商业贿赂制度是指制止商业贿赂行为、维护公平竞争秩序的管理制度。指标口径为水电企业是否依法依规建立反商业贿赂制度，国有水电企业是否设置企业内部纪委部门。数据来源为水电企业网站、各项管理制度文件。

（五）自愿测量指标

（1）慈善捐赠

慈善捐赠的测量指标为水电企业每年对外慈善捐赠和捐款的金额。指标口径为水电企业年度慈善捐赠捐款的金额。数据来源为水电企业网站。

（2）参加公益活动

①企业参加公益活动次数是指水电企业每年为社会做免费服务、慰问残疾人员等公益活动的次数。指标口径为水电企业每年参加公益活动的次数。数据来源为水电企业网站。

②员工参与社区公益活动人次是指水电企业员工参与社区服务、环境保护知识宣传、公共福利、社会援助、紧急援助、慈善、文化艺术活动的人数和次数。指标口径为水电企业员工参加社区公益活动人员次数。数据来源为水电企业网站。

（3）参与乡村振兴

①参与当地扶贫项目是指水电企业积极参与当地政府实施的技术扶贫、生产企业扶贫、优质农产品品牌打造、就业技能扶贫、产业发展脱贫、转移就业脱贫、生态保护扶贫等扶贫项目。指标口径为水电企业参与当地扶贫项目的情况。数据来源为水电企业网站。

②参与当地乡村振兴项目是指水电企业积极参与当地政府实施的产业振兴、人才振兴、文化振兴等乡村振兴项目。指标口径为水电企业参与当地乡村振兴项目的情况。数据来源为水电企业网站。

（4）关爱弱势群体

①职工大病救助制度是指水电企业将一些患有病期长、医疗费用高的慢性病、特殊疾病的职工纳入高额医疗费用救助制度，减轻病患职工家庭负担。指标口径为水电企业是否建立职工大病救助制度。数据来源为水电企业网站。

②关爱社区弱势群体是指水电企业联合所在地社区对特困供养人员、孤儿、事实无人抚养儿童、困难残疾人、留守儿童、留守老人等弱势群体给予生活方面的帮扶。指标口径为水电企业参与关爱当地社区弱势群体情况。数据来源为水电企业网站。

五 水电企业社会责任指标体系

从水电企业可持续发展的视角出发，结合 520 份调查问卷的数据统计分析结果，本书分析了水电企业利益相关者诉求、企业社会沟通、社会回应和社会表现，梳理了水电企业社会责任绩效指标，构建了水电企业社会责任指标体系，共包括 5 个核心主题、28 个主要议题和 86 个测量指标，详见表 5 - 27。

表 5 - 27 水电企业社会责任指标体系

核心主题	主要议题	测量指标
经济主题	企业利润	①营业收入增长率；②年度利润；③净利润环比增长率；④企业财务报告
	治理结构	①水电站顺利通过国家发展改革委的项目核准批复；②现代企业制度和公司治理结构；③年度企业社会责任报告或可持续发展报告；④建立健全企业社会责任管理体系
	依法纳税	①企业所得税；②企业增值税；③企业印花税
	安全生产	①是否建立安全管理制度；②质量安全专项工作和监督检查制度；③隐患排查整改率
	科技创新	①研发创新投入增长率；②专利数量增长率；③参与水电行业规程规范编制情况
	电力供应	①年度发电量；②年度发电增长率；③年度电力供应保障率
	防洪航运供水	①制订年度防洪度汛工作计划；②设备和库岸边坡的防汛安全检查工作计划；③联合防汛调度机制；④航运保障率；⑤保障水库供水计划
环境主题	环境影响评价	①环境影响评价报告；②环境影响后评价
	保护生物多样性	①特有珍稀植物迁地保护和繁育；②水电站过坝鱼道；③特有珍稀鱼类增殖放流站；④生态流量泄放
	应对气候变化	①大坝消落区生态环境监测；②降低企业热能消耗；③低碳办公
	加强污染防治	①生态环境保护宣传；②生态环境保护措施和效果；③创新和开发环境友好型技术；④公众开放日
	完善环境管理体系	①设置环境保护部门；②制定环境保护管理制度
社会主题	保障员工权益	①设置企业工会；②制定工会工作制度；③员工的工会入会率；④劳动合同签订率；⑤制定员工健康安全制度；⑥年度职工大会；⑦企业与员工的协商协调机制
	实现体面劳动	①职工薪酬制度；②社会保险参保率；③关爱职工；④职工选拔和培训制度

续表

核心主题	主要议题	测量指标
社会主题	做好水库移民搬迁安置	①按时足额兑付征地拆迁补偿费用；②水库移民搬迁安置效果；③招聘水库移民人数；④水电站建设征地补偿和移民安置竣工验收
	参与水库移民后期扶持	①参与水库移民后期扶持项目的投资额；②水库移民后期扶持效果
	开展社区帮扶	①参与当地社区基础设施建设的投资额；②当地社区的员工数量
	公众参与	①新闻发布会次数；②国内外水利水电行业年会和学术会议次数；③获得水利水电行业组织颁发的奖项；④政府与企业互动交流次数
	信息公开	①网站建设和信息发布；②企业官网公开企业社会责任报告或可持续发展报告；③企业年度报告；④非政府组织参与企业社会责任报告或可持续发展报告编制和评价
伦理主题	注重企业伦理	①企业品牌价值；②企业信用等级
	注重商业道德	①电力市场交易平台；②客户满意度；③电力供应履约率
	注重契约精神	①供应商信用评价；②年度供应商会议；③电力诚信交易承诺
	防治腐败	①设置企业投标或采购中心；②集中采购管理制度
	禁止商业贿赂	①遵守电力市场管理制度；②建立反商业贿赂制度
自愿主题	慈善捐赠	①年度慈善捐赠捐款金额
	参加公益活动	①企业参加公益活动次数；②员工参与社区公益活动人次
	参与乡村振兴	①参与当地扶贫项目；②参与当地乡村振兴项目
	关爱弱势群体	①建立职工大病救助制度；②关爱社区弱势群体

第五节 水电企业社会责任评价方法

国内外有关企业社会责任的评价方法众多，本书采用的评价方法为层次分析法、专家评价法和模糊综合评价法。

一 层次分析法

美国运筹学家萨蒂（Saaty，1987）曾在第一届国际数学建模大会上发表《无结构决策问题的建模——层次分析法》，首次提出层次分析法（Analytic Hierarchy Process，AHP）。20 世纪 70 至 80 年代，萨蒂运用层次分析法较好地解决了美国政府部门和企业在电力供应分配、应急管理、石油价格变化等方面的实际问题。层次分析法的计算方法有：特征向量法、算术平均法、几何平均法、最小二乘法（邓雪等，2012）。层次分析法将评价事项和问题划分为目标层、准则层、方案层和指标层。结合文献和实地调研，邀请评价专家，对上述指标进行打分，根据专家提供的打分结果来判断各指标因素的相对重要性（张亚青等，2021）。层次分析法包括以下几个步骤。

（1）分析评价对象，确定层次模型

通过分析评价对象的特征，对各个指标进行层次化，确定层次模型，通常将分析对象分为 3 个或 3 个以上层次，最高层次为目标层，中间层为准则层，最底层为方案层，由多个指标构成目标层的方案。

（2）构造判断矩阵

采用指标两两比对，使得评价结果能够量化。

（3）计算判断矩阵

计算矩阵的特征向量、各个指标的权重，对各个指标的重要性进行排序。

（4）一致性检验

通过一致性检验，计算一致性指标。

（5）各个层次的总排序

在各个指标单排序后，得出每一个指标在总目标的综合权重，进行一致性检验，得出的结果为指标体系的最终权重。

二 专家评价法

（1）定义

专家评价法是指在定性和定量的基础上，依靠专家的知识和经验，通过专家打分的方式作出定量评价，其评价结果具有数理统计特性。专家评价法的类型主要包括个人评价法、专家会议法、头脑风暴法和德尔菲法。

（2）步骤

专家评价法的基本步骤：一是根据评价对象和评价事项的具体内容，选定评价指标；二是对每一个评价指标确定评价等级，用具体分值来制定不同的评价等级；三是专家组对评价对象和评价事项进行分析和评判，确定每一个评价指标的具体分值；四是采用加法评分法、乘法评分法、加乘评分法等计算方法得出评价对象的总分值，最终得到评价结果。

三 模糊综合评价法

扎德（Zadeh，1965）于1965年首次发表《模糊集》，提出了模糊集合论。由于对于事物的评价往往会面临事物本身的模糊性和评价的主观性，采用模糊数学的方法评价受多个因素制约的事物和对象，会使评价结果更加客观（张铁男、李晶蕾，2002）。本书主要采用模糊综合评价的方法。

（1）确定指标的评价集

根据相关理论和研究，本书将评语设为五个等级，评价集为：

$$V = (v_1, v_2, v_3, v_4, v_5) = (优秀, 良好, 中等, 及格, 不及格) \tag{5.5.1}$$

（2）计算指标隶属度

①定量指标的隶属度函数

将评价集 V 定量化，用百分制区间来表示，即"优秀，良好，中等，及格，不及格"分别对应（90，100），（80，90），（70，80），（60，70），（0，60）。同时取各区间的中间值表示各评判等级的理想得分，即"优秀，良好，中等，及格"的理想得分分别是95分，85分，75分，65分，对于"不及格"的取值区间（0，60）而言，本书以55分作为其理想得分。

选取梯形分布作为计算定量指标的隶属度，计算公式如下：

X 隶属于"优秀"等级的隶属度函数为：

$$A(x) = \begin{cases} 1, x \geq 95 \\ \dfrac{x-85}{95-85}, 85 < x < 95 \\ 0, x \leq 85 \end{cases} \tag{5.5.2}$$

X 隶属于"良好"等级的隶属度函数为：

$$A(x) = \begin{cases} 0, x \geq 95 \\ \dfrac{95-x}{95-85}, 85 < x < 95 \\ 1, x = 85 \\ \dfrac{x-75}{85-75}, 75 < x < 85 \\ 0, x \leq 75 \end{cases} \tag{5.5.3}$$

X 隶属于"中等"等级的隶属度函数为：

$$A(x) = \begin{cases} 0, x \geq 85 \\ \dfrac{85-x}{85-75}, 75 < x < 85 \\ 1, x = 75 \\ \dfrac{x-65}{75-65}, 65 < x < 75 \\ 0, x \leq 65 \end{cases} \qquad (5.5.4)$$

X 隶属于"及格"等级的隶属度函数为：

$$A(x) = \begin{cases} 0, x \geq 75 \\ \dfrac{75-x}{75-65}, 65 < x < 75 \\ 1, x = 65 \\ \dfrac{x-55}{65-55}, 55 < x < 65 \\ 0, x \leq 55 \end{cases} \qquad (5.5.5)$$

X 隶属于"不及格"等级的隶属度函数为：

$$A(x) = \begin{cases} 0, x \geq 65 \\ \dfrac{65-x}{65-55}, 55 < x < 65 \\ 1, x \leq 55 \end{cases} \qquad (5.5.6)$$

②确定定性指标的隶属度

本书采用专家咨询的方法来确定定性指标隶属度，根据本书确定的评估等级标准，按照评价集对每个评价指标进行打分。设有 N 位专家就某个定性指标进行评判。每个评语等级分别有 K_1、K_2、K_3、K_4、K_5 个专家选中，则这个定性指标对每个评语的评价值就可以表示为：

$$A_i = (K_1, K_2, K_3, K_4, K_5) \qquad (5.5.7)$$

其中，$K_1 + K_2 + K_3 + K_4 + K_5 = N$，然后再对这个向量归一化，得到

$$A = \left(\dfrac{K_1}{N}, \dfrac{K_2}{N}, \dfrac{K_3}{N}, \dfrac{K_4}{N}, \dfrac{K_5}{N} \right) \qquad (5.5.8)$$

（3）确定指标权重

为了提高评价模型的客观性，本书采用层次分析法确定各指标的权重，具体步骤为：

①根据指标体系中同一准则层的各指标相对于另一准则层指标的重要性，再由评价专家进行比较赋予权重值，获得各个判断矩阵。

②计算各判断矩阵的最大特征根 λ_{max} 与特征向量。推导出主准则层各元素相对于目标层的相对权重 $A = \{A_1, A_2, \cdots, A_n\}$，其中 A_i 表示第 i 个准则的相对权重。同理，可推导出指标层各元素相对于准则层的相对权重。

③对权重矩阵进行一致性检验，随机一致性指标为 CR，如果 CR < 0.1，则认为判断矩阵一致性较高，否则需调整判断矩阵，直至 CR < 0.1。

（4）构造模糊判断矩阵

若因素集 U 中第 i 个元素对评价集 V 中第 1 个元素的隶属度为 r_{i1}，则它对第 i 个元素单因素评价的结果可用模糊集合表示为：

$$R_i = (r_{i1}, r_{i2}, \cdots, r_{in}), i = 1, 2, \cdots, m \qquad (5.5.9)$$

其中 m 为因素集中指标的个数，n 为评价集等级的个数，以 m 个单因素评价集 R_1，R_2，$\cdots$，R_m 为行组成矩阵 R_{m*n}，R_{m*n} 即为模糊判断矩阵。

（5）建立综合评价模型

确定单因素评判矩阵 R 和因素权向量 W 之后，通过模糊变化将 U 上的模糊向量 W 变为 V 上的模糊向量 B，即：

$$B = W \circ R \qquad (5.5.10)$$

其中，$\circ$ 表示综合评价合成算子。由于本书研究的评价问题，评价指标众多，需要综合考虑各种指标，作出全面的评价。故选择加权平均型运算算子 $M(\cdot, \oplus)$ 进行评价，加权平均型运算模型运算时根据各元素的权重大小进行兼顾，评价结果体现了被评价对象的整体特征，比较适合整体指标的优化。

因此，公式 $B = W^{\circ}R$ 可进一步改写为：

$$B = W * R \qquad (5.5.11)$$

其中，$*$ 为矩阵乘法。

小　结

首先，本章分析了联合国可持续发展目标企业行动指南、《GRI 可持续发展报告指南》、恒生可持续发展企业指数、环境、社会及公司治理（ESG）评价体系、《水电可持续性评估规范》、瑞士绿色水电认证、美国低影响水电认证、《绿色小水电评价标准》，并且从水电企业可持续发展的视角出发对联合国可持续发展目标企业行动指南、GRI《可持续发展报告指南》、恒生可持续发展企业指数系列和《环境、社会及管治报告指引》的核心主题和主要议题进行了筛选。

其次，详细阐述了 SA8000 标准、ISO 26000：2010《社会责任指南》、联合国全球契约、GB/T 36000—2015《社会责任指南》、《中国企业社会责任报告编写指南（CASS—CSR4.0）》、中国企业社会责任领先指数等国内外企业社会责任评价指标体系，对这些指标体系进行了对比分析，筛选出符合水电行业特征的水电企业社会责任指标，并说明了采纳原因。

再次，在阐述了水电企业社会责任指标构建目的、原则和逻辑框架的基础上，本章按照核心主题（目标层）→主要议题（准则层）→测量指标（指标层）的逻辑思路，构建了水电企业社会责任指标体系。

然后，基于水电企业可持续发展，阐述了学者和社会组织关于企业社会责任的核心主题，进而提出了水电企业社会责任 5 个核心主题，构建了水电企业社会责任"五彩"模型，该模型采用五种颜色，描述了水电企业社会责任的五个方面的内涵，提出了各个核心主题之间的评价维度，展现了一个比较清晰的社会责任框架。结合 30 家水电企业社会责任报告和可持续发展报告中阐述的主要议题，以及 520 份调查问卷数据，详细阐述了水电企业社会责任核心主题的 28 个主要议题。按照定量为主、定性为辅的原则，详细阐述了 28 个主要议题所采用的 86 个测量指标的具体内涵、测量公式、指标口径和数据来源。进而提出完整的水电企业社会责任评价指标体系。

最后，在分析国内外有关企业社会责任的评价方法的基础上，本书选用层次分析法、专家评价法和模糊综合评价法等评价方法，论述了三种评价方法的适用范围和优缺点。

第六章

水电企业社会责任指标体系实证分析

为了检验水电企业社会责任指标体系的实际应用性，首先论证了评价指标的权重，建构了水电企业社会责任评价双层线性回归模型。其次，选择了三家典型水电企业作为研究对象，实证检验了水电企业社会责任指标体系的应用性。

第一节 评价指标设计与权重分析

一 指标设计

（一）水电企业社会责任指标体系

首先，水电企业社会责任指标体系的目标层为水电企业社会责任，5个准则层为经济主题、环境主题、社会主题、伦理主题和自愿主题，5个准则层包括了 28 个指标层，即主要议题。根据 28 个指标层的内涵，进一步细化得出 86 个测量指标。详见表 6－1。

表 6－1 水电企业社会责任指标体系

目标层	准则层	指标层	测量指标
水电企业社会责任	经济主题	企业利润	营业收入增长率
			年度利润
			净利润环比增长率
			企业财务报告

续表

目标层	准则层	指标层	测量指标
水电企业社会责任	经济主题	治理结构	水电站顺利通过国家发展改革委的项目核准批复
			现代企业制度和公司治理结构
			年度企业社会责任报告或可持续发展报告
			建立健全企业社会责任管理体系
		依法纳税	企业所得税
			企业增值税
			企业印花税
		安全生产	是否建立安全管理制度
			质量安全专项工作和监督检查制度
			隐患排查整改率
		科技创新	研发创新投入增长率
			专利数量增长率
			参与水电行业规程规范编制情况
		电力供应	年度发电量
			年度发电增长率
			年度电力供应保障率
		防洪航运供水	制订年度防洪度汛工作计划
			设备和库岸边坡的防汛安全检查工作计划
			联合防汛调度机制
			航运保障率
			保障水库供水计划
	环境主题	环境影响评价	环境影响评价报告
			环境影响后评价
		保护生物多样性	特有珍稀植物迁地保护和繁育
			水电站过坝鱼道
			特有珍稀鱼类增殖放流站
			生态流量泄放
		应对气候变化	大坝消落区生态环境监测
			降低企业热能消耗
			低碳办公

续表

目标层	准则层	指标层	测量指标
水电企业社会责任	环境主题	加强污染防治	生态环境保护宣传
			生态环境保护措施和效果
			创新和开发环境友好型技术
			公众开放日
		完善环境管理体系	设置环境保护部门
			制定环境保护管理制度
	社会主题	保障员工权益	设置企业工会
			制定工会工作制度
			员工的工会入会率
			劳动合同签订率
			制定员工健康安全制度
			年度职工大会
			企业与员工的协商协调机制
		实现体面劳动	职工薪酬制度
			社会保险参保率
			关爱职工
			职工选拔和培训制度
		做好水库移民搬迁安置	按时足额兑付征地拆迁补偿费用
			水库移民搬迁安置效果
			招聘水库移民人数
			水电站建设征地补偿和移民安置竣工验收
		参与水库移民后期扶持	参与水库移民后期扶持项目的投资额
			水库移民后期扶持效果
		开展社区帮扶	参与当地社区基础设施建设的投资额
			当地社区的员工数量
		公众参与	新闻发布会次数
			国内外水利水电行业年会和学术会议次数
			获得水利水电行业组织颁发的奖项
			政府与企业互动交流次数
		信息公开	网站建设和信息发布
			企业官网公开企业社会责任报告或可持续发展报告
			企业年度报告
			非政府组织参与企业社会责任报告或可持续发展报告编制和评价

续表

目标层	准则层	指标层	测量指标
水电企业社会责任	伦理主题	注重企业伦理	企业品牌价值
			企业信用等级
		注重商业道德	电力市场交易平台
			客户满意度
			电力供应履约率
		注重契约精神	供应商信用评价
			年度供应商会议
			电力诚信交易承诺
		防治腐败	设置企业投标或采购中心
			集中采购管理制度
		禁止商业贿赂	遵守电力市场管理制度
			建立反商业贿赂制度
	自愿主题	慈善捐赠	年度慈善捐赠捐款金额
		参加公益活动	企业参加公益活动次数
			员工参与社区公益活动人次
		参与乡村振兴	参与当地扶贫项目
			参与当地乡村振兴项目
		关爱弱势群体	建立职工大病救助制度
			关爱社区弱势群体

（二）水电企业社会责任指标的特征

（1）核心主题的特征

水电企业社会责任指标体系包括 5 个核心主题，即经济主题、环境主题、社会主题、伦理主题、自愿主题。鲍恩（Bowen，1953）提出，企业社会责任的原则是"自愿"，强调企业社会责任与法律以及政府监管是不同的。后来，曼尼（Manne，1972）和谢赫（Sheikh，1996）也认可这一原则。自愿主题是指水电企业根据自身的生产经营状况，自行决策是否履行自愿责任。自愿主题是水电企业社会责任指标体系与其他企业社会责任指标体系的最大不同。

（2）主要议题的特征

在 28 个主要议题当中，经济主题的电力供应、防洪航运供水议题是根据水电企业生产经营实际情况设计的。社会主题的做好水库移民搬迁安置、参与水库移民后期扶持议题是根据水电企业利益相关者的利益诉求和影响水电站规划和建设进度设计的，体现了水库移民作为直接利益相关者的实际影响作用。自愿主题的参与乡村振兴议题是根据国家乡村振兴战略和水电企业生态系统内容设计的，是水电企业响应国家所提出的农业优先发展、农村全面振兴、城乡发展一体化、人与自然和谐共存等乡村振兴战略的主要议题。做好水库移民搬迁安置议题包括按时足额兑付征地拆迁补偿费用、水库移民搬迁安置效果、招聘水库移民人数、水电站建设征地补偿和移民安置竣工验收等测量指标，充分体现了水电企业与利益相关者的密切关系，也是政府和非政府组织关注的重要议题。

（3）测量指标的特征

本书依据水电行业特征和水电企业生产经营实践，参照基于利益相关者的水电企业社会表现指标，筛选出了 86 个测量指标，测量指标设计坚持了数据资料的可获得性、定量优先、符合行业特征的原则。例如，电力供应议题的年度发电量、年度发电增长率、年度电力供应保障率等测量指标，防洪航运供水议题的制订年度防洪度汛工作计划、设备和库岸边坡的防汛安全检查工作计划、联合防汛调度机制、航运保障率、保障水库供水计划等测量指标，参与水库移民后期扶持议题的参与水库移民后期扶持项目的投资额、水库移民后期扶持效果等测量指标。这些测量指标充分体现了水电行业特征，符合水电企业生产经营实践，能够很好地说明水电企业履行企业社会责任的绩效水平。

与国内外现行的企业社会责任指标体系相比，水电企业社会责任指标体系比较符合水电行业特征，也比较符合水电企业履行社会责任的实际需求和投资者的关注重点，能够更好地展示水电企业社会责任绩效水平，能够提高不同规模水电企业履行企业社会责任的积极性和对指标体系的认可度。

二 数据来源和样本选择

（1）数据来源

2021 年 8 月 23 日至 9 月 20 日，采取专家一对一问卷调查和网络调查的方式发放调查问卷，其中网络调查采用"问卷星"的滚雪球方式，向相关专家直接发放调查问卷。调查对象主要包括水库移民管理部门工作人员、高校从事水电工程和移民安置研究的师生、水电工程建设规划设计和监理评估人员、水电企业管理人员和员工、从事企业社会责任理论研究和咨询服务的工作人员等，上述调查对象比较熟悉水电企业生产经营活动，比较了解水电工程建设和水电企业社会责任等问题。

（2）样本选择

本次问卷调查共收回 560 份问卷，为了防止问卷填写随意性对评价模型造成不利影响，剔除了填写时长小于 180 秒和完整度未达到 90% 的 40 份问卷，最终得到有效问卷 520 份。

三 卡方拟合优度检验

为了探究不同职业对评价指标的认知是否存在显著性差异，我们对问卷中支撑指标体系的问题进行卡方拟合优度检验。

卡方拟合优度检验是一种常见的非参数检验方法，是用来检验观测数与依照某种假设或分布模型计算得到的理论数之间一致性的一种统计假设检验，以便判断该假设或模型是否与实际观测数据相吻合，可应用于多重响应频率分析表中，分析一个问题对某个分组是否存在显著性差异。

检验的基本步骤为：

Step 1：将观测值分为 K 组。在本书中，按职业分组，$K=11$。

Step 2：计算 n 次观测值中每组的观测频数，记为 O_i。

Step 3：根据变量的分布规律和统计学规律，计算每组的理论频率，记为 P_i。

Step 4：计算每组的理论频数 $T_i = n P_i$。要求 T_i 不小于 5，否则将尾区相邻的组合并，直到合并后的组的 $T_i \geq 5$，转到 Step 5。

Step 5：检验O_i 与T_i 的差异显著性，判断两者之间的不符合度，检验方法为：

Step5.1：零假设：H0：$O - T = 0$；备择假设：$O - T \neq 0$

Step5.2：检验统计量：根据统计学规律，当 $n \geq 50$ 时，所定义的检验统计量近似服从卡方分布。即

$$\chi^2_{df} = \sum_{i=1}^{\kappa} \frac{(O_i - T_i)^2}{T_i} \qquad (6.2.1)$$

Step5.3：建立拒绝域

Step5.4：得出统计学结论

利用上述方法，调查问卷根据调查对象的职业分组，对"在经济主题、环境主题、社会主题、伦理主题和自愿主题方面，您认为水电企业社会责任评价指标有哪些？"的 5 个问题分别应用卡方拟合优度检验进行分析。得到的准则层和指标层的卡方拟合优度检验χ^2_{df}值如表 6 - 2 所示。

表 6 - 2　准则层和指标层的卡方拟合优度检验χ^2_{df}值

指标	经济主题	环境主题	社会主题	伦理主题	自愿主题
χ^2_{df}	18.639	5.640	9.783	10.853	6.580

进一步根据χ^2_{df}计算得出准则层和指标层的选项分布与不同职业的显著性差异水平 p 值，如表 6 - 3 所示。

表 6 - 3　准则层和指标层的选项分布与不同职业的显著性差异水平 p 值

指标	经济主题	环境主题	社会主题	伦理主题	自愿主题
p	0.9997	0.9998	0.9997	0.9996	0.9998

根据卡方拟合优度检验，从表 6 - 3 可知，p 值大于 0.05，在 $\alpha = 0.05$ 水平上不显著，接受原假设，即不同职业对评价指标的认知不存在显著性差异。检验结果不显著，但是在识别利益相关者方面，二者存在差异。

四　层次分析法计算各评价指标的权重

（一）确定评价对象因素集

目标层即总体目标，在这里指水电企业社会责任的评价；准则层即为评价的各个方面，具体是指经济准则、环境准则、社会准则、伦理准则、自愿准则；指标层是由准则层进一步分解得来的，是各准则的关键指标。评价指标层次结构如图 6－1 所示。

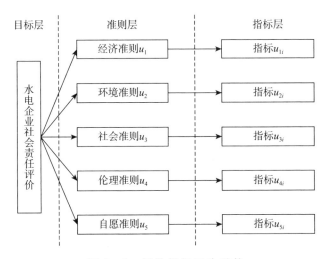

图 6－1　评价指标层次结构

确定评价方案的因素集合 $U = (u_1, u_2, \cdots, u_n)$，本体系中 $n = 5$，即

$$U = (经济准则u_1, 环境准则u_2, 社会准则u_3, 伦理准则u_4, 自愿准则u_5) \quad (6.2.2)$$

再对因素集 U 作划分，得到第二级因素集 $u_i = (u_{i1}, u_{i2}, \cdots, u_{im})$，$i = 1, 2, \cdots, 5$，本体系中 Max $(m) \leqslant 7$，有：

$$u_1 = \begin{pmatrix} 企业利润u_{11}, 治理结构u_{12}, 依法纳税u_{13}, 安全生产u_{14}, 科技创新u_{15}, \\ 电力供应u_{16}, 防洪航运供水u_{17} \end{pmatrix}$$
$$(6.2.3)$$

$$u_2 = \begin{pmatrix} 环境影响评价u_{21}, 保护生物多样性u_{22}, 应对气候变化u_{23}, \\ 加强污染防治u_{24}, 完善环境管理体系u_{25} \end{pmatrix} \quad (6.2.4)$$

$$u_3 = \begin{pmatrix} 保障员工权益u_{31},实现体面劳动u_{32},做好水库移民搬迁安置u_{33}, \\ 参与水库移民后续扶持u_{34},开展社区帮扶u_{35},公众参与u_{36},信息公开u_{37} \end{pmatrix}$$

$$(6.2.5)$$

$$u_4 = \begin{pmatrix} 注重企业伦理u_{41},注重商业道德u_{42},注重契约精神u_{43},防治腐败u_{44}, \\ 禁止商业贿赂u_{45} \end{pmatrix}$$

$$(6.2.6)$$

$$u_5 = (慈善捐赠u_{51},参加公益活动u_{52},参与乡村振兴u_{53},关爱弱势群体u_{54})$$

$$(6.2.7)$$

（二）确定各指标的权重

①构造判断矩阵

判断矩阵 $A = (A_{ij})$ 表示本层所有因素针对上一层某一个因素的相对重要性的比较。A_{ij} 表示的是第 i 个因素相对于第 j 个因素的比较结果，本书使用的是 Santy 给出的 $1 \sim 9$ 标度方法，判断矩阵标度值的定义如表 6 - 4 所示。

表 6 - 4 判断矩阵标度值的定义

相对重要性	定义
1	同等重要
3	略微重要
5	相当重要
7	明显重要
9	绝对重要
2, 4, 6, 8	两个相邻判断的中间值
1/3	略微不重要
1/5	相当不重要
1/7	明显不重要
1/9	绝对不重要
1/2, 1/4, 1/6, 1/8	两个相邻判断的中间值

②采用方根法（刘杭，1987）计算矩阵特征向量的近似值与权重向量

Step 1：计算判断矩阵 A 每行元素乘积的 n 次方根得到矩阵特征向量 M，M 的每个元素计算公式如下：

$$M_i = \sqrt[n]{\prod_{j=1}^{n} a_{ij}} \qquad (6.2.8)$$

Step 2：将 M 归一化，得到权重向量 W，权重向量每个元素的计算公式为：

$$W_i = \frac{M_i}{\sum_{i=1}^{n} M_i} \qquad (6.2.9)$$

Step 3：一致性检验

首先，计算判断矩阵的最大特征根 λ：

$$\lambda = \sum_{i=1}^{n} \frac{(AW)_i}{nW_i} \qquad (6.2.10)$$

度量判断矩阵偏离一致性指标 CI 为：

$$CI = (\lambda - n)/(n-1) \qquad (6.2.11)$$

其中，CI 越大，判断矩阵一致性越差，特殊地，当 $CI = 0$ 时，判断矩阵具有完全一致性。

一致性比率为 CR，公式为：

$$CR = \frac{CI}{RI} \qquad (6.2.12)$$

其中 RI 为平均随机一致性指标，可通过查表 6 - 5 获得。一般来说，当 $CR < 0.1$ 时可以认为判断矩阵的一致性可以接受。

表 6 - 5　平均随机一致性指标 RI 与矩阵阶数的对应

矩阵阶数	1	2	3	4	5	6	7	8	9
RI	0	0	0.52	0.89	1.12	1.26	1.36	1.41	1.46

（三）计算准则层的权重

上述 520 位受调查者对准则层的五个因素的重要性排序如表 6 - 6 所示。

表 6 - 6　准则层五个因素的重要性排序

排序因素	1	2	3	4	5
经济准则	197	173	139	6	5
环境准则	123	127	211	37	22
社会准则	178	199	128	8	7
伦理准则	17	18	23	267	195
自愿准则	5	3	19	202	291

设定以下的排序与得分的转换规则：假设某个问卷者给因素 k 排的序号为 m，则该因素获得 $6 - m$ 分（比如某个人把经济排在第一位，那么经济获得 5 分，以此类推）。通过该打分规则计算各因素的平均分如表 6 - 7 所示。

表 6 - 7　准则层五个因素的平均分

单位：分

因素	经济准则	环境准则	社会准则	伦理准则	自愿准则
平均分	4.06	3.56	4.02	1.84	1.51

结合问卷结果与水电企业实际情况，可以构造如下所示的准则层判断矩阵。

$$A = \begin{pmatrix} 1 & 2 & 1 & 3 & 5 \\ 1/2 & 1 & 1/2 & 3 & 5 \\ 1 & 2 & 1 & 2 & 3 \\ 1/3 & 1/3 & 1/2 & 1 & 2 \\ 1/5 & 1/5 & 1/3 & 1/2 & 1 \end{pmatrix} \tag{6.2.13}$$

表 6 - 8 展示了准则层的层次分析的权重计算结果，根据结果对各个指标的权重进行分析。结果显示，经济的权重值为 0.3328，环境的权重值为 0.2196，社会的权重值为 0.2771，伦理的权重值为 0.1087，自愿的权重值为 0.0618。

表6-8　准则层层次分析结果

准则层	特征向量	权重值	最大特征根	CI值
经济准则	1.9741	0.3328		
环境准则	1.3032	0.2196		
社会准则	1.6442	0.2771	5.1710	0.0430
伦理准则	0.6443	0.1087		
自愿准则	0.3672	0.0618		

表6-9展现了准则层一致性检验结果。层次分析法的计算结果显示，最大特征根为5.171，根据 RI 表查到对应的 RI 值为1.12，因此 $CR = CI/RI = 0.038 < 0.1$，通过一次性检验。

表6-9　准则层一致性检验结果

最大特征根	CI值	RI值	CR值	一致性检验结果
5.171	0.0430	1.12	0.0380	通过

（四）计算指标层的权重

假设调查问卷中，第 i 项指标选择的比例为 p_i，第 j 项指标选择的比例为 p_j，$k = p_i/p_j$，则矩阵中的元素

$$A_{ij} = \begin{cases} 1/9, & k \leq 0.74 \\ 1/7, & 0.74 < k \leq 0.8 \\ 1/5, & 0.8 < k \leq 0.87 \\ 1/3, & 0.87 < k \leq 0.95 \\ 1, & 0.95 < k \leq 1.05 \\ 3, & 1.05 < k \leq 1.15 \\ 5, & 1.15 < k \leq 1.25 \\ 7, & 1.25 < k \leq 1.35 \\ 9, & k > 1.35 \end{cases} \tag{6.2.14}$$

按该方法，分别构造经济准则 u_1、环境准则 u_2、社会准则 u_3、伦理准则 u_4 和自愿准则 u_5 的判断矩阵，它们分别为 A_1、A_2、A_3、A_4 和 A_5。

①经济准则

$$A_1 = \begin{pmatrix} 1 & 1/5 & 1/7 & 1/7 & 1 & 1/3 & 1 \\ 5 & 1 & 1/3 & 1/5 & 5 & 3 & 5 \\ 7 & 3 & 1 & 1 & 7 & 5 & 7 \\ 7 & 5 & 1 & 1 & 7 & 5 & 7 \\ 1 & 1/5 & 1/7 & 1/7 & 1 & 1/3 & 1 \\ 3 & 1/3 & 1/5 & 1/5 & 3 & 1 & 1 \\ 1 & 1/5 & 1/7 & 1/7 & 1 & 1 & 1 \end{pmatrix} \qquad (6.2.15)$$

表 6 - 10 展示了经济准则层次分析的权重计算结果，根据结果对各个指标的权重进行分析。结果显示，企业利润的权重值为 0.0368，治理结构的权重值为 0.1495，依法纳税的权重值为 0.3200，安全生产的权重值为 0.3442，科技创新的权重值为 0.0368，电力供应的权重值为 0.0697，防洪航运供水的权重值为 0.0430。

表 6 - 10 经济准则层次分析结果

指标层	特征向量	权重值	最大特征根	CI 值
企业利润	0.3895	0.0368		
治理结构	1.5838	0.1495		
依法纳税	3.3900	0.3200		
安全生产	3.6466	0.3442	7.3017	0.0503
科技创新	0.3895	0.0368		
电力供应	0.7387	0.0697		
防洪航运供水	0.4557	0.0430		

表 6 - 11 展现了经济准则一致性检验结果。层次分析法的计算结果显示，最大特征根为 7.3017，根据 *RI* 表查到对应的 *RI* 值为 1.36，因此 $CR = CI/RI = 0.0370 < 0.1$，通过一致性检验。

表 6 – 11   经济准则一致性检验结果

最大特征根	CI 值	RI 值	CR 值	一致性检验结果
7.3017	0.0503	1.36	0.0370	通过

②环境准则

$$A_2 = \begin{pmatrix} 1 & 1 & 5 & 3 & 3 \\ 1 & 1 & 3 & 1 & 3 \\ 1/5 & 1/3 & 1 & 1/3 & 1 \\ 1/3 & 1 & 3 & 1 & 3 \\ 1/3 & 1/3 & 1 & 1/3 & 1 \end{pmatrix} \tag{6.2.16}$$

表 6 – 12 展示了环境准则层次分析的权重计算结果,根据结果对各个指标的权重进行分析。结果显示,环境影响评价的权重值为 0.3615,保护生物多样性的权重值为 0.2620,应对气候变化的权重值为 0.0789,加强污染防治的权重值为 0.2103,完善环境管理体系的权重值为 0.0873。

表 6 – 12   环境准则层次分析结果

指标层	特征向量	权重值	最大特征根	CI 值
环境影响评价	2.1411	0.3615		
保护生物多样性	1.5518	0.2620		
应对气候变化	0.4670	0.0789	5.1349	0.0337
加强污染防治	1.2457	0.2103		
完善环境管理体系	0.5173	0.0873		

表 6 – 13 展现了环境准则一致性检验结果。层次分析法的计算结果显示,最大特征根为 5.1349,根据 RI 表查到对应的 RI 值为 1.12,因此 $CR = CI/RI = 0.0301 < 0.1$,通过一致性检验。

表 6 – 13   环境准则一致性检验结果

最大特征根	CI 值	RI 值	CR 值	一致性检验结果
5.1349	0.0337	1.12	0.0301	通过

③社会准则

$$
A_3 = \begin{pmatrix}
1 & 9 & 1/3 & 1/3 & 1 & 5 & 3 \\
1/9 & 1 & 1/9 & 1/9 & 1/9 & 1/7 & 1/9 \\
3 & 9 & 1 & 3 & 3 & 7 & 5 \\
3 & 9 & 1/3 & 1 & 1 & 5 & 5 \\
3 & 9 & 1/3 & 1 & 1 & 5 & 5 \\
1/5 & 7 & 1/7 & 1/5 & 1/5 & 1 & 1/3 \\
1/3 & 9 & 1/5 & 1/5 & 1/5 & 3 & 1
\end{pmatrix} \tag{6.2.17}
$$

表 6 - 14 展示了社会准则层次分析的权重计算结果，根据结果对各个指标的权重进行分析。结果显示，保障员工权益的权重值为 0.1197，实现体面劳动的权重值为 0.0150，做好水库移民搬迁安置的权重值为 0.3466，参与水库移民后期扶持的权重值为 0.2063，开展社区帮扶的权重值为 0.2063，公众参与的权重值为 0.0408，信息公开的权重值为 0.0653。

表 6 - 14 社会准则层次分析结果

指标层	特征向量	权重值	最大特征根	CI 值
保障员工权益	1.2585	0.1197		
实现体面劳动	0.1576	0.0150		
做好水库移民搬迁安置	3.6424	0.3466		
参与水库移民后期扶持	2.1678	0.2063	7.8072	0.1345
开展社区帮扶	2.1678	0.2063		
公众参与	0.4288	0.0408		
信息公开	0.6867	0.0653		

表 6 - 15 展现了社会准则一致性检验结果。层次分析法的计算结果显示，最大特征根为 7.8072，根据 RI 表查到对应的 RI 值为 1.36，因此 $CR = CI/RI = 0.0989 < 0.1$，通过一致性检验。

表 6 - 15 社会准则一致性检验结果

最大特征根	CI 值	RI 值	CR 值	一致性检验结果
7.8072	0.1345	1.36	0.0989	通过

④伦理准则

$$A_4 = \begin{pmatrix} 1 & 1 & 1/3 & 3 & 5 \\ 1 & 1 & 1 & 5 & 7 \\ 3 & 1 & 1 & 5 & 7 \\ 1/3 & 1/5 & 1/5 & 1 & 3 \\ 1/5 & 1/7 & 1/7 & 1/3 & 1 \end{pmatrix} \qquad (6.2.18)$$

表 6-16 展示了伦理准则层次分析的权重计算结果，根据结果对各个指标的权重进行分析。结果显示，注重企业伦理的权重值为 0.2046，注重商业道德的权重值为 0.3019，注重契约精神的权重值为 0.3761，防治腐败的权重值为 0.0779，禁止商业贿赂的权重值为 0.0396。

表 6-16　伦理准则层次分析结果

指标层	特征向量	权重值	最大特征根	CI 值
注重企业伦理	1.3797	0.2046		
注重商业道德	2.0362	0.3019		
注重契约精神	2.5365	0.3761	5.1629	0.0407
防治腐败	0.5253	0.0779		
禁止商业贿赂	0.2671	0.0396		

表 6-17 展现了伦理准则一致性检验结果。层次分析法的计算结果显示，最大特征根为 5.1629，根据 RI 表查到对应的 RI 值为 1.12，因此 $CR = CI/RI = 0.0363 < 0.1$，通过一致性检验。

表 6-17　伦理准则一致性检验结果

最大特征根	CI 值	RI 值	CR 值	一致性检验结果
5.1629	0.0407	1.12	0.0363	通过

⑤自愿准则

$$A_5 = \begin{pmatrix} 1 & 1/7 & 1/5 & 1/3 \\ 7 & 1 & 1 & 5 \\ 5 & 1 & 1 & 3 \\ 3 & 1/5 & 1/3 & 1 \end{pmatrix} \tag{6.2.19}$$

表 6 - 18 展示了自愿准则层次分析的权重计算结果，根据结果对各个指标的权重进行分析。结果显示，慈善捐赠的权重值为 0.0581，参加公益活动的权重值为 0.4520，参与乡村振兴的权重值为 0.3657，关爱弱势群体的权重值为 0.1243。

表 6 - 18　自愿准则层次分析结果

指标层	特征向量	权重值	最大特征根	CI 值
慈善捐赠	0.3124	0.0581		
参加公益活动	2.4323	0.4520	4.082	0.0273
参与乡村振兴	1.9680	0.3657		
关爱弱势群体	0.6687	0.1243		

（五）一致性检验结果

表 6 - 19 展现了自愿准则一致性检验结果。层次分析法的计算结果显示，最大特征根为 4.082，根据 RI 表查到对应的 RI 值为 0.89，因此 $CR = CI/RI = 0.0306 < 0.1$，通过一致性检验。

表 6 - 19　自愿准则一致性检验结果

最大特征根	CI 值	RI 值	CR 值	一致性检验结果
4.082	0.0273	0.89	0.0306	通过

（六）指标权重结果

综上所述，各判断矩阵均可通过一致性检验，用层次分析法求出的权重向量可用。评价体系中各指标权重值如表 6 - 20 所示。

表 6 - 20 评价体系各指标权重值

目标层	准则层	权重	指标层	权重值
水电企业社会责任的评价指标	经济准则	0.3328	企业利润	0.0368
			治理结构	0.1495
			依法纳税	0.3200
			安全生产	0.3442
			科技创新	0.0368
			电力供应	0.0697
			防洪航运供水	0.0430
	环境准则	0.2196	环境影响评价	0.3615
			保护生物多样性	0.2620
			应对气候变化	0.0789
			加强污染防治	0.2103
			完善环境管理体系	0.0873
	社会准则	0.2771	保障员工权益	0.1197
			实现体面劳动	0.0150
			做好水库移民搬迁安置	0.3466
			参与水库移民后期扶持	0.2063
			开展社区帮扶	0.2063
			公众参与	0.0408
			信息公开	0.0653
	伦理准则	0.1087	注重企业伦理	0.2046
			注重商业道德	0.3019
			注重契约精神	0.3761
			防治腐败	0.0779
			禁止商业贿赂	0.0396
	自愿准则	0.0618	慈善捐赠	0.0581
			参加公益活动	0.4520
			参与乡村振兴	0.3657
			关爱弱势群体	0.1243

第二节 水电企业社会责任评价的
双层线性回归模型

对于一个复杂的评价体系的量化，仅仅通过指标和目标之间的函数关系很难获得客观的结果，其原因在于指标的侧重面不同，会产生不同的权重分配比例。因此，为了获得客观的量化结果，借助中间层（准则层或因素层），建立双层回归模型，上层为分类指标层对各中间层（因素层）的回归分析，底层为中间层对目标层的回归分析。

为了方便建立模型，将目标层、准则层、指标层的名称以及权重分别用数学符号进行标记，如表 6-21 所示。

表 6-21　评价指标体系准则层和指标层的各指标权重系数

目标层	准则层	权重系数	指标层	权重系数
水电企业社会责任的评价指标（V）	经济准则（J）	ω_J	企业利润（J_1）	ω_{J1}
			治理结构（J_2）	ω_{J2}
			依法纳税（J_3）	ω_{J3}
			安全生产（J_4）	ω_{J4}
			科技创新（J_5）	ω_{J5}
			电力供应（J_6）	ω_{J6}
			防洪航运供水（J_7）	ω_{J7}
	环境准则（H）	ω_H	环境影响评价（H_1）	ω_{H1}
			保护生物多样性（H_2）	ω_{H2}
			应对气候变化（H_3）	ω_{H3}
			加强污染防治（H_4）	ω_{H4}
			完善环境管理体系（H_5）	ω_{H5}
	社会准则（S）	ω_S	保障员工权益（S_1）	ω_{S1}
			实现体面劳动（S_2）	ω_{S2}
			做好水库移民搬迁安置（S_3）	ω_{S3}
			参与水库移民后期扶持（S_4）	ω_{S4}
			开展社区帮扶（S_5）	ω_{S5}
			公众参与（S_6）	ω_{S6}
			信息公开（S_7）	ω_{S7}

续表

目标层	准则层	权重系数	指标层	权重系数
水电企业社会责任的评价指标（V）	伦理准则（L）	ω_L	注重企业伦理（L_1）	ω_{L1}
			注重商业道德（L_2）	ω_{L2}
			注重契约精神（L_3）	ω_{L3}
			防治腐败（L_4）	ω_{L4}
			禁止商业贿赂（L_5）	ω_{L5}
	自愿准则（Z）	ω_Z	慈善捐赠（Z_1）	ω_{Z1}
			参加公益活动（Z_2）	ω_{Z2}
			参与乡村振兴（Z_3）	ω_{Z3}
			关爱弱势群体（Z_4）	ω_{Z4}

一 准则层与各自指标之间的回归模型

依据表6-21，水电企业社会责任指标体系共有28个指标层，这些指标对目标的影响侧重于5个不同的准则层。5个准则分别与各自的指标建立的回归模型如下。

（1）经济准则与其指标的回归模型：

$$J = \omega_{J1} * J_1 + \omega_{J2} * J_2 + \omega_{J3} * J_3 + \omega_{J4} * J_4 + \omega_{J5} * J_5 + \omega_{J6} * J_6 + \omega_{J7} * J_7 + \varepsilon_J$$

$$(6.3.1)$$

其中，各变量的含义见表6-21，$\sum_{i=1}^{7} \omega_{Ji} = 1$，$\varepsilon_J \in N(0, \sigma_J^2)$ 表示由随机因素引起的经济层面的误差。

（2）环境准则与其指标的回归模型：

$$H = \omega_{H1} * H_1 + \omega_{H2} * H_2 + \omega_{H3} * H_3 + \omega_{H4} * H_4 + \omega_{H5} * H_5 + \varepsilon_H \qquad (6.3.2)$$

其中，各变量的含义见表6-21，$\sum_{i=1}^{5} \omega_{Hi} = 1$，$\varepsilon_H \in N(0, \sigma_H^2)$ 表示由随机因素引起的环境层面的误差。

（3）社会准则与其指标的回归模型：

$$S = \omega_{S1} * S_1 + \omega_{S2} * S_2 + \omega_{S3} * S_3 + \omega_{S4} * S_4 + \omega_{S5} * S_5 + \omega_{S6} * S_6 + \omega_{S7} * S_7 + \varepsilon_S$$

$$(6.3.3)$$

其中，各变量的含义见表 6 – 21，$\sum_{i=1}^{7} \omega_{Si} = 1$，$\varepsilon_s \in N\left(0, \sigma_S^2\right)$ 表示由随机因素引起的社会层面的误差。

（4）伦理准则与其指标的回归模型：

$$L = \omega_{L1} * L_1 + \omega_{L2} * L_2 + \omega_{L3} * L_3 + \omega_{L4} * L_4 + \omega_{L5} * L_5 + \varepsilon_L \qquad (6.3.4)$$

其中，各变量的含义见表 6 – 21，$\sum_{i=1}^{5} \omega_{Li} = 1$，$\varepsilon_L \in N\left(0, \sigma_L^2\right)$ 表示由随机因素引起的伦理层面的误差。

（5）自愿准则与其指标的回归模型：

$$Z = \omega_{Z1} * Z_1 + \omega_{Z2} * Z_2 + \omega_{Z3} * Z_3 + \omega_{Z4} * Z_4 + \varepsilon_Z \qquad (6.3.5)$$

其中，各变量的含义见表 6 – 21，$\sum_{i=1}^{4} \omega_{Zi} = 1$，$\varepsilon_Z \in N\left(0, \sigma_Z^2\right)$ 表示由随机因素引起的自愿层面的误差。

二　目标层与准则层之间的回归模型

根据表 6 – 21，水电企业社会责任指标体系共有 5 个准则层，这 5 个准则层受到各自指标的影响，还同时对目标层产生影响。下面建立目标层与其 5 个准则层之间的回归模型：

$$V = \omega_J * J + \omega_H * H + \omega_S * S + \omega_L * L + \omega_z * Z + \varepsilon_V \qquad (6.3.6)$$

其中，V 表示目标的评价，ω_J，ω_H，ω_S，ω_L，ω_Z 分别表示准则层经济、环境、社会、伦理、自愿的权重系数，且满足 $\omega_J + \omega_H + \omega_S + \omega_L + \omega_z = 1$，$\varepsilon_V \in N\left(0, \sigma_V^2\right)$ 表示各准则层面上的误差及其他因素引起的误差，可以认为是随机干扰项。

三　双层线性回归模型及其系数

首先，根据调查表所获得的数据，通过层次分析法计算每个指标的权重系数，为方便量化，忽略所有的随机因素，得到各准则层与指标层的回归模型，也就是第一层回归模型，如下所示。

$$J = 0.0368J_1 + 0.1495J_2 + 0.3200J_3 + 0.3442J_4 + 0.0368J_5 + 0.0697J_6 + 0.0430J_7$$

$$\text{(6.3.7)}$$

$$H = 0.3615H_1 + 0.2620H_2 + 0.0789H_3 + 0.2103H_4 + 0.0873H_5 \qquad \text{(6.3.8)}$$

$$S = 0.1197S_1 + 0.0150S_2 + 0.3466S_3 + 0.2063S_4 + 0.2063S_5 + 0.0408S_6 + 0.0653S_7$$

$$\text{(6.3.9)}$$

$$L = 0.2046L_1 + 0.3019L_2 + 0.3761L_3 + 0.0779L_4 + 0.0396L_5 \qquad \text{(6.3.10)}$$

$$Z = 0.0581Z_1 + 0.4520Z_2 + 0.3657Z_3 + 0.1243Z_4 \qquad \text{(6.3.11)}$$

其次，对于准则层与目标层的回归模型权重系数，本书采用专家评价的方法。对于准则层来说，它是直接影响研究目标的，需要更客观的和专业性强的评估方式，因此，选择专家评价法得出权重系数。

经专家打分，运用层次分析法得出经济准则、环境准则、社会准则、伦理准则和自愿准则 5 个准则方面的权重系数，根据公式（6.3.6），得到水电企业社会责任评价模型如下。

$$V = 0.3328J + 0.2196H + 0.2771S + 0.1087L + 0.0618Z \qquad \text{(6.3.12)}$$

该模型为第二层回归模型，这样，公式（6.3.7）至公式（6.3.12）构成本书的双层线性回归模型。

第三节　水电企业社会责任指标体系的实证检验

根据构建的水电企业社会责任指标体系及各个指标权重，本书运用层次分析法、专家评价法和模糊综合评价法，对中国长江电力股份有限公司（以下简称"长江电力"）、华能澜沧江水电股份有限公司（以下简称"华能澜沧江"）、福建闽东电力股份有限公司（以下简称"闽东电力"）履行社会责任的绩效进行评价。

一　企业概况

（1）长江电力

中国长江电力股份有限公司是由中国长江三峡集团有限公司作为主发

起人设立的股份有限公司。公司创立于 2002 年 9 月 29 日，2003 年 11 月在上交所 IPO 挂牌上市，主要从事水力发电、投融资、新能源、智慧综合能源、抽水蓄能、国际业务和配售电等业务，公司现拥有长江干流乌东德、白鹤滩、溪洛渡、向家坝、三峡、葛洲坝六座电站的全部发电资产，水电装机 110 台，是中国最大的电力上市公司和全球最大的水电上市公司。

在履行社会责任方面，长江电力系统开展了环境保护、污染防治等工作，助力长江大保护，推动绿色发展。公司健全环境保护"党政同责、一岗双责"管理体系，强化环境保护考核、奖惩机制，注重发挥水电开发的清洁优势，降低温室气体排放量，缓解气候变化的影响。同时，公司全力开展定点扶贫、库区帮扶、企地共建、公益捐赠等特色扶贫项目，持续参与社区共建，积极投身志愿公益，为地方发展注入活力。努力构建公平公正、灵活高效、和谐稳定的用工环境，为人才成长构建广阔的平台。2020年，长江电力实施履责项目 48 个，项目资金 2.13 亿元，以至诚之心回馈社会，为改善民生作出贡献。

（2）华能澜沧江

华能澜沧江水电股份有限公司初建于 1999 年 6 月，作为华能集团水电业务最终整合的唯一平台，于 2017 年 12 月 15 日在上海证券交易所上市，公司是由华能集团控股和管理的大型流域水电开发企业，以澜沧江流域为主体，采用"流域、滚动、梯级、综合"的集约化开发模式，最大化地配置流域资源。在基本建设方面，确立了"小业主、大监理"管理思路，充分发挥业主、设计、监理、施工、政府及移民的"六位一体"作用，合力推动项目建设，该公司盈利主要来自水力发电的销售收入，公司生产维护成本低、运行效率高，使公司具有可持续发展能力。

在履行社会责任方面，该公司践行"构建和谐电站、奉献绿色能源，建设世界一流现代化绿色电力企业"的战略目标，始终做到水电开发与带动地方经济社会协同发展、水电开发与社会责任建设和谐发展、水电开发与生态环境协调发展，诠释了"建设一座电站、带动一方经济、保护一片环境、造福一方百姓、共建一方和谐"的社会责任理念。

（3）闽东电力

福建闽东电力股份有限公司成立于 1998 年 12 月 30 日，由闽东老区水电开发总公司作为主发起人，合并全区各县市（除古田外）所属国有小水电企业设立，主营水电开发、电力生产与销售，于 2000 年 7 月在深圳证券交易所挂牌上市。闽东电力成立以来始终致力于清洁能源领域的发展。公司主营业务为电力生产与开发，以水力发电和风力发电等清洁能源为主，资源性、稀缺性、稳固性的主业基础为公司延伸产业链提供了强力保证。

在履行社会责任方面，该公司以"立足清洁能源，实现统合发展，构建和谐家园"作为企业愿景，以"善能筑业，共生共赢"作为企业使命，将"以人为本、尽责担当、绿色创新、共生共赢"的社会责任理念始终贯穿到公司生产、经营、管理的全过程，结合行业企业的社会角色和职责担当，自觉履行社会责任，促进企业与全社会的协调、和谐和可持续发展。

二　专家打分及预处理

本书邀请了 5 位企业社会责任评价专家，其中，3 位专家长期从事企业社会责任和可持续发展研究，1 位专家长期从事水电工程勘测规划设计，1 位专家为水电工程移民管理部门的政府官员。这 5 位专家对于长江电力、华能澜沧江和闽东电力的水电站建设、企业运营、企业社会责任、企业文化等情况非常熟悉。作者向 5 位专家提供了三家水电企业的《企业社会责任指标评价表》《2020 年企业社会责任报告》《2020 年年度报告》《公司章程》等企业资料和数据，由其独立完成评价打分工作。

在全面分析三家水电企业 2020 年社会责任表现之后，5 位专家对每个二级指标进行打分。本书对专家打分去除一个最高分和一个最低分后取平均分，处理得到如表 6-22、表 6-23、表 6-24 所示的结果。

（1）长江电力企业社会责任表现专家打分结果

表 6-22　长江电力企业社会责任表现专家打分结果

核心主题	主要议题	专家一	专家二	专家三	专家四	专家五	平均分
经济主题	企业利润	98	96	93	95	95	95.333
	治理结构	93	93	88	87	95	91.333
	依法纳税	98	98	90	90	100	95.333
	安全生产	95	94	88	92	100	93.667
	科技创新	95	95	92	90	96	94.000
	电力供应	98	98	94	94	100	96.667
	防洪航运供水	95	95	90	90	95	93.333
环境主题	环境影响评价	93	93	90	91	95	92.333
	保护生物多样性	92	90	87	95	95	92.333
	应对气候变化	93	88	88	94	90	90.333
	加强污染防治	91	90	86	92	95	91.000
	完善环境管理体系	95	92	86	93	95	93.333
社会主题	保障员工权益	97	91	92	92	95	93.000
	实现体面劳动	92	89	93	93	95	92.667
	做好水库移民搬迁安置	93	88	92	93	93	92.667
	参与水库移民后期扶持	90	90	95	92	95	92.333
	开展社区帮扶	95	92	89	91	90	91.000
	公众参与	88	88	90	95	95	91.000
	信息公开	93	90	90	96	97	93.000
伦理主题	注重企业伦理	96	92	95	90	95	94.000
	注重商业道德	94	94	93	92	95	93.667
	注重契约精神	97	93	95	90	95	94.333
	防治腐败	92	92	93	94	95	93.000
	禁止商业贿赂	98	90	96	92	95	94.333
自愿主题	慈善捐赠	98	95	92	92	95	94.000
	参加公益活动	95	95	92	92	90	93.000
	参与乡村振兴	98	93	93	93	90	93.000
	关爱弱势群体	95	90	88	90	85	89.333

（2）华能澜沧江企业社会责任表现专家打分结果

表 6 - 23　华能澜沧江企业社会责任表现专家打分结果

核心主题	主要议题	专家一	专家二	专家三	专家四	专家五	平均分
经济主题	企业利润	90	95	70	98	75	86.667
	治理结构	100	94	85	92	90	92.000
	依法纳税	100	97	90	94	93	94.667
	安全生产	90	98	90	93	91	91.333
	科技创新	60	96	80	83	75	79.333
	电力供应	90	95	90	90	94	91.333
	防洪航运供水	90	96	85	92	86	89.333
环境主题	环境影响评价	80	88	85	86	95	86.333
	保护生物多样性	90	85	90	78	78	84.333
	应对气候变化	80	87	85	81	93	84.333
	加强污染防治	70	88	85	84	82	83.667
	完善环境管理体系	80	90	90	86	94	88.667
社会主题	保障员工权益	90	90	85	93	93	91.000
	实现体面劳动	90	93	85	95	86	89.667
	做好水库移民搬迁安置	80	88	80	72	70	77.333
	参与水库移民后期扶持	70	88	80	74	70	74.667
	开展社区帮扶	80	88	80	70	74	78.000
	公众参与	80	88	85	93	70	84.333
	信息公开	80	88	90	82	82	84.000
伦理主题	注重企业伦理	90	90	85	92	96	90.667
	注重商业道德	90	88	85	94	85	87.667
	注重契约精神	90	88	85	97	93	90.333
	防治腐败	90	88	80	85	83	85.333
	禁止商业贿赂	90	88	80	93	90	89.333
自愿主题	慈善捐赠	90	85	80	82	92	85.667
	参加公益活动	90	87	80	76	76	81.000
	参与乡村振兴	80	88	80	94	94	87.333
	关爱弱势群体	80	88	80	87	86	84.333

（3）闽东电力企业社会责任表现专家打分结果

表 6-24　闽东电力企业社会责任表现专家打分结果

核心主题	主要议题	专家一	专家二	专家三	专家四	专家五	平均分
经济主题	企业利润	86	83	87	88	85	86.000
	治理结构	82	87	88	86	90	87.000
	依法纳税	92	90	90	90	100	90.667
	安全生产	86	90	86	86	100	87.333
	科技创新	82	85	88	85	80	84.000
	电力供应	90	87	82	82	80	83.667
	防洪航运供水	82	86	85	85	80	84.000
环境主题	环境影响评价	88	84	87	88	85	86.667
	保护生物多样性	82	80	87	85	88	84.667
	应对气候变化	82	82	88	88	95	86.000
	加强污染防治	86	83	85	85	90	85.333
	完善环境管理体系	81	84	86	86	85	85.000
社会主题	保障员工权益	86	84	88	88	90	87.333
	实现体面劳动	82	85	88	88	90	87.000
	做好水库移民搬迁安置	83	82	82	84	95	83.000
	参与水库移民后期扶持	81	80	81	83	90	81.667
	开展社区帮扶	84	80	87	87	80	83.667
	公众参与	80	78	88	89	90	85.667
	信息公开	81	82	87	87	85	84.667
伦理主题	注重企业伦理	82	84	88	89	95	87.000
	注重商业道德	86	85	83	83	95	84.667
	注重契约精神	89	85	87	87	90	87.667
	防治腐败	82	83	85	85	88	84.333
	禁止商业贿赂	87	84	85	85	90	85.667
自愿主题	慈善捐赠	82	88	85	85	80	84.000
	参加公益活动	81	86	86	86	83	85.000
	参与乡村振兴	80	82	88	88	81	83.667
	关爱弱势群体	80	80	86	86	75	82.000

三 计算各指标隶属度

利用公式（5.5.1）的梯形分布公式，计算各二级指标的隶属度，三家水电企业社会责任评价体系主要议题隶属度结果如表 6–25、表 6–26、表 6–27 所示。

（1）长江电力企业社会责任评价体系主要议题隶属度

表 6–25　长江电力企业社会责任评价体系主要议题隶属度

核心主题	主要议题	"优秀"隶属度值	"良好"隶属度值	"中等"隶属度值	"及格"隶属度值	"不及格"隶属度值
经济主题	企业利润	1.0000	0.0000	0.0000	0.0000	0.0000
	治理结构	0.6333	0.3667	0.0000	0.0000	0.0000
	依法纳税	1.0000	0.0000	0.0000	0.0000	0.0000
	安全生产	0.8667	0.1333	0.0000	0.0000	0.0000
	科技创新	0.9000	0.1000	0.0000	0.0000	0.0000
	电力供应	1.0000	0.0000	0.0000	0.0000	0.0000
	防洪航运供水	0.8333	0.1667	0.0000	0.0000	0.0000
环境主题	环境影响评价	0.7333	0.2667	0.0000	0.0000	0.0000
	保护生物多样性	0.7333	0.2667	0.0000	0.0000	0.0000
	应对气候变化	0.5333	0.4667	0.0000	0.0000	0.0000
	加强污染防治	0.6000	0.4000	0.0000	0.0000	0.0000
	完善环境管理体系	0.8333	0.1667	0.0000	0.0000	0.0000
社会主题	保障员工权益	0.8000	0.2000	0.0000	0.0000	0.0000
	实现体面劳动	0.7667	0.2333	0.0000	0.0000	0.0000
	做好水库移民搬迁安置	0.7667	0.2333	0.0000	0.0000	0.0000
	参与水库移民后期扶持	0.7333	0.2667	0.0000	0.0000	0.0000
	开展社区帮扶	0.6000	0.4000	0.0000	0.0000	0.0000
	公众参与	0.6000	0.4000	0.0000	0.0000	0.0000
	信息公开	0.8000	0.2000	0.0000	0.0000	0.0000
伦理主题	注重企业伦理	0.9000	0.1000	0.0000	0.0000	0.0000
	注重商业道德	0.8667	0.1333	0.0000	0.0000	0.0000
	注重契约精神	0.9333	0.0667	0.0000	0.0000	0.0000
	防治腐败	0.8000	0.2000	0.0000	0.0000	0.0000
	禁止商业贿赂	0.9333	0.0667	0.0000	0.0000	0.0000

续表

核心主题	主要议题	"优秀"隶属度值	"良好"隶属度值	"中等"隶属度值	"及格"隶属度值	"不及格"隶属度值
自愿主题	慈善捐赠	0.9000	0.1000	0.0000	0.0000	0.0000
	参加公益活动	0.8000	0.2000	0.0000	0.0000	0.0000
	参与乡村振兴	0.8000	0.2000	0.0000	0.0000	0.0000
	关爱弱势群体	0.4333	0.5667	0.0000	0.0000	0.0000

（2）华能澜沧江企业社会责任评价体系主要议题隶属度

表 6-26　华能澜沧江企业社会责任评价体系主要议题隶属度

核心主题	主要议题	"优秀"隶属度值	"良好"隶属度值	"中等"隶属度值	"及格"隶属度值	"不及格"隶属度值
经济主题	企业利润	0.1667	0.8333	0.0000	0.0000	0.0000
	治理结构	0.7000	0.3000	0.0000	0.0000	0.0000
	依法纳税	0.9667	0.0333	0.0000	0.0000	0.0000
	安全生产	0.6333	0.3667	0.0000	0.0000	0.0000
	科技创新	0.0000	0.4333	0.5667	0.0000	0.0000
	电力供应	0.6333	0.3667	0.0000	0.0000	0.0000
	防洪航运供水	0.4333	0.5667	0.0000	0.0000	0.0000
环境主题	环境影响评价	0.1333	0.8667	0.0000	0.0000	0.0000
	保护生物多样性	0.0000	0.9333	0.0667	0.0000	0.0000
	应对气候变化	0.0000	0.9333	0.0667	0.0000	0.0000
	加强污染防治	0.0000	0.8667	0.1333	0.0000	0.0000
	完善环境管理体系	0.3667	0.6333	0.0000	0.0000	0.0000
社会主题	保障员工权益	0.6000	0.4000	0.0000	0.0000	0.0000
	实现体面劳动	0.4667	0.5333	0.0000	0.0000	0.0000
	做好水库移民搬迁安置	0.0000	0.2333	0.7667	0.0000	0.0000
	参与水库移民后期扶持	0.0000	0.0000	0.9667	0.0333	0.0000
	开展社区帮扶	0.0000	0.3000	0.7000	0.0000	0.0000
	公众参与	0.0000	0.9333	0.0667	0.0000	0.0000
	信息公开	0.0000	0.9000	0.1000	0.0000	0.0000

续表

核心主题	主要议题	"优秀"隶属度值	"良好"隶属度值	"中等"隶属度值	"及格"隶属度值	"不及格"隶属度值
伦理主题	注重企业伦理	0.5667	0.4333	0.0000	0.0000	0.0000
	注重商业道德	0.2667	0.7333	0.0000	0.0000	0.0000
	注重契约精神	0.5333	0.4667	0.0000	0.0000	0.0000
	防治腐败	0.0333	0.9667	0.0000	0.0000	0.0000
	禁止商业贿赂	0.4333	0.5667	0.0000	0.0000	0.0000
自愿主题	慈善捐赠	0.0667	0.9333	0.0000	0.0000	0.0000
	参加公益活动	0.0000	0.6000	0.4000	0.0000	0.0000
	参与乡村振兴	0.2333	0.7667	0.0000	0.0000	0.0000
	关爱弱势群体	0.0000	0.9333	0.0667	0.0000	0.0000

（3）闽东电力企业社会责任评价体系主要议题隶属度

表 6 - 27　闽东电力企业社会责任评价体系主要议题隶属度

核心主题	主要议题	"优秀"隶属度值	"良好"隶属度值	"中等"隶属度值	"及格"隶属度值	"不及格"隶属度值
经济主题	企业利润	0.1000	0.9000	0.0000	0.0000	0.0000
	治理结构	0.2000	0.8000	0.0000	0.0000	0.0000
	依法纳税	0.5667	0.4333	0.0000	0.0000	0.0000
	安全生产	0.2333	0.7667	0.0000	0.0000	0.0000
	科技创新	0.0000	0.9000	0.1000	0.0000	0.0000
	电力供应	0.0000	0.8667	0.1333	0.0000	0.0000
	防洪航运供水	0.0000	0.9000	0.1000	0.0000	0.0000
环境主题	环境影响评价	0.1667	0.8333	0.0000	0.0000	0.0000
	保护生物多样性	0.0000	0.9667	0.0333	0.0000	0.0000
	应对气候变化	0.1000	0.9000	0.0000	0.0000	0.0000
	加强污染防治	0.0333	0.9667	0.0000	0.0000	0.0000
	完善环境管理体系	0.0000	1.0000	0.0000	0.0000	0.0000
社会主题	保障员工权益	0.2333	0.7667	0.0000	0.0000	0.0000
	实现体面劳动	0.2000	0.8000	0.0000	0.0000	0.0000
	做好水库移民搬迁安置	0.0000	0.8000	0.2000	0.0000	0.0000
	参与水库移民后期扶持	0.0000	0.6667	0.3333	0.0000	0.0000

核心主题	主要议题	"优秀"隶属度值	"良好"隶属度值	"中等"隶属度值	"及格"隶属度值	"不及格"隶属度值
社会主题	开展社区帮扶	0.0000	0.8667	0.1333	0.0000	0.0000
	公众参与	0.0667	0.9333	0.0000	0.0000	0.0000
	信息公开	0.0000	0.9667	0.0333	0.0000	0.0000
伦理主题	注重企业伦理	0.2000	0.8000	0.0000	0.0000	0.0000
	注重商业道德	0.0000	0.9667	0.0333	0.0000	0.0000
	注重契约精神	0.2667	0.7333	0.0000	0.0000	0.0000
	防治腐败	0.0000	0.9333	0.0667	0.0000	0.0000
	禁止商业贿赂	0.0667	0.9333	0.0000	0.0000	0.0000
自愿主题	慈善捐赠	0.0000	0.9000	0.1000	0.0000	0.0000
	参加公益活动	0.0000	1.0000	0.0000	0.0000	0.0000
	参与乡村振兴	0.0000	0.8667	0.1333	0.0000	0.0000
	关爱弱势群体	0.0000	0.7000	0.3000	0.0000	0.0000

四 构建模糊判断矩阵

利用上一节计算得到的指标隶属度结果，建立水电企业社会责任评价体系中各层次的模糊判断矩阵。

（1）长江电力企业社会责任评价分析

①构造准则层模糊判断矩阵

由于该评价模型是二级模糊综合评价模型，故首先需要对每个一级指标构建模糊判断矩阵，构建的结果如下。R_1、R_2、R_3、R_4、R_5 分别代表经济主题、环境主题、社会主题、伦理主题和自愿主题的模糊判断矩阵。

$$R_1 = \begin{pmatrix} 1 & 0 & 0 & 0 & 0 \\ 0.6333 & 0.3667 & 0 & 0 & 0 \\ 1 & 0 & 0 & 0 & 0 \\ 0.8667 & 0.1333 & 0 & 0 & 0 \\ 0.9 & 0.1 & 0 & 0 & 0 \\ 1 & 0 & 0 & 0 & 0 \\ 0.8333 & 0.1667 & 0 & 0 & 0 \end{pmatrix} \quad (6.4.1)$$

$$R_2 = \begin{pmatrix} 0.7333 & 0.2667 & 0 & 0 & 0 \\ 0.7333 & 0.2667 & 0 & 0 & 0 \\ 0.5333 & 0.4667 & 0 & 0 & 0 \\ 0.6 & 0.4 & 0 & 0 & 0 \\ 0.8333 & 0.1667 & 0 & 0 & 0 \end{pmatrix} \quad (6.4.2)$$

$$R_3 = \begin{pmatrix} 0.8 & 0.2 & 0 & 0 & 0 \\ 0.7667 & 0.2333 & 0 & 0 & 0 \\ 0.7667 & 0.2333 & 0 & 0 & 0 \\ 0.7333 & 0.2667 & 0 & 0 & 0 \\ 0.6 & 0.4 & 0 & 0 & 0 \\ 0.6 & 0.4 & 0 & 0 & 0 \\ 0.8 & 0.2 & 0 & 0 & 0 \end{pmatrix} \quad (6.4.3)$$

$$R_4 = \begin{pmatrix} 0.9 & 0.1 & 0 & 0 & 0 \\ 0.8667 & 0.1333 & 0 & 0 & 0 \\ 0.9333 & 0.0667 & 0 & 0 & 0 \\ 0.8 & 0.2 & 0 & 0 & 0 \\ 0.9333 & 0.0667 & 0 & 0 & 0 \end{pmatrix} \quad (6.4.4)$$

$$R_5 = \begin{pmatrix} 0.9 & 0.1 & 0 & 0 & 0 \\ 0.8 & 0.2 & 0 & 0 & 0 \\ 0.8 & 0.2 & 0 & 0 & 0 \\ 0.4333 & 0.5667 & 0 & 0 & 0 \end{pmatrix} \quad (6.4.5)$$

②构造准则层权重矩阵

根据层次分析法得到的结果，对每个一级指标构建二级指标的权重矩阵，构建的结果如下。W_1、W_2、W_3、W_4、W_5 分别代表经济主题、环境主题、社会主题、伦理主题和自愿主题的权重矩阵。

$$W_1 = (0.0368, 0.1495, 0.32, 0.3442, 0.0368, 0.0697, 0.043) \quad (6.4.6)$$

$$W_2 = (0.3615, 0.262, 0.0789, 0.2103, 0.0873) \quad (6.4.7)$$

$$W_3 = (0.1197, 0.015, 0.3466, 0.2063, 0.2063, 0.0408, 0.0653) \quad (6.4.8)$$

$$W_4 = (0.2046, 0.3019, 0.3761, 0.0779, 0.0396) \qquad (6.4.9)$$

$$W_5 = (0.0581, 0.452, 0.3657, 0.1243) \qquad (6.4.10)$$

③计算准则层模糊综合评价结果矩阵

根据公式 $B_i = W_i * R_i$，计算准则层的模糊综合评价结果矩阵 B_i。B_1、B_2、B_3、B_4、B_5 分别代表经济主题、环境主题、社会主题、伦理主题和自愿主题的模糊综合评价结果矩阵。

$$B_1 = (0.8884, 0.1116, 0, 0, 0) \qquad (6.4.11)$$

$$B_2 = (0.6982, 0.3018, 0, 0, 0) \qquad (6.4.12)$$

$$B_3 = (0.7248, 0.2752, 0, 0, 0) \qquad (6.4.13)$$

$$B_4 = (0.8807, 0.1194, 0, 0, 0) \qquad (6.4.14)$$

$$B_5 = (0.7603, 0.2398, 0, 0, 0) \qquad (6.4.15)$$

构造目标层模糊判断矩阵 R

$$R = \begin{pmatrix} 0.8884 & 0.1116 & 0 & 0 & 0 \\ 0.6982 & 0.3018 & 0 & 0 & 0 \\ 0.7248 & 0.2752 & 0 & 0 & 0 \\ 0.8807 & 0.1194 & 0 & 0 & 0 \\ 0.7603 & 0.2398 & 0 & 0 & 0 \end{pmatrix} \qquad (6.4.16)$$

构造目标层权重矩阵 W

$$W = (0.3328, 0.2196, 0.2771, 0.1087, 0.0618) \qquad (6.4.17)$$

计算目标层模糊综合评价结果矩阵 B 与评价结果

$$B = (0.7925, 0.2075, 0, 0, 0) \qquad (6.4.18)$$

归一化后得

$$B' = (0.793, 0.207, 0, 0, 0) \qquad (6.4.19)$$

结果已归一，无须再进行归一化，2020 年度中国长江电力股份有限公司社会责任的评价结果为"优秀"。

（2）华能澜沧江企业社会责任评价分析

①构造准则层模糊判断矩阵

由于该评价模型是二级模糊综合评价模型，故首先需要对每个一级指标构建模糊判断矩阵，构建的结果如下。R_1、R_2、R_3、R_4、R_5 分别代表经济主题、环境主题、社会主题、伦理主题和自愿主题的模糊判断矩阵。

$$R_1 = \begin{pmatrix} 0.1667 & 0.8333 & 0 & 0 & 0 \\ 0.7 & 0.3 & 0 & 0 & 0 \\ 0.9667 & 0.0333 & 0 & 0 & 0 \\ 0.6333 & 0.3667 & 0 & 0 & 0 \\ 0 & 0.4333 & 0.5667 & 0 & 0 \\ 0.6333 & 0.3667 & 0 & 0 & 0 \\ 0.4333 & 0.5667 & 0 & 0 & 0 \end{pmatrix} \quad (6.4.20)$$

$$R_2 = \begin{pmatrix} 0.1333 & 0.8667 & 0 & 0 & 0 \\ 0 & 0.9333 & 0.0667 & 0 & 0 \\ 0 & 0.9333 & 0.0667 & 0 & 0 \\ 0 & 0.8667 & 0.1333 & 0 & 0 \\ 0.3667 & 0.6333 & 0 & 0 & 0 \end{pmatrix} \quad (6.4.21)$$

$$R_3 = \begin{pmatrix} 0.6 & 0.4 & 0 & 0 & 0 \\ 0.4667 & 0.5333 & 0 & 0 & 0 \\ 0 & 0.2333 & 0.7667 & 0 & 0 \\ 0 & 0 & 0.9667 & 0.0333 & 0 \\ 0 & 0.3 & 0.7 & 0 & 0 \\ 0 & 0.9333 & 0.0667 & 0 & 0 \\ 0 & 0.9 & 0.1 & 0 & 0 \end{pmatrix} \quad (6.4.22)$$

$$R_4 = \begin{pmatrix} 0.5667 & 0.4333 & 0 & 0 & 0 \\ 0.2667 & 0.7333 & 0 & 0 & 0 \\ 0.5333 & 0.4667 & 0 & 0 & 0 \\ 0.0333 & 0.9667 & 0 & 0 & 0 \\ 0.4333 & 0.5667 & 0 & 0 & 0 \end{pmatrix} \quad (6.4.23)$$

$$R_5 = \begin{pmatrix} 0.0667 & 0.9333 & 0 & 0 & 0 \\ 0 & 0.6 & 0.4 & 0 & 0 \\ 0.2333 & 0.7667 & 0 & 0 & 0 \\ 0 & 0.9333 & 0.0667 & 0 & 0 \end{pmatrix} \qquad (6.4.24)$$

②构造准则层权重矩阵

根据层次分析法得到的结果，对每个一级指标构建二级指标的权重矩阵，构建的结果如下。W_1、W_2、W_3、W_4、W_5 分别代表经济主题、环境主题、社会主题、伦理主题和自愿主题的权重矩阵。

$$W_1 = (0.0368, 0.1495, 0.32, 0.3442, 0.0368, 0.0697, 0.043) \qquad (6.4.25)$$

$$W_2 = (0.3615, 0.262, 0.0789, 0.2103, 0.0873) \qquad (6.4.26)$$

$$W_3 = (0.1197, 0.015, 0.3466, 0.2063, 0.2063, 0.0408, 0.0653) \qquad (6.4.27)$$

$$W_4 = (0.2046, 0.3019, 0.3761, 0.0779, 0.0396) \qquad (6.4.28)$$

$$W_5 = (0.0581, 0.452, 0.3657, 0.1243) \qquad (6.4.29)$$

③计算准则层模糊综合评价结果矩阵

根据公式 $B_i = W_i * R_i$，计算准则层的模糊综合评价结果矩阵 B_i。B_1、B_2、B_3、B_4、B_5 分别代表经济主题、环境主题、社会主题、伦理主题和自愿主题的模糊综合评价结果矩阵。

$$B_1 = (0.7009, 0.2783, 0.0209, 0, 0) \qquad (6.4.30)$$

$$B_2 = (0.0802, 0.8690, 0.0508, 0, 0) \qquad (6.4.31)$$

$$B_3 = (0.0788, 0.2955, 0.6188, 0.0069, 0) \qquad (6.4.32)$$

$$B_4 = (0.4168, 0.5833, 0, 0, 0) \qquad (6.4.33)$$

$$B_5 = (0.0892, 0.7218, 0.1891, 0, 0) \qquad (6.4.34)$$

构造目标层模糊判断矩阵 R

$$R = \begin{pmatrix} 0.7009 & 0.2783 & 0.0209 & 0 & 0 \\ 0.0802 & 0.8690 & 0.0508 & 0 & 0 \\ 0.0788 & 0.2955 & 0.6188 & 0.0069 & 0 \\ 0.4368 & 0.5833 & 0 & 0 & 0 \\ 0.0892 & 0.7218 & 0.1891 & 0 & 0 \end{pmatrix} \qquad (6.4.35)$$

构造目标层权重矩阵 W

$$W = (0.3328, 0.2196, 0.2771, 0.1087, 0.0618) \qquad (6.4.36)$$

计算目标层模糊综合评价结果矩阵 B 与评价结果

$$B = (0.3257, 0.4733, 0.2013, 0.0001, 0) \qquad (6.4.37)$$

归一化后得

$$B' = (0.325, 0.472, 0.201, 0.002, 0) \qquad (6.4.38)$$

根据归一化的目标层模糊综合评价结果矩阵可以得出，2020 年度华能澜沧江水电股份有限公司企业社会责任的评价结果为"良好"。

（3）闽东电力企业社会责任评价分析

①构造准则层模糊判断矩阵

由于该评价模型是二级模糊综合评价模型，故首先需要对每个一级指标构建模糊判断矩阵，构建的结果如下。R_1、R_2、R_3、R_4、R_5 分别代表经济主题、环境主题、社会主题、伦理主题和自愿主题的模糊判断矩阵。

$$R_1 = \begin{pmatrix} 0.1 & 0.9 & 0 & 0 & 0 \\ 0.2 & 0.8 & 0 & 0 & 0 \\ 0.5667 & 0.4333 & 0 & 0 & 0 \\ 0.2333 & 0.7667 & 0 & 0 & 0 \\ 0 & 0.9 & 0.1 & 0 & 0 \\ 0 & 0.8667 & 0.1333 & 0 & 0 \\ 0 & 0.9 & 0.1 & 0 & 0 \end{pmatrix} \qquad (6.4.39)$$

$$R_2 = \begin{pmatrix} 0.1667 & 0.8333 & 0 & 0 & 0 \\ 0 & 0.9667 & 0.0333 & 0 & 0 \\ 0.1 & 0.9 & 0 & 0 & 0 \\ 0.0333 & 0.9667 & 0 & 0 & 0 \\ 0 & 1 & 0 & 0 & 0 \end{pmatrix} \qquad (6.4.40)$$

$$R_3 = \begin{pmatrix} 0.2333 & 0.7667 & 0 & 0 & 0 \\ 0.2 & 0.8 & 0 & 0 & 0 \\ 0 & 0.8 & 0.2 & 0 & 0 \\ 0 & 0.6667 & 0.3333 & 0 & 0 \\ 0 & 0.8667 & 0.1333 & 0 & 0 \\ 0.0667 & 0.9333 & 0 & 0 & 0 \\ 0 & 0.9667 & 0.0333 & 0 & 0 \end{pmatrix} \qquad (6.4.41)$$

$$R_4 = \begin{pmatrix} 0.2 & 0.8 & 0 & 0 & 0 \\ 0 & 0.9667 & 0.0333 & 0 & 0 \\ 0.2667 & 0.7333 & 0 & 0 & 0 \\ 0 & 0.9333 & 0.0667 & 0 & 0 \\ 0.0667 & 0.9333 & 0 & 0 & 0 \end{pmatrix} \qquad (6.4.42)$$

$$R_5 = \begin{pmatrix} 0 & 0.9 & 0.1 & 0 & 0 \\ 0 & 1 & 0 & 0 & 0 \\ 0 & 0.8667 & 0.1333 & 0 & 0 \\ 0 & 0.7 & 0.3 & 0 & 0 \end{pmatrix} \qquad (6.4.43)$$

②构造准则层权重矩阵

根据层次分析法得到的结果，对每个一级指标构建二级指标的权重矩阵，构建的结果如下。W_1、W_2、W_3、W_4、W_5 分别代表经济主题、环境主题、社会主题、伦理主题和自愿主题的权重矩阵。

$$W_1 = (0.0368, 0.1495, 0.32, 0.3442, 0.0368, 0.0697, 0.043) \qquad (6.4.44)$$

$$W_2 = (0.3615, 0.262, 0.0789, 0.2103, 0.0873) \qquad (6.4.45)$$

$$W_3 = (0.1197, 0.015, 0.3466, 0.2063, 0.2063, 0.0408, 0.0653) \qquad (6.4.46)$$

$$W_4 = (0.2046, 0.3019, 0.3761, 0.0779, 0.0396) \qquad (6.4.47)$$

$$W_5 = (0.0581, 0.452, 0.3657, 0.1243) \qquad (6.4.48)$$

③计算准则层模糊综合评价结果矩阵

根据公式 $B_i = W_i * R_i$，计算准则层的模糊综合评价结果矩阵 B_i。B_1、B_2、B_3、B_4、B_5 分别代表经济主题、环境主题、社会主题、伦理主题和自愿主题的模糊综合评价结果矩阵。

$$B_1 = (0.2952, 0.6875, 0.0173, 0, 0) \tag{6.4.49}$$

$$B_2 = (0.1164, 0.8736, 0.0100, 0, 0) \tag{6.4.50}$$

$$B_3 = (0.0336, 0.7986, 0.1678, 0, 0) \tag{6.4.51}$$

$$B_4 = (0.1439, 0.8410, 0.0152, 0, 0) \tag{6.4.52}$$

$$B_5 = (0, 0.9083, 0.0918, 0, 0) \tag{6.4.53}$$

构造目标层模糊判断矩阵 R

$$R = \begin{pmatrix} 0.2952 & 0.6875 & 0.0173 & 0 & 0 \\ 0.1164 & 0.8706 & 0.0100 & 0 & 0 \\ 0.0336 & 0.7986 & 0.1678 & 0 & 0 \\ 0.1439 & 0.8410 & 0.0152 & 0 & 0 \\ 0 & 0.9083 & 0.0918 & 0 & 0 \end{pmatrix} \tag{6.4.54}$$

构造目标层权重矩阵 W

$$W = (0.3328, 0.2196, 0.2771, 0.1087, 0.0618) \tag{6.4.55}$$

计算目标层模糊综合评价结果矩阵 B 与评价结果

$$B = (0.1488, 0.7888, 0.0618, 0, 0) \tag{6.4.56}$$

归一化后得

$$B' = (0.149, 0.789, 0.062, 0, 0) \tag{6.4.57}$$

因此，2020 年度福建闽东电力股份有限公司企业社会责任评价结果为"良好"。

五 评价结果分析

从上述综合评价结果来看，长江电力履行企业社会责任的总体评价为"优秀"，华能澜沧江履行企业社会责任的总体评价结果为"良好"，闽东电力履行企业社会责任的总体评价结果为"良好"。

（1）经济主题

根据上文构建的模糊评价矩阵，在经济指标方面，长江电力在"优秀"等级的隶属度最大，其次是"良好"。华能澜沧江在"优秀"等级的隶属度最大，其次是"良好"。闽东电力在"良好"等级的隶属度最大，其次是"优秀"。长江电力和华能澜沧江在经济指标方面的企业社会责任表现优于闽东电力。

（2）环境主题

根据上文构建的模糊评价矩阵，在环境指标方面，长江电力在"优秀"等级的隶属度最大，其次是"良好"。华能澜沧江在"良好"等级的隶属度最大，其次是"优秀"和"中等"。闽东电力在"良好"等级的隶属度最大，其次是"优秀"和"中等"。长江电力在环境指标方面的企业社会责任表现优于华能澜沧江和闽东电力。

（3）社会主题

根据上文构建的模糊评价矩阵，在社会指标方面，长江电力在"优秀"等级的隶属度最大，其次是"良好"。华能澜沧江在"中等"等级的隶属度最大，其次是"良好"、"优秀"和"及格"。闽东电力在"良好"等级的隶属度最大，其次是"中等"和"优秀"。长江电力在社会指标方面的企业社会责任表现优于华能澜沧江和闽东电力。

（4）伦理主题

根据上文构建的模糊评价矩阵，在伦理指标方面，长江电力在"优秀"等级的隶属度最大，其次是"良好"。华能澜沧江在"良好"等级的隶属度最大，其次是"优秀"。闽东电力在"良好"等级的隶属度最大，其次是"优秀"和"中等"。长江电力和华能澜沧江在伦理指标方面的企业社会责任表现优于闽东电力。

（5）自愿主题

根据上文构建的模糊评价矩阵，在自愿指标方面，长江电力在"优秀"等级的隶属度最大，其次是"良好"。华能澜沧江在"良好"等级的隶属度最大，其次是"中等"和"优秀"。闽东电力在"良好"等级的隶属度最大，其次是"中等"。长江电力和华能澜沧江在自愿指标方面的企业社会责任表现优于闽东电力。

小　结

首先，根据水电企业的行业特征，参考国内外现行的企业社会责任指标体系，本章提出，水电企业社会责任指标体系的目标层为水电企业社会责任，5 个准则层为经济主题、环境主题、社会主题、伦理主题和自愿主题，5 个准则层包括了 28 个指标层，即主要议题，根据 28 个指标层的内涵，进一步细化得出 86 个测量指标。采取专家一对一问卷调查和网络调查的方式，收集了 520 份有效调查问卷。调查问卷根据调查对象的职业分组，对"在经济主题、环境主题、社会主题、伦理主题和自愿主题方面，您认为水电企业社会责任评价指标有哪些？"的 5 个问题分别应用卡方拟合优度检验进行分析，根据卡方拟合优度检验，p 值大于 0.05，在 $\alpha = 0.05$ 水平上不显著，接受原假设，即不同职业对评价指标的认知不存在显著性差异。接着，应用层次分析法确定评价对象因素集，计算 5 个准则层和 28 个指标层的权重，通过了一次性检验。最终确定准则层和指标层的权重。其中，经济主题的权重值为 0.3328，环境主题的权重值为 0.2196，社会主题的权重值为 0.2771，伦理主题的权重值为 0.1087，自愿主题的权重值为 0.0618。

其次，为了获得客观的量化结果，借助中间层（准则层或因素层），建立双层回归模型，上层为分类指标层对各中间层（因素层）的回归分析，底层为中间层对目标层的回归分析。通过对水电企业社会责任指标体系 5 个准则层和 28 个指标层进行回归分析（为方便量化，忽略所有的随机因素），得到各准则层与指标层的回归模型，也就是第一层回归模型。经专家打分，运用层次分析法得出经济主题、环境主题、社会主题、伦理主题和自愿主题 5 个准则方面的权重系数，得出水电企业社会责任评价第二层回归模型，即 $V = 0.3328J + 0.2196H + 0.2771S + 0.1087L + 0.0618Z$。第一层回归模型和第二层回归模型构成了水电企业社会责任评价的双层线性回归模型。

再次，根据各指标体系及指标权重，本书运用层次分析法、专家评价法和模糊综合评价法，选择了长江电力、华能澜沧江、闽东电力三家典型水电企业，对其履行社会责任绩效进行评价和实证检验。邀请了 5 位企业社会责任评价专家，其中，3 位专家长期从事企业社会责任和可持续发展研究，1 位专家长期从事水电工程勘测规划设计，1 位专家为水电工程移民管理部门的政府官员，5 位专家分别对每个水电企业社会责任的二级指标进行打分。本书对专家打分去除一个最高分和一个最低分后取平均分处理后，计算各个指标的隶属度，进而构建模糊判断矩阵。根据归一化的目标层模糊综合评价结果矩阵，得出长江电力、华能澜沧江、闽东电力企业社会责任表现的评价结果分别为"优秀""良好""良好"。

通过三家典型水电企业社会责任指标体系的实证分析，结合三家典型水电企业社会责任的实际表现，本书构建的水电企业社会责任指标体系具备较好的指导性和应用性。

第七章

水电企业社会责任指标体系应用策略

企业社会责任指标体系是企业社会责任管理体系的重要组成部分，通过构建科学的水电企业社会责任指标体系，将其用于改善企业社会责任管理，不断提升水电企业社会责任治理水平。

第一节　提升水电企业社会责任治理水平

本次调查结果显示，在水电企业构建社会责任治理体系措施方面，相关措施的选择排序为构建水电企业社会责任管理体系、水电企业社会责任考核体系、员工参与公益活动管理机制。详见表7－1。

表7－1　水电企业构建社会责任治理体系措施

单位：人，%

序号	选项	频数	占比
1	水电企业社会责任管理体系	369	70.96
2	水电企业社会责任考核体系	273	52.50
3	员工参与公益活动管理机制	239	45.96

一　健全企业社会责任管理体系

通过社会责任管理体系的引领、规范、协调和融合作用，把履行社会责任纳入公司治理，融入企业发展战略，落实到生产经营各个环节。水电企业要明确归口管理部门，如建立社会责任部等，建立健全企业社会责任管理体系。

同时，水电企业要有效地利用其他各类管理体系，既促进企业管理体系融合，又同时将社会责任切实融入水电企业的其他各类相关管理体系之中，共同推动水电企业社会责任绩效的改进。例如通过完善环境管理体系，预防环境风险，保护生态环境和维护社会公共利益；通过完善职业健康安全管理体系，预防职业健康安全风险，保护员工及其他利益相关方的职业健康安全，保障和维护利益相关方的健康安全权益等。

二 完善企业社会责任考核机制

水电企业应坚持社会责任效果导向，循序渐进，持续改进，不断完善企业社会责任考核标准与方法，不断提升企业社会责任管理能力。企业社会责任管理部门应加强社会责任指标体系与企业现有的统计体系、绩效管理体系的有机衔接，逐步建立和完善企业社会责任指标统计和考核体系，水电企业要建立履行社会责任的评价机制。

同时，企业社会责任的核心指标可根据需要并经相应审批程序，纳入下属企业整体绩效考核体系之内。鼓励下属企业结合自身业务开展企业社会责任实践，创立品牌社会责任项目，集团公司通过设立年度"社会责任奖"，由集团公司组织外部专家对各单位报送的优秀社会责任项目进行评审，获奖项目纳入集团优秀业绩奖序列，并在集团年度经理人年会上予以表彰，作为下属企业管理者职业升迁的一项评价指标。

三 鼓励员工参与公益活动

目前，很多水电企业的员工不了解企业公益，只是当成行政命令来完成捐款。因此水电企业需要搭建公益活动平台，支持和鼓励企业职工奉献他们的时间来支持当地社区组织和公益事业，提倡"行为公益"，让员工看到企业公益活动的实施效果，给员工带来参与感和荣誉感。同时，水电企业可以通过设立员工互助金、公益假期、公益月捐等形式，鼓励员工在日常生活中积极参与公益活动，传递爱心和公益力量，为公益事业注入持久活力,不断增强水电企业良好声誉的影响力。可以由企业组织或者员工自己选择志愿者活动,并且通过带薪休假或者通过建立企业志愿者数据库来鼓励员工积极参与各类公益活动。

同时,水电企业要积极开展企业文化建设,引导企业经营管理者和员工提高对企业履行社会责任重要意义的认识,树立"履行社会责任光荣,推卸社会责任可耻"的价值观,自觉履行好应尽的社会责任。

第二节 ESG 理念融入水电企业社会责任治理体系

在全球实施可持续发展、绿色发展战略的背景下,ESG 理念与我国双碳战略、共同富裕、高质量发展等治理方略高度契合,成为建设新发展格局的重要助力。2018 年,中国证监会修订并正式发布了《上市公司治理准则》,强化上市公司在环境保护、社会责任方面的引领作用,确立了环境、社会和公司治理(ESG)信息披露框架。作为衡量企业可持续性的重要指标,ESG 被广泛认为是企业长期成功的关键因素之一。随着 ESG 投资理念的普及,企业和社会对 ESG 信息披露的需求和要求日益增长。

一 ESG 理念融入水电企业社会责任指标体系

首先,ESG 理念强调的是水电企业生产经营的可持续性,主要涉及水电企业的环境保护、社会责任和公司治理等理念,反映了水电企业的非财务风险和价值。本书将 ESG 理念融入水电企业社会责任指标体系的准则层和目标层,准则层包括了环境责任和社会责任,目标层包括了企业经营战略、生态环境保护、企业社会责任等治理指标。

其次,ESG 理念丰富了水电企业社会责任指标体系的内涵,提高了水电企业面对社会责任的风险和机遇意识。ESG 框架进一步细化水电企业社会责任指标中的生态环境保护、社会责任、公司治理等指标,尤其是 ESG 框架突出了社会责任中的公司治理因素。

最后,ESG 理念能够全面提升水电企业社会责任报告规范性、内容实质性和企业特色性。水电企业在社会责任指标设计与报告内容方面，要突出实质议题和价值表达，以经济、环境、公司治理、社会实践为主线进行逻辑划分，明确且集中呈现针对政府、股东、客户、员工、水库移民、环境、合作伙伴、社区等利益相关者的社会表现。

二 健全水电企业 ESG 治理体系

首先，要进一步规范水电企业董事会或管理层的管理，搭建和完善 ESG 治理框架，明确具体的管理部门和主管人员的职责。ESG 管理部门负责 ESG 工作的统筹、协调和日常管理，具体措施包括制订 ESG 发展计划，组织开展 ESG 履责实践，参与 ESG 业务研究、培训和交流，编制和发布公司 ESG 年度报告等，并负责联动公司其他业务部门及下属单位共同实施，确保 ESG 各项工作有效落实。

其次，水电企业需要整合环境保护、水库移民安置、公共关系等部门资源，主动配合 ESG 管理部门，发挥各部门在工程、环境、技术服务等方面的优势，切实推动水电企业可持续发展战略、社会责任战略和 ESG 战略。

最后，水电企业在 ESG 信息披露方面要对比分析自身与同行和优秀者的优劣长短，发现差距，学习先进者优秀经验，强化生态环境保护、社会责任绩效、公司治理等方面的核心议题，整合企业内外部资源，加大企业社会责任投入力度，切实提升水电企业绿色治理水平。

三 ESG 理念融入水电企业经营管理体系

首先，水电企业需要制定 ESG 转型路径，制定企业年度战略和措施方案、重要阶段性目标和关键指标，安排责任人、执行人以及所需资源，建立有效的企业社会责任治理体系，严格落实水电企业 ESG 战略。构建 ESG 治理架构，明确职责分工和工作流程等，从而监测、控制和跟踪目标完成情况和各项措施的实施情况。

其次，水电企业要根据行业特点优选 ESG 议题，从 ESG 议题对水电企业业务（如对企业利润、核心业务能力、品牌形象等的影响）和各利益相关者的重要性入手，确定各项议题的优先级。加强水电企业 ESG 沟通能力，通过建立利益相关者沟通机制，积极回应利益相关者诉求，识别出利益相关者实质性利益和期望，进而向利益相关者准确披露 ESG 信息。

再次，水电企业把 ESG 发展的理念融入企业经营管理当中，这意味着水电企业在水电站规划设计、工程建设、生产运营、管理理念上都要随之发生深刻变革。通过持续完善 ESG 工作机制，来推动 ESG 理念融入经营管理的全过程，可以不断提升企业的 ESG 治理水平，推动水电企业可持续发展。

最后，水电企业高层要主动参与 ESG 评级机构、ESG 投资主体、ESG 标准组织等开展的常态化交流、互动和平台活动，并积极在各类公开平台发声，展现水电企业可持续发展的风貌。

小　结

本章基于 ESG 治理理念提出水电企业社会责任管理方案。

依据 520 份调查问卷的数据分析，在构建水电企业社会责任治理体系方面，通过健全水电企业社会责任管理体系、完善水电企业社会责任考核体系、健全员工参与公益活动管理机制等措施和手段，来完善水电企业社会责任治理体系，不断提升我国水电企业社会责任治理水平。

通过将 ESG 理念融入水电企业社会责任指标体系、推进水电企业 ESG 体系建设、将 ESG 理念融入水电企业经营管理体系等措施，真正将 ESG 理念融入水电企业社会责任治理体系。

|第八章|

研究结论和研究展望

第一节　研究结论

本书从企业可持续发展视角出发，以水电企业社会责任指标体系为研究对象，阐述了水电企业可持续发展、水电企业生态系统、水电企业利益相关者、水电企业社会责任等核心概念，对比分析了可持续发展理论、企业生态系统理论、利益相关者理论、企业社会责任理论等，构建了水电企业利益相关者、企业社会回应、企业社会表现、企业社会责任指标的理论分析框架。在统计分析水电企业社会责任调查问卷数据，对比分析我国典型水电企业社会责任报告内容的基础上，提出了可持续发展战略与企业社会责任之间是相辅相成的关系，剖析了我国水电企业履行社会责任的制约因素、动因、效果、存在的主要问题以及不同规模水电企业社会责任报告编制和信息披露的差异性。全面阐述了水电企业利益相关者的内涵、权利和诉求，进而阐述了水电企业社会沟通措施、社会回应方案和社会表现指标内容。在对比分析国内外主要的企业可持续发展标准和社会责任标准的基础上，结合水电行业特点，构建了水电企业社会责任指标体系，提出了层次分析法、专家评价法和模糊综合评价法等评价方法。此后，选择三家典型水电企业对水电企业社会责任指标体系进行了实证分析，证明该指标体系具备较好的指导性和应用性。最后，本书提出了推动水电企业履行社会责任的对策、提升水电企业社会责任治理水平、将 ESG 理念融入水电企业社会责任治理体系的具体措施。

本研究的主要结论如下：

（1）水电企业社会责任的核心概念

本书界定了水电企业价值、水电企业可持续发展、水电企业生态系统、水电企业利益相关者、水电企业社会责任等概念。水电企业生态系统是指在一定区域内水电企业与员工、消费者、供应商、竞争者、地方政府、媒体单位、非政府组织、环境及其他利益相关者形成的相互影响和相互依存的动态平衡系统。水电企业利益相关者是指那些影响水电企业生产经营或受其影响的个人或群体，包括水库移民、政府、股东、供应商、员工、客户、环境、银行、社区、竞争对手、非政府组织、新闻媒体、水利水电行业组织和工会。水电企业社会责任是指水电企业秉持可持续发展理念，充分维护利益相关者的权益，履行水电企业的经济责任、环境责任、社会责任、伦理责任和自愿责任等相关责任和义务。

（2）水电企业履行社会责任与可持续发展呈正相关关系

水电企业履行社会责任与可持续发展的关系是辩证统一的，两者相互影响、相互促进。调查发现，94.61%的调查对象认为水电企业可持续发展战略与企业履行社会责任之间存在着较大或很大的关联度。在水电企业生态系统和利益相关者框架下，水电企业履行社会责任与企业可持续发展呈正相关关系。水电企业良好的社会责任表现，能够提升水电企业市场竞争力，助力水电企业赢得相关流域水能资源开发权，实现企业可持续发展。

（3）水电企业履行社会责任的制约因素、动因和效果

水电企业履行社会责任的内部制约因素主要包括企业领导层观念、企业经营状况、企业股东的支持率、企业规模、企业性质、员工参与的积极性等。水电企业履行社会责任的外部制约因素主要包括地方政府对社会责任的认识程度、政府监管力度、社会观念等。水电企业履行社会责任的内部和外部制约因素为水电企业社会责任治理的实施路径提供了方向。水电企业履行社会责任的动因主要包括法律法规的强制性要求、实现企业价值最大化的需要、可持续发展战略需要、遵守商业伦理的需要、经营目标的需要等多个方面，这些动因相互交织并共同推动企业履行社会责任。水电

企业履行社会责任能够提升企业经营管理能力、保护生态环境、维护利益相关者权益、推动共同富裕和社会进步。

（4）水电企业社会责任表现三维概念模型是水电企业社会责任指标研究的过渡性成果

在借鉴卡罗尔企业社会表现模型的基础上，结合水电企业的特点，从水电企业社会责任、利益相关者、企业社会回应三个维度构建了水电企业社会表现三维概念模型。第一维度，水电企业社会责任可以分解为经济责任、环境责任、社会责任、伦理责任和自愿责任。第二维度，水电企业利益相关者包括水库移民、政府、股东、供应商、员工、客户、环境、银行、社区、竞争对手、非政府组织、新闻媒体、水利水电行业组织和工会。第三维度，依据水电企业回应过程模型，提出水电企业社会回应的四个阶段，即认识阶段、沟通阶段、决策阶段和实施阶段。水电企业社会责任表现三维概念模型是对卡罗尔企业社会表现模型的修正和完善，为狭义的企业社会责任、企业社会沟通、企业社会回应和企业社会表现等企业社会责任研究提供了一个过渡性和关键性分析框架，为水电企业社会责任指标体系构建奠定了理论基础。

（5）水电企业社会责任"五彩"模型提升水电企业履行社会责任绩效

在阐述了水电企业社会责任指标构建目的、原则和逻辑框架的基础上，本书按照核心主题（目标层）→主要议题（准则层）→测量指标（指标层）的逻辑思路，提出了水电企业社会责任五个核心主题，构建了水电企业社会责任"五彩"模型，该模型采用五种颜色描述了水电企业社会责任的五个方面的内涵，提出了各个核心主题之间的评价维度，展现了一个比较清晰的社会责任框架。水电企业社会责任"五彩"模型为水电企业实现可持续发展、创新和优化企业社会责任方案、社会责任信息披露提供了直观的方案，有助于提升水电企业与利益相关者之间的信任度和透明度。

（6）水电企业社会责任五个核心主题的权重存在较大差异

运用层次分析法对水电企业社会责任指标体系 5 个准则层和 28 个指标层进行回归分析（为方便量化，忽略所有的随机因素），得到各准则层与指标层的回归模型，也就是第一层回归模型。经专家打分，运用层次分析法得出经济主题、环境主题、社会主题、伦理主题和自愿主题 5 个准则方面的权重系数，得到水电企业社会责任评价第二层模型，即 $V = 0.3328J + 0.2196H + 0.2771S + 0.1087L + 0.0618Z$。第一层回归模型和第二层回归模型构成了水电企业社会责任评价的双层线性回归模型。

（7）水电企业社会责任指标体系具备较好的指导性和应用性

运用模糊综合评价法，根据归一化的目标层模糊综合评价结果矩阵，得出长江电力、华能澜沧江、闽东电力企业社会责任表现的评价结果分别为"优秀""良好""良好"。结合上述三家典型水电企业社会责任的实际表现，本书构建的水电企业社会责任指标体系具备较好的指导性和应用性。

（8）基于 ESG 治理理念完善水电企业社会责任治理体系

一是通过实施政策引导、政府推动、社会监督和参与、行业组织倡导、法律强制、强化水电开发准入机制、水电企业伪社会责任曝光等措施和手段，提升我国水电企业社会责任绩效水平。二是通过建立健全水电企业社会责任管理体系、社会责任考核机制、员工参与公益活动管理机制等途径构建水电企业社会责任治理体系。三是通过将 ESG 理念融入水电企业社会责任指标体系、推进水电企业 ESG 治理体系建设、将 ESG 理念融入水电企业经营管理体系等措施，真正将 ESG 理念融入水电企业社会责任治理体系。

第二节　研究展望

首先，在企业社会责任理论演化过程中，一直存在着企业是否应该履行社会责任的争论。以弗里德曼和曼尼为代表的自由主义经济学家反对企业履行法律之外的社会责任。目前，当代西方学者依然持续对企业社会责任思想发难，而我国绝大部分学者认为水电企业应当履行社会责任，这为本书的理论分析带来一定难度。本书在水电企业利益相关者理论的基础上，提出了水电企业社会回应、社会表现绩效等概念。通过问卷调查的方式，分析论证了水电企业履行社会责任与企业可持续发展之间呈正相关关系。由于篇幅所限，本书没有对水电企业社会责任与企业财务业绩关系开展实证研究，后续有机会将继续开展相关研究。

其次，本书通过实地走访、查询水电企业网站和其他网站等方式收集到了 30 家水电企业的 2020 年度社会责任报告或可持续发展报告。本书分析了这些报告的编制依据、利益相关者类型、社会责任内容。不过，本书对于中小水电企业的利益相关者类型和企业社会责任测量指标的梳理存在一定的局限性。本书构建的水电企业社会责任指标比较适合大型水电企业，如果用于评价小型水电企业，将会面临二三级指标数量多、涵盖范围大的问题，目前，小型水电企业可以采用水利部颁布的《绿色小水电评价标准》进行评价。如果有机会，今后会围绕中小规模水电企业展开进一步研究，分析这类水电企业履行社会责任的内容、评价指标体系以及面临的主要问题，并提出有针对性的对策建议。

最后，本书在进行案例分析时采用专家评价法，在实际运用过程中，本书构建的水电企业社会责任评价指标体系对参与打分的专家的要求较高，一定程度上会影响该评价指标体系的普及性。

参考文献

鲍恩，霍华德，2015，《商人的社会责任》，肖红军、王晓光、周国银译，经济管理出版社。

《布伦特兰报告》，1987，格罗·哈莱姆·布伦特兰在联合国大会上发表《我们共同的未来》（Our Common Future）报告。

陈其伟，2014，《大型水电项目开发效率提升研究》，博士学位论文，武汉大学。

陈星、乔海娟、张荣梅，2017，《农村水电可持续发展评价指数研究》，《中国水能及电气化》第 11 期。

陈影、方忠良，2016，《企业社会责任披露与财务绩效内在机理研究——基于水电行业上市公司数据分析》，《统计与管理》第 4 期。

陈永正、贾星客、李极光，2005，《企业社会责任的本质、形成条件及表现形式》，《云南师范大学学报》（哲学社会科学版）第 3 期。

崔兴华，2011，《水电开发企业社会责任评价框架构建及应用研究》，硕士学位论文，西南财经大学。

邓曦东，2008，《基于利益相关者理论的企业可持续发展战略研究——以中国长江三峡工程开发总公司为例》，博士学位论文，华中科技大学。

邓曦东、肖慧莲，2008，《企业社会责任与可持续发展战略关系的经济分析》，《当代经济》第 3 期。

邓雪、李家铭、曾浩健、陈俊羊、赵俊峰，2012，《层次分析法权重计算方法分析及其应用研究》，《数学的实践与认识》第 7 期。

邓燕，2016，《电力企业可持续发展中电力－环境－经济复合系统的价值分析》，《时代金融》第 15 期。

丁元竹，2019，《新中国 70 年社会沟通方式变迁与展望》，《行政管理改革》第 9 期。

多斯，弗朗索瓦，2004，《从结构到解构：法国 20 世纪思想主潮》（上卷），季广茂译，中央编译出版社。

房颖，2018，《基于业主方视角的复杂工程项目全寿命周期行为风险评价》，硕士学位论文，山东工商学院。

费方域，1996，《谁拥有企业：股东还是利益相关者？》，《上海经济研究》第 9 期。

费孝通，1998，《乡土中国　生育制度》，北京大学出版社。

冯臻，2014，《层次分析法视角下企业社会责任行动评价指标体系构建》，《企业经济》第 10 期。

付兴友，2011，《当前我国加快水电发展面临的问题及政策建议》，《四川水力发电》第 30 卷第 3 期。

盖鸿颖、葛玉辉，2013，《基于 TMT 视角的企业社会回应研究》，《江苏商论》第 5 期。

汉尼根，约翰，2009，《环境社会学》（第二版），洪大用等译，中国人民大学出版社。

郝秀清、仝允桓、胡成根，2011，《基于社会资本视角的企业社会表现对经营绩效的影响研究》，《科学学与科学技术管理》第 10 期。

何旭东，2011，《基于利益相关者理论的工程项目主体行为风险管理研究》，博士学位论文，中国矿业大学。

胡象明、唐波勇，2010，《论利益相关者合作逻辑下的公共危机治理——以汶川"5.12"地震为例》，《武汉大学学报》（哲学社会科学版）第 2 期。

黄艾，2022，《基于 SNA 的大型水电工程利益相关者行为风险传导网络构建与研究》，硕士学位论文，三峡大学。

黄英强、肖亚光，2014，《建筑经济的可持续性发展解析》，《企业改革与管理》第 9 期。

贾金生、徐耀、郑璀莹，2011，《国外水电发展概况及对我国水电发展的启示（七）》，《中国水能及电气化》第 3 期。

卡森，蕾切尔，2017，《寂静的春天》，马绍博译，天津人民出版社。

珂岩，2015，《我国诞生首个社会责任国家标准——GB/T 36000－2015〈社会责任指南〉》，《上海质量》第 8 期。

科特勒，菲利普、李，南希，2006，《企业的社会责任——通过公益事业拓展更多的商业机会》，机械工业出版社。

魁奈，1997，《魁奈经济著作选集》，吴斐丹、张草纫译，商务印书馆。

李耕坤，2022，《论公司社会责任法律制度——以〈公司法（修订草案）〉第十九条的理解展开》，《北京科技大学学报》（社会科学版）第 8 期。

李立清、李燕凌，2005，《企业社会责任研究》，人民出版社。

李丽，2015，《以 ISO26000 促进中国企业"走出去"的思路与建议——基于密松水电站项目的思考》，《国际商务》（对外经济贸易大学学报）第 1 期。

李笑春，1996，《企业文化与可持续发展》，《内蒙古大学学报》（哲学社会科学版）第 6 期。

李馨子，2008，《构建我国企业社会责任绩效综合评价指标体系》，《财会月刊》第 24 期。

李雪凤、陈劲，2011，《水电企业社会责任分析》，《企业研究》第 2 期。

李悦，2020，《基于 ESG 的我国上市发电企业社会责任指标体系构建研究》，硕士学位论文，华北电力大学。

李占祥，2000，《矛盾管理学》，经济管理出版社。

梁星、田昆儒，2009，《中国企业社会责任评价指标体系研究》，《公司治理评论》第 4 期。

刘大可、朱光华，2001，《试论所有制结构理论中的出资者和利益相关者》，《经济科学》第 4 期。

刘杭，1987，《层次分析中的两种近似计算方法》，《南京邮电学院学报》第 4 期。

刘俊海，1999，《公司的社会责任》，法律出版社。

刘力钢，2001，《企业持续发展论》，经济管理出版社。

刘连煜，2001，《公司治理与公司社会责任》，中国政法大学出版社。

刘盛炜，2015，《水电企业社会责任成本管理研究》，硕士学位论文，湖南
　　科技大学。

刘视湘，2013，《社区心理学》，开明出版社。

刘晓侠，2020，《高质量发展理念下电力企业可持续增长评估：财务的视
　　角》，《商业会计》第 6 期。

刘志雄，2019，《企业社会责任、社会资本与信用风险传染研究——基于
　　利益相关者理论的分析》，《江苏社会科学》第 6 期。

卢代富，2002，《企业社会责任的经济学与法学分析》，法律出版社。

马克思、恩格斯，1958，《马克思恩格斯论工会》，刘潇然译，工人出
　　版社。

孟，托马斯，1997，《英国得自对外贸易的财富》，袁南宇译，商务印
　　书馆。

聂亦慧、赵泽，2019，《资源型企业社会责任评价指标体系构建》，《西安
　　石油大学学报》（社会科学版）第 3 期。

诺德豪斯，威廉，2022，《绿色经济学》，李志青、李传轩、李瑾译，中信
　　出版社。

欧阳斌，2015，《资源型企业社会责任信息披露质量评价指标体系构建》，
　　《商业会计》第 14 期。

欧阳曲兰，2015，《基于和谐共生理论的企业利益相关者财务生态系统研
　　究》，硕士学位论文，南华大学。

潘玉君、武友德、邹平、明庆忠，2005，《可持续发展原理》，中国社会科
　　学出版社。

屈晓华，2003，《企业社会责任演进与企业良性行为反应的互动研究》，
　　《管理现代化》第 5 期。

《全球契约》，1999，科菲·安南，达沃斯世界经济论坛年会。

《全球苏利文原则》，1999，里昂·苏利文与科菲·安南在联合国大会

宣布。

任国琴，2019，《小型公益性水利工程建设中利益相关者行为逻辑分析——以贵州省 H 水库为个案》，硕士学位论文，华中师范大学。

山城章，1949，《经营者的社会责任》，《经营评论》第 12 期。

沈洪涛、沈艺峰，2007，《公司社会责任思想起源与演变》，上海人民出版社。

施国庆，1988，《水利投资系统决策分析探讨》，《水利经济》第 4 期。

施国庆、孔令强，2008，《水电开发企业利益相关者分析与其所有权实现》，《经济学研究》第 1 期。

施国庆、张晓晨，2008，《企业社会责任标准实施现状与我国的应对措施》，《河海大学学报》（哲学社会科学版）第 2 期。

世界环境与发展委员会，1997，《我国共同的未来》，吉林人民出版社。

舒欢、许俊丽，2018，《中国水电企业在走出去历程中的形象塑造——以密松水电站为例》，《水利经济》第 2 期。

水利部，1992，《水库移民工作手册》，新华出版社。

宋谈岳，2021，《能源企业生态效率评价与影响因素研究》，硕士学位论文，太原理工大学。

汪正猛，2014，《小水电可持续发展的电价机制研究》，硕士学位论文，华北电力大学。

王方华，1995，《企业生态系统初探》，《上海管理科学》第 1 期。

王建利，2013，《我国国有企业社会责任问题研究》，硕士学位论文，燕山大学。

王清刚、徐欣宇，2016，《企业社会责任的价值创造机理及实证检验——基于利益相关者理论和生命周期理论》，《中国软科学》第 2 期。

王秋丞，1987，《商业企业的社会责任》，《江苏商业管理干部学院学报》第 7 期。

王厅，2022，《X 水电站履行企业社会责任的问题及对策研究》，硕士学位论文，西南科技大学。

王文柯，2006，《基于利益相关者的水电开发企业治理研究》，博士学位论文，河海大学。

王信领、王孔秀、王希荣，1999，《可持续发展概论》，山东人民出版社。

王宗军、夏天、肖德云，2005，《基于利益相关者的经营者评价模式研究》，《企业管理》第 4 期。

卫旭华、汪光炜，2021，《企业主动与被动社会责任驱动机制的多案例研究》，《科学·经济·社会》第 2 期。

魏晓天，2004，《从缺电谈电力企业的可持续发展》，《中央财经大学学报》第 10 期。

吴芳飞，2018，《剥离国有企业办社会职能问题研究——以江西省为例》，硕士学位论文，南昌大学。

吴上、施国庆，2018，《水库移民分享水电工程效益的制度逻辑、实践困境及破解之道》，《河海大学学报》（哲学社会科学版）第 20 卷第 4 期。

吴云帆，2020，《国有企业社会责任绩效审计评价指标体系及应用研究——以中国神华为例》，硕士学位论文，浙江工商大学。

吴宗法、施国庆，1994，《水库移民生产发展规划理论探讨》，《水利水运科学研究》第 1 期。

邢梦琪，2020，《剥离国有企业办社会职能问题研究——以河南省为例》，硕士学位论文，郑州大学。

徐莉萍、辛宇、陈工孟，2006，《控股股东的性质与公司经营绩效》，《世界经济》第 10 期。

许婷婷，2014，《管理者价值观与企业社会责任表现关系研究》，博士学位论文，辽宁大学。

杨潇涵，2022，《公共治理视角下企业社会责任建设路径研究——以黄河水电公司为例》，硕士学位论文，贵州大学。

杨玉静、唐文哲，2019，《国际工程水电开发产业集群利益相关者研究》，《项目管理技术》第 11 期。

殷建平，1999，《大企业持续发展》，上海财经大学出版社。

尹雪莲，2020，《水电上市公司社会责任会计信息披露研究——以三峡水利为例》，硕士学位论文，三峡大学。

于帆、陈元桥，2015，《GB/T 36000－2015〈社会责任指南〉国家标准解读》，《标准科学》第 10 期。

余澳、朱方明、钟芮琦，2014，《论企业社会责任的性质和边界》，《四川大学学报》（哲学社会科学版）第 2 期。

余玮、郑颖、辛琳，2017，《企业社会责任报告披露的影响因素研究——基于控股股东和外资股东视角》，《审计与经济研究》第 2 期。

禹雪中，2015，《国际绿色水电认证经验与借鉴》，《中国水能及电气化》第 7 期。

曾庆连、张春美，2005，《论我国水库移民的权益保护》，水利部水库移民开发局编，《中国水利学会 2005 学术年会论文集——水库移民理论与实践》，中国水利水电出版社。

曾琼芳，2015，《电力企业环境成本与可持续发展研究》，《财会通讯》第 3 期。

曾森、陆海应、米兰，2019，《电力企业可持续发展综合评价及国际比较——基于 Critic 赋权和 TOPSIS 法》，《企业经济》，第 5 期。

张国初，1992，《产业研究开发项目的集体评价和选择模型及其线性化》，《数量经济技术经济研究》第 7 期。

张宁，2010，《大型工程项目利益相关方响应策略研究——以社会网络分析为视角》，硕士学位论文，山东大学。

张平、段立新、黄超、张永红、李磊、冯鲲、邓治军、张朝粤、华能澜沧江水电股份有限公司乌弄龙·里底水电厂，2021，《多民族地区水电开发中创新履行企业社会责任的意义》，《云南水力发电》第 5 期。

张上塘，1986，《中外合营企业的社会责任》，《财贸经济》第 6 期。

张树民、孙志宽、柯昌麟、朱莉娜，2002，《创建"绿色电力企业"走可持续发展之路》，《中国电力》第 12 期。

张铁男、李晶蕾，2002，《对多级模糊综合评价方法的应用研究》，《哈尔滨工程大学学报》第 3 期。

张小劲，2002，《非政府组织研究：一个正在兴起的热门课题》，《宁波党校学报》第 6 期。

张晓晨、施国庆，2008，《我国出口企业实施企业社会责任标准的现状与
　　对策》，《贵州财经学院学报》第 2 期。

张晓晨、施国庆、申世辉，2010，《社会责任管理体系 SA8000 视角下的我
　　国劳工权益保护》，《宁夏大学学报》（人文社会科学版）第 2 期。

张亚青、王相、孟凡荣、张文睿、焦甜甜、张华伟、梁鹏，2021，《基于
　　熵权和层次分析法的 VOCs 处理技术综合评价》，《中国环境科学》第
　　6 期。

张彦开、冯时，2014，《基于可持续发展的水电企业社会责任研究》，《标
　　准科学》第 1 期。

张阳、唐震、王文柯，2007，《水电开发企业利益相关者治理模式探讨》，
　　《水利水电科技进展》第 5 期。

仲大军，2003，《当前中国企业的社会责任》，《企业文化》第 2 期。

周海炜、刘亚辉、屈维意，2015，《中国海外水电工程的社会责任投资机
　　制研究》，《亚太经济》第 6 期。

周冕，2020，《新能源企业社会责任审计指标体系构建研究》，硕士学位论
　　文，浙江工商大学。

朱清，2003，《供电企业可持续发展分析与评价》，硕士学位论文，武汉
　　大学。

朱运亮，2022，《水电移民生计空间重构与可持续发展》，《水利经济》第
　　5 期。

Ackerman, R. W. 1973. "How Companies Respond To Social Demands." *Harvard University Review* 51 (4): 88 – 98.

Ackerman, R. W., and Bauer, R. A. 1976. *Corporate Social Responsiveness: The Modern Dilemna*. Reston Publishing Company, Inc.

Adams, C. 2005. "Social Communication Intervention for School-Age Children: Rationale and Description." *Seminars in Speech and Language* 26 (3): 181 – 188.

Agle, B. R., Mitchell, R. K. and Sonnenfeld, J. A. 1999. "Who Matters to

CEOs? An Investigation of Stakeholder Attributes and Salience, Corporate Performance, and CEO Values. " *Academy of Management Journal* 42 (5): 507 – 526.

Alford, H. and Naughton, M. 2002. "Beyond the Shareholder Model of the Firm: Working Toward the Common Good of a Business." in Cortright, S. A. and Naughton, M. (eds.), *Rethinking the Purpose of Business: Interdisciplinary Essays from the Catholic Social Tradition*, Notre Dame: Notre Dame University Press.

Andriof, J. and McIntosh, M. (eds.) 2001. *Perspectives on Corporate Citizenship*, Routledge.

Assefa, G. 2007. "Social Sustainability and Social Acceptance in Technology Assessment: A Case Study of Energy Technologies." *Technology in Society* (29): 63 – 78.

Backovi, N., Mili, V., and Sofronijevi, A. 2015. Managing European Sustainable Cities, Proceedings of the 15th International Academic Conference, Rome: 110 – 121.

Berle, A. 1931. "Corporate Powers as Powers in Trust." *Harvard Business Review* 44 (7): 1049.

Berle, A. 1932. "For Whom Corporate Managers are Trustees: A Note." *Harvard Business Review* 45 (8): 1366.

Berle, A. 1954. *The 20th Century Capitalist Revolution.* New York: Harcourt, Brace and Company.

Bogers, M., Sims, J., and West, J. 2019. "What Is an Ecosystem? Incorporating 25 Years of Ecosystem Research." *Academy of Management Proceedings* (1): 11080.

Bowen, H. R. 1953. *Social Responsibilities of The Businessman.* Iowa City: University of Iowa Press.

Bowen, H. R. 1955. "Business Management: A Profession?" *The ANNALS of the American Academy of Political and Social Science* 297 (1): 112 – 117.

Bowen, H. R. 1978. "*Rationality, Legitimacy, Responsibility*: *Search for New Directions in Business and Society.*" in Epstein, D. M. and Votaw, D. (ed.), California: Goodyear Publishing Company, inc.

Bruck, Gilbert. 1973. "The Hazards of Corporate Responsibility." *Fortune Magazine* (06): 354 – 364.

Burke, L. and Logsdon, J. M. 1996. "How Corporate Social Responsibility Pays off." *Long Range Planning* Vol. 29 (4): 495 – 502.

Campbell, J. L. 2007. "Why Would Corporations Behave in Socially Responsible Ways? An Institutional Theory of Corporate Social Responsibility." *Academy of Management Review* 32 (1): 946 – 967.

Campbell, S. 1996. "Green Cities, Growing Cities, Just Cities? Urban Planning and The Contradictions of Sustainable Development." *Journal of The American Planning Association* 62 (3): 296 – 312.

Carroll, A. B. 1979. "A Three-Dimensional Conceptual Model of Corporate Performance." *Academy of Management Review* 4 (4): 497 – 505.

Carroll, A. B. 1993. *Business and Society*: *Ethics and Stakeholder Management.* Cincinnati: South-Western.

Carroll, A. B. 1998. "The Four Faces of Corporate Citizenship." *Business and Society Review* (2): 100 – 101.

Carroll, A. B. 2000. "A Commentary and an Overview of Key Questions on Corporate Social Performance Measurement." *Business and Society* 39 (4): 474.

Carroll, A. B. 2015. "Corporate Social Responsibility: The Centerpiece of Competing and Complementary Frameworks." *Organizational Dynamics* 44 (2): 87 – 96.

Catton, W. R. Jr. 2002. "Has the Durkheim Legacy Misled Sociology?" in R. E. Dunlap, F. H. Buttel, P. Dickens and A. Gijswijt (eds.) *Sociological Theory and The Environment*: *Classical Foundations, Contemporary insights*, Lanham, MD: Rowman Littlefield.

Catton, W. R. Jr. , and Dunlap, R. E. 1978. "Environmental Sociology: a New Paradigm. " *The American Sociologist* (13): 41 – 49.

Clark, J. M. 1916. "The Changing Basis of Economic Responsibility. " *Journal of Political Economy* 24 (3): 209 – 229.

Clarkson, M. B. E. 1995. "A Stakeholder Framework for Analyzing and Evaluating Corporate Social Performance. " *Academy of Management Review* 20 (1): 94.

Committee for Economic Development. 1971. *Social Responsibilities of Business Corporations.* New York: Author.

Cornell, B. , and Shapiro, A. C. 1988. "Corporate Stakeholders and Corporate Finance. " *Financial Management* 16 (1): 5.

Davis, K. 1960. "Can Business Afford to Ignore Social Responsibilities. " *California Management Review* 2 (3): 70 – 76.

Davis, K. 1967. "Understanding the Social Responsibility Puzzle. " *Business Horizons* 10 (4) Winter: 45 – 50.

Deng, X. and Yang, X. 2017. "Consumers' Responses to Corporate Social Responsibility Initiatives: The Mediating Role of Consumer – Company Identification. " *Journal of Business Ethics* 142 (3): 1 – 12.

Dodd, E. M. 1932. "For Whom are Corporate Managers Trustees?" *Harvard Business Review* 45 (7): 1147 – 1163.

Dodd, E. M. 1942. "Book Reviews: Bureaucracy and Trusteeship in Large Corporations. " *University of Chicago Law Review*, (9): 546.

Donaldson, T. and Dunfee, T. W. 1994. "Towards a Unified Conception of Business Ethics: integrative Social Contracts Theory. " *Academy of Management Review* 19: 252 – 284.

Donaldson, T. and Dunfee, T. W. 1999. *Ties That Bind: A Social Contracts Approach To Business Ethic*, Boston: Harvard Business School Press.

Donaldson, T. and Preston, L. E. 1995. "The Stakeholder Theory of the Corporation: Concepts, Evidence, and Implications. " *Academy of Management*

Review 20 (1): 65 – 91.

Drucker, P. F. 1984. "The New Meaning of Corporate Social Responsibility?" *California Management* 26 (2): 59.

Elkington, J. 1998. "Partnerships From Cannibals With Forks: The Triple Bottom Line of 21st-Century Business." *Environmental Quality Management* 8 (1): 37 –51.

Epstein, E. M. 1987. "The Corporate Social Policy Process: Beyond Business Ethics, Corporate Social Responsibility, and Corporate Social Responsiveness." *California Management Review* 29: 107.

Epstein, E. M. 1989. "Business Ethics, Corporate Good Citizenship and the Corporate Social Policy Process: A View from the United States." *Journal of Business Ethics* Vol 8: 586 – 591.

European Commission (EU). 2001. *Green Paper-Promoting a European Framework For Corporate Social Responsibility.* Brussels: Official Publications of The European Commission.

Evan, W. , and Freeman, E. 1988. "A Stakeholder Theory of the Modern Corporation: Kantian Capitalism." in Beauchamp, T. , and Bowie, N. (eds) *Ethical Theory and Business.* New Jersey: Englewood Cliffs.

Frederick, W. C. 1986. "Toward CSR3: Why Ethical Analysis Is Indispensable and Unavoidable in Corporate Affairs." *California Management Review* 28 (2): 126 – 141.

Frederick, W. C. 1994. "From CSR1 to CSR2: The Maturing of Business-and-Society Thought." *Business & Society* 33 (2): 150 – 164.

Fredrick, W. C. 1960. "The growing concern over business responsibility." *California Management Review* 2: 54 – 61.

Freeman, R. E. 1984. *Strategic Management: A Stakeholder Approach.* Boston: Pitman.

Freeman, R. E. 1994. "The Politics of Stakeholder Theory: Some Future Directions." *Business Ethics Quarterly* 4 (4): 409 – 429.

Freeman, R. E. , and Philips, R. A. 2002. "Stakeholder Theory: A Libertarian Defence." *Business Ethics Quarterly* 12 (3): 331 – 349.

Freudenreich, B. , Lüdeke-Freund, F. and Schaltegger, S. 2019. "A Stakeholder Theory Perspective on Business Models: Value Creation for Sustainability." *Journal of Business Ethics* 40 (1): 98.

Friedman, M. 1970. "The Social Responsibility of Business Is to Increase Its Profits." *The New York Times Magazine*, September 13: 173 – 178.

Garriga, E. , and Melé, D. 2004. "Corporate Social Responsibility Theories: Mapping the Territory." *Journal of Business Ethics* 53 (1 – 2): 51 – 71.

Gawer, A. , and M. A. Cusumano. 2002. *Platform Leadership: How Intel, Microsoft, and Cisco Drive Industry Innovation.* Boston: Harvard Business School Press.

Gladwin, T. N. , and Kennelly, J. J. 1995. "Shifting Paradigms for Sustainable Development: Implications for Management Theory and Research." *Academy of Management Review* 20 (4): 874 – 904.

Gray, R. H. 1994. *Environmental Values.* The White Horse Press.

Griffin, J. J. , and Mahon, J. F. 1997. "The Corporate Social Performance and Corporate Financial Performance Debate: Twenty-Five Years of Incomparable Research." *Business and Society* 36 (1): 5 – 31.

Hart, S. L. 1995. "A Natural-Resource-Based View of The Firm." *Academy of Management Review* 20 (4): 986 – 1012.

Hart, S. L. , and Christensen, C. M. 2002. "The Great Leap: Driving Innovation from the Base of the Pyramid." *MIT Sloan Management Review* 44 (1): 51 – 57.

Hart, S. L. , Milstein, M. B. , and Caggiano, J. 2003. "Creating Sustainable Value." *The Academy of Management Executive* 17 (2): 56 – 67.

Hayek, F. A. 1969. "The Corporation in a Democratic Society: In Whose Interest Ought It and Will It be Run?" in Ansoff, H. L. (ed.) *Business and Society.* New York: Mcgraw-Hill.

Hillery, G. A. 1959. "A Critique of Selected Community Concepts." *Social Forces* 37 (3): 237 –242.

Holme, R., and Watts, P. 2000. *Corporate Social Responsibility: Making Good Business Sense.* Geneva: WBCSD.

Hopkins, M. 1997. "Defining Indicators to Assess Socially Responsible Enterprises." *Futures* 29 (7): 581 –603.

Iglesias, O., Markovic, S., Bagherzadeh, M., et al. 2018. "Co-Creation: A Key Link Between Corporate Social Responsibility, Customer Trust, and Customer Loyalty." *Journal of Business Ethics* 163: 151 –166.

Jacobides, M. G., Cennamo, C., and Gawer, A. 2018. "Towards a Theory of Ecosystems." *Strategic Management Journal* 39 (8): 2255 –2276.

Jensen, M. C. 2000. "Value Maximization, Stakeholder Theory, and The Corporate Objective Function." in Beer, M., and Nohria, N. (eds.) *Breaking The Code of Change.* Boston: Harvard Business School Press.

Jones, T. M. 1980. "Corporate Social Responsibility Revisited, Redefined." *California Management Review* 22 (2): 59 –67.

Jones, T M., and Wicks, A. C. 1999. "Convergent Stakeholder Theory." *Academy of Management Review* 24 (2): 206.

Jovanovic, A., and Brukmajster, D. 2007. "Maintenance of Industrial Plants as a part of Corporate Social Responsibility." Paper presented at the Conference: Baltica VII Life Management and Maintenance for Power Plants, Helsinki, June.

Kaku, R. 1997. "The Path of Kyosei." *Harvard Business Review* 75 (4): 55 –62.

Keijzers, G., Frank Boons, and R. Van Daal. 2002. *Duurzaam Ondernemen, Strategie Van Bedrijven.* Deventer: Kluwer.

Klausner, S. Z. 1971. *On Man in His Environment: Social Scientific Foundations for Research and Policy.* San Francisco: Jossey-Bass.

Koontz, H., and Weihrich, H. 1993. *Management, Tenth Edition.* Mcgraw-Hill, Inc.

Lee, D. C. 1980. "On the Marxian View of the Relationship Between Man and Nature." *Environmental Ethics* (2): 3 – 16.

Levitt, T. 1958. "The Danger of Social Responsibility." *Harvard Business Review* (9 – 10): 41 – 50.

Linnanen, L., and V. Panapanaan. 2002. *Road Mapping CSR in Finnish Companies*. Helsinki: Helsinki University of Technology.

Litz, R. A. 1996. "A Resource-Based-View of the Socially Responsible Firm: Stakeholder Interdependence, Ethical Awareness, and Issue Responsiveness as Strategic Assets." *Journal of Business Ethics* (15): 1355 – 1363.

Logsdon, J. M., and Wood, D. J. 2002. "Business Citizenship: From Domestic to Global Level of Analysis." *Business Ethics* 12 (2): 161.

Manne, H. G. 1962. "The 'Higher Criticism' of the Modern Corporation." *Columbia Law Review* 62 (3): 416.

Manne, H. G. 1972. "The Social Responsibility of Regulated Utilities." *Wisconsin Law Review* (4): 998 – 1001.

Manne, H. G., and Wallich, H. C. 1972. *The Modern Corporation and Social Responsibility*. Washington D. C.: American Enterprise Institute for Public Policy Research.

Mansbach, R., Ferguson, Y., and Lampert, D. 1976. *The Web of World Politics: Nonstate Actors in the Global Systems*. New Jersey: Prentice-Hal, Inc.

Margolis, J. D., and Walsh, J. P. 2001. "Social Enterprise Series No. 19 – Misery Loves Companies, Whither Social initiatives By Business." *Harvard Business School Working Paper Series*: 1 – 58.

Matten, D., and Crane, A. 2005. "Corporate Citizenship: Towards an Extended Theoretical Conceptualization." *Academy of Management Review* 30 (1): 166 – 179.

Matten, D., Andrew, C., and Wendy, C. 2003. "Behind the Mask: Revealing the True Face of Corporate Citizenship." *Journal of Business Ethics* (45): 109 – 120.

McGuire, J. B. , Sundgren, A. , and Schneeweis, T. 1988. "Corporate Social Responsibility and Firm Financial Performance." *Academy of Management Journal*, 31 (4): 856.

Mele, D. 2002. *Not Only Stakeholder Interests: The Firm Oriented Toward The Common Good.* Notre Dame: University of Notre Dame Press.

Michael Hopkins. 1997. "Defining Indicators to Assess Social Responsible Enterprises." *Futures* 29 (7): 581 – 603.

Mitchell, R. K. , Agle, B. R. , and D. J. Wood. 1997. "Toward a Theory of Stakeholder Identification and Salience: Defining The Principle of Who and What Really Counts." *Academy of Management Review* 22 (4): 853 – 886.

Mitnick, B. M. 1995. "Systematics and CSR: The Theory and Processes of Normative Referencing." *Business and Society* 34 (1): 6.

Moore, J. F. 1993. "Predators and Prey: A New Ecology of Competition." *Harvard Business Review* (5 – 6): 75 – 86.

Munshi, N. V. 2004. "Conversations on Business Citizenship." *Business and Society Review* 109 (1): 89 – 93.

Murphy, R. 1994. *Rationality and Nature: A Sociological Inquiry into a Changing Relationship*, Boulder, Co: Westview Press.

Murray, K. B. , and Montanari, J. R. 1986. "Strategic Management of the Socially Responsible Firm: Integrating Management and Marketing Theory." *Academy of Management Review* 11 (4): 815 – 828.

Olawumi, T. O. , and Chan, D. W. 2018. "A Scientometric Review of Global Research on Sustainability and Sustainable Development." *Journal of Cleaner Production* 183: 231 – 250.

Parris, T. M. , and Kates, R. W. 2003. "Characterizing and Measuring Sustainable Development." *Annual Review of Environment and Resources* 28 (1): 559 – 586.

Phillips, R. 2003. "Stakeholder Legitimacy." *Business Ethics Quarterly* 13 (1): 25 – 41.

Pitelis, C. N. , and D. J. Teece. 2010. "Cross-Border Market Co-Creation, Dynamic Capabilities and the Entrepreneurial Theory of the Multinational Enterprise. " *Industrial and Corporate Change* 19 (4): 1247 – 1270.

Porter, M. , and Van der Linde, C. 1995. "Green and Competitive: Ending the Stalemate. " *Harvard Business Review* 73 (5): 120 – 133.

Porter, M. E. , and Kramer, M. R. 2002. "The Competitive Advantage of Corporate Philanthropy. " *Harvard Business Review* 80 (12): 56 – 68.

Post, J. E. , and Mellis, M. 1978. "Corporate Responsiveness and Organizational Learning. " *California Management Review* 20 (3): 7.

Post, J. E. , Preston, L. E. , and Sachs, S. 2001. *Redefining The Corporation: Stakeholder Management and Organizational Wealth.* Stanford, Ca: Stanford University Press.

Prahalad, C. K. 2002. "Strategies for the Bottom of the Economic Pyramid: India as a Source of Innovation. " *Reflections: The Sol Journal* 3 (4): 6 – 18.

Prahalad, C. K. , and A. Hammond. 2002. "Serving the World's Poor, Profitably. " *Harvard Business Review*, 80 (9): 48 – 58.

Preston, L. E. , and O'Bannon, D. P. 1997. "The Corporate Social-Financial Performance Relationship: A Typology and Analysis. " *Business and Society* 36 (4): 422.

Preston, L. E. , and Post, J. E. 1975. *Private Management and Public Policy: The Principle of Public Responsibility.* New Jersey: Prentice-Hall, Inc.

Preston, L. E. , and Post, J. E. 1981. "Private Management and Public Policy. " *California Management Review* 23 (3): 56 – 62.

Rhenman, E. 1968. *Industrial democracy and industrial management.* London, UK: Tavistock.

Rowley, T. J. 1997. "Moving Beyond Dyadic Ties: A Network Theory of Stakeholder Influences. " *Academy of Management Review* 22 (4): 887 – 911.

Rowley, T. , and Berman, S. 2000. A Brand New Brand of Corporate Social Performance. *Business and Society* 39: 398.

Ruf, B. M. , Muralidhar, K. , Brown, R. M. , Janney, J. J. , and Karen, P. 2001. "An Empirical Investigation of the Relationship Between Change in Corporate Social Performance and Financial Performance: A Stakeholder Theory Perspective." *Journal of Business Ethics* 32: 148.

Saaty, R. W. 1987. "The analytic hierarchy process—what it is and how it is used." *Mathematical Modelling* (9): 161 – 176.

Sachs, J. D. 2014. "Sustainable Development Goals for a New Era." *Horizons: Journal of International Relations and Sustainable Development* (1): 106 – 119.

Sakis, K. , Pinney, C. H. , and Serafeim, G. 2016. "ESG integration in investment Management: Myths and Realities." *Journal of Applied Corporate Finance* 28 (2, Spring): 10 – 16.

Schumann, K. , Saili, L. , Taylor, R. , and Abdel-Malek, R. 2010. "Hydropower and Sustainable Development: A Journey." Article Submitted to the World Energy Congress 2010.

Sethi, S. P. 1975. "Dimensions of Corporate Social Performance: An Analytical Framework." *California Management Review* 17 (3), 58 – 65.

Sheikh, S. 1996. *Corporate Social Responsibilities: Law and Practice.* London: Cavendish Publishing Limited.

Smith, C. 1994. "The New Corporate Philanthropy." *Harvard Business Review*, 72 (3): 105 – 114.

Smith, N. C. 2001. "Changes in Corporate Practices in Response to Public Interest Advocacy and Actions." in P. N. B. A. G. T. Gundlach (ed.), *Handbook of Marketing and Society*. Thousand Oaks.

Swanson, D. L. 1995. "Addressing a Theoretical Problem by Reorienting the Corporate Social Performance Model." *Academy of Management Review* 20 (1): 43 – 64.

Varadarajan, P. R. , and Menon, A. 1988. "Cause-Related Marketing: A Coalignment of Marketing Strategy and Corporate Philanthropy." *Journal of*

Marketing 1988, 52 (3): 58 – 74.

Vogel, D. 1986. "The Study of Social Issues in Management: A Critical Appraisal." *California Management Review* 28 (2): 142 – 152.

Waddock, S. 2001. "Integrity and Mindfulness: Foundations of Corporate Citizenship." in Andriof, J., and Mcintoch, M. (Eds) *Perspectives On Corporate Citizenship.* Sheffield: Greenleaf Publishing.

Wartick, S., and Cochran, P. L. 1985. "The Evolution of Corporate Social Performance Model." *Academy of Management Review* 10 (4): 758 – 769.

Wartick, S., and Mahon. 1994. "Towards a Substantive Definition of the Corporate Issue Construct: A Review and Synthesis of Literature." *Business and Society* 33 (3): 293 – 311.

Wempe, J. and M. Kaptein. 2002. *The Balanced Company: A Theory of Corporate Integrity.* Oxford: Oxford University Press.

Wijinberg, N. M. 2000. "Normative Stakeholder Theory and Aristotle: The Link Between Ethics and Politics." *Journal of Business Ethics* 25: 853.

Wood, D. J. 1991a. "Toward Improving Corporate Social Performance." *Business Horizons*, July-August: 67.

Wood, D. J. 1991b. "Corporate Social Performance Revisited." *Academy of Management Review* 16 (4): 691 – 718.

Wood, D. J., and Jones, R. E. 1995. "Stakeholder Mismatching: A Theoretical Problem in Empirical Research on Corporate Social Performance." *International Journal of Organizational Analysis* 3 (3): 235 – 240.

Wood, D. J. and Lodgson, J. M. 2002. "Business Citizenship: From Individuals to Organizations." *Business Ethics Quarterly*, *Ruffin Series* (3): 59 – 94.

Wood, D. J. and Logsdon, J. M. 2001. "Theorizing Business Citizenship." in Andriof, J., and Mcintosh, M. (Eds.) *Perspectives On Corporate Citizenship*. Sheffield: Greenleaf Publishing.

World Bank. 1989. *Involving Nongovernmental Organizations in Bank-Supported Activities*, *Operational Directive*14. 70, Washington DC: World Bank.

Yang, M., Evans, S., Vladimirova, D., and Rana, P. 2017. "Value Uncaptured Perspective for Sustainable Business Model Innovation." *Journal of Cleaner Production* (140): 1794 – 1804.

Zadeh, L. A. 1965. "Fuzzy sets." *Information and Control* (8): 338 – 353.

图书在版编目（CIP）数据

可持续发展、ESG 和企业社会责任：以水电企业为例 /
张晓晨著 . -- 北京：社会科学文献出版社，2023.12
　ISBN 978 - 7 - 5228 - 3078 - 0

　Ⅰ.①可…　Ⅱ.①张…　Ⅲ.①水电企业 - 企业责任 -
社会责任 - 研究 - 中国　Ⅳ.①F426.9

　中国国家版本馆 CIP 数据核字（2023）第 244792 号

可持续发展、ESG 和企业社会责任
——以水电企业为例

著　　者 / 张晓晨

出 版 人 / 冀祥德
责任编辑 / 李会肖　胡庆英
责任印制 / 王京美

出　　版 / 社会科学文献出版社·群学出版分社（010）59367002
　　　　　　地址：北京市北三环中路甲 29 号院华龙大厦　邮编：100029
　　　　　　网址：www. ssap. com. cn
发　　行 / 社会科学文献出版社（010）59367028
印　　装 / 三河市尚艺印装有限公司

规　　格 / 开　本：787mm × 1092mm　1/16
　　　　　　印　张：15.25　字　数：235 千字
版　　次 / 2023 年 12 月第 1 版　2023 年 12 月第 1 次印刷
书　　号 / ISBN 978 - 7 - 5228 - 3078 - 0
定　　价 / 98.00 元

读者服务电话：4008918866